民法典合同编通则司法解释

理解适用与关联指引

李俊晔 齐浩岩 李靖元 冯宇雷 ◎ 著

中国法制出版社
CHINA LEGAL PUBLISHING HOUSE

序　言

迈入中国式现代化发展的新时代，推进国家治理体系和治理能力现代化，须臾离不开法治。各个行业的有序、健康、可持续、高质量发展，更需要法治的精确调整与全面保障。新中国成立以来第一部以法典命名的法律《中华人民共和国民法典》(下文简称《民法典》)于2020年5月28日正式公布，并于2021年1月1日起施行。自此，中国特色社会主义法治建设进入了崭新的发展阶段。

《民法典》的颁布实施开启了我国民事法律实践和研究的新篇章，与时俱进的法律解释成为新的任务，落地生根的生动实践成为新的主题。只有充分认识颁布实施《民法典》的重大意义，推动《民法典》实施，才能更好地推进全面依法治国、建设社会主义法治国家，更好地保障人民权益。为了切实实施《民法典》，保证国家法律统一正确适用，最高人民法院决定对司法解释进行全面清理和系统性废、改、立。借此契机，涉及民事合同纠纷的相关司法解释也迎来了一次重生。

作为与公民社会生活紧密联系的法律领域之一，法律对合同的规制关乎各行各业的平稳健康发展，不仅关乎国计民生，更惠及亿万民众，一直是社会各界关注的焦点。而作为《民法典》之中的一项重要内容，最高人民法院对《民法典》合同编的司法解释工作也受到了亿万群众的共同关注。在制定《民法典》合同编司法解释的过程中，最高人民法院始终以习近平法治思想为指导，坚守不创设新规则的基本立场，坚决做到根据民商事审判执行工作的实际需要作配套补充细化，确保民法典合同编的优秀制度设计在司法审判中准确落实落地。

为了深入理解、准确适用《最高人民法院关于适用〈中华人民共和国民法典〉合同编通则若干问题的解释》，由北京市审判业务专家领衔，会同北京法院优秀法官和学者，在繁忙工作之余共同研究，立足法条精确理解和典型案例释法，合作著述了两本司法实务指引著作，即本书《民法典合同编通则司法解释理解适用与关联指引》和《民法典合同编通则司法解释实务问答与案例评注》。两本书具有鲜明的问题导向和实践导向，服务法官、便利法官，源于审判、高于审判。

《民法典合同编通则司法解释理解适用与关联指引》立足对司法解释逐条解读，聚焦司法实务需求，关切司法实务适用要点难点，集中体现司法裁判智慧；还梳理了最高人民法院出台的解释、意见等，形成关联指引，方便对法条体系解释和适用。本书的姊妹篇《民法典合同编通则司法解释实务问答与案例评注》则聚焦条文核心内容与审判实务，提炼条文核心要点，以“问答式”创新了体例，是一个很好的尝试。此外检索出了各地法院已经形成的较为权威案例，力求为读者提供生动直观的案例参考。

上述两本著作的作者均具有多年的民事纠纷判经验与学术研究功底，审理过多大量涉及各类合同的疑难复杂案件，对合同审判领域的重点、难题问题有深刻的理解。他们的研究成果转化为专著，把握立法精髓，立足审判实践，通达法律研究，对于法律实务、法科研习都大有裨益，也是宝贵的民法学研究参考资料。

法律的生命在于实践。立足我国国情和实际解决民商事审判难题，中国法官的智慧，是民事法律制度理论研究的创新力量。在习近平法治思想的指引下，法律实务工作者和民法学学者有责任参与构建体现我国社会主义性质和具有鲜明中国特色、实践特色、时代特色的民法理论体系与话语体系，为创造人类文明新概念，建设中国式现代化法治国家贡献中国之智。

中国人民大学法学院教授　龙翼飞

2024年1月

CONTENTS

目录

一、一般规定

二、合同的订立

三、合同的效力

四、合同的履行

五、合同的保全

六、合同的变更和转让

七、合同的权利义务终止

八、违约责任

九、附则

一、一般规定

第一条 【合同解释的细化规则】

《最高人民法院关于适用〈中华人民共和国民法典〉合同编通则若干问题的解释》	《中华人民共和国民法典》
第一条 【合同解释的细化规则】人民法院依据民法典第一百四十二条第一款、第四百六十六条第一款的规定解释合同条款时，应当以词句的通常含义为基础，结合相关条款、合同的性质和目的、习惯以及诚信原则，参考缔约背景、磋商过程、履行行为等因素确定争议条款的含义。 有证据证明当事人之间对合同条款有不同于词句的通常含义的其他共同理解，一方主张按照词句的通常含义理解合同条款的，人民法院不予支持。 对合同条款有两种以上解释，可能影响该条款效力的，人民法院应当选择有利于该条款有效的解释；属于无偿合同的，应当选择对债务人负担较轻的解释。	**第一百四十条** 行为人可以明示或者默示作出意思表示。 沉默只有在有法律规定、当事人约定或者符合当事人之间的交易习惯时，才可以视为意思表示。 **第一百四十二条** 有相对人的意思表示的解释，应当按照所使用的词句，结合相关条款、行为的性质和目的、习惯以及诚信原则，确定意思表示的含义。 无相对人的意思表示的解释，不能完全拘泥于所使用的词句，而应当结合相关条款、行为的性质和目的、习惯以及诚信原则，确定行为人的真实意思。 **第四百六十六条** 当事人对合同条款的理解有争议的，应当依据本法第一百四十二条第一款的规定，确定争议条款的含义。 合同文本采用两种以上文字订立并约定具有同等效力的，对各文本使用的词句推定具有相同含义。各文本使用的词句不一致的，应当根据合同的相关条款、性质、目的以及诚信原则等予以解释。 **第四百九十八条** 对格式条款的理解发生争议的，应当按照通常理解予以解释。对格式条款有两种以上解释的，应当

	作出不利于提供格式条款一方的解释。格式条款和非格式条款不一致的，应当采用非格式条款。 **第一千零二十一条** 当事人对肖像许可使用合同中关于肖像使用条款的理解有争议的，应当作出有利于肖像权人的解释。

【条文释义】[①]

本条司法解释是合同条款解释的一般规则。

本条司法解释分为三款。第一款规定了合同解释工作在基于通常的理解词义的基础上需要重点考虑的其他内容。第二款则规定了当事人之间约定的解释方法与通常词句理解方法之间的选择问题，一方当事人不能以通常的文义解释方法对抗双方已经形成合意的特殊的解释方法。第三款则规定了对合同条款有两种以上解释时应如何选择适用的问题。

合同解释，是指对合同及其相关资料的含义所作的分析和说明，以确定双方当事人的共同意思[②]。合同解释是法律适用的重要实践体现，其根本目的在于使合同主体约定不明确、不具体的内容归于明确、具体，使各方缔约主体之间的纠纷得以合理解决。人民法院倾向于尊重各方缔约主体间共同理解而形成的理念来确定合同条款的含义，是对其真实意思表示的深入探究，也是对平等民事主体意思自治的充分尊重和保障。

① 注：本书"条文释义""条文引申""审判实务"版块，为行文简洁，方便读者阅读，法律规范名称使用简称，如《中华人民共和国民法典》简称为《民法典》，条文序号使用阿拉伯数字。

② 参见崔建远：《合同解释论：规范、学说与案例的交互思考》，中国人民大学出版社2020年版，第17页。

【条文引申】

探究该条文的发展脉络，《合同法》[①]第125条第1款对合同争议条款的解释作出了规定："当事人对合同条款的理解有争议的，应当按照合同所使用的词句、合同的有关条款、合同的目的、交易习惯以及诚实信用原则，确定该条款的真实意思。"该条款已经被吸纳进《民法典》第142条第1款中。因此在合同编中没有再进行赘述，仅是作出指引。[②]

就《合同法》而言，与之配套的《最高人民法院关于适用〈中华人民共和国合同法〉若干问题的解释（二）》第7条中对"交易习惯"的理解作出了解读："下列情形，不违反法律、行政法规强制性规定的，人民法院可以认定为合同法所称'交易习惯'：（一）在交易行为当地或者某一领域、某一行业通常采用并为交易对方订立合同时所知道或者应当知道的做法；（二）当事人双方经常使用的习惯做法。对于交易习惯，由提出主张的一方当事人承担举证责任。"对于"交易习惯"的描述和认定，已经被吸纳进《民法典》合同编的司法解释中。

从此条司法解释关于合同解释的角度出发，可发现《民法典》中对于合同的解释规则大致可分为六种[③]：

一是文义解释规则，是指当事人对合同条款的理解有争议的，应当按照合同使用的词句确定该条款真实意思的解释规则。合同是由字、词、句组成的，因此想要解释合同必须从字、词、句的含义入手。中华语言文字文化博大精深，一些词语在不同语境中能表达出不同含义。因此，对于部分争议条

---

① 《婚姻法》《继承法》《民法通则》《收养法》《担保法》《合同法》《物权法》《侵权责任法》《民法总则》自2021年1月1日《民法典》施行之日起同时废止。下文不再对上述法律规范的效力进行特别说明。

② 参见黄薇主编：《中华人民共和国民法典合同编解读》（上册），中国法制出版社2020年版，第23~24页。

③ 参见杨立新主编：《中华人民共和国民法典释义与案例评注合同编》（上），中国法制出版社2020年版，第24页。

款的理解必须立足于语言本身的含义再进行展开。

二是体系解释规则，是指将合同的所有条款和构成部分视为一个统一的整体，从合同的各条款之间以及各构成部分之间的相互联系和总体联系上，阐明争议条款含义的解释规则。首先，整体解释要求意思表示解释不能局限于意思表示的字面含义，也不能仅仅考虑某个意思表示的资料，更不能将意思表示的只言片语作为当事人的真实意图，断章取义，而应当综合考虑各种意思表示的资料。其次，从整个意思表示的全部内容理解、分析和说明当事人争议的有关意思表示的内容和含义。最后，当事人使用了多种语言进行同一意思表示的表达，即使当事人没有特别约定各意思表示文本之间的关系，也可以推定各个文本所使用的词句具有相同的含义。①

三是习惯解释规则，是指在合同条款含义不明或发生争议时，应当根据当事人所知悉或实践的生活和交易习惯来对意思表示进行解释的合同解释规则。运用交易习惯填补意思表示漏洞，对各种交易习惯的存在以及内容应当由当事人双方举证证明。当事人未能举证证明的，人民法院和法官或者仲裁员可以根据自己对于交易习惯的理解选择某种习惯来填补意思表示的漏洞。

四是诚信解释规则②，是指在合同用语有疑义时，应依诚实信用原则确定其正确意思，合同内容有漏洞时，应依诚实信用原则予以补充。当事人对合同条款的理解有争议的，应当按照诚实信用的原则确定该条款的真实意思。正是因为诚信原则在解释意思表示方面的作用，该原则常常被称为“解释法”。据诚信原则进行解释，实际上是要求法官或者仲裁员将自己作为一个诚实守信的当事人来判断、理解意思表示的内容和条款的含义。

五是目的解释规则，是解释合同应当首先判断当事人作出意思表示所追求的目的。当事人对合同条款的理解有争议的，应当按照订立合同的目的确定该条款的真实意思，也即需要从行为的性质和目的进行解释。民事主体可以在法律规定的范围内，为追求其目的而表达其意思，并通过双方的协议，

---

① 参见最高人民法院民法典贯彻实施工作领导小组主编：《中华人民共和国民法典总则理解与适用》（下），人民法院出版社2020年版，第715页。

② 参见王利明：《合同法研究》（第一卷），中国人民大学出版社2002年版，第161~165页。

产生、变更、终止民事权利义务关系。当事人从事民事法律行为都要追求一定的目的，意思表示本身也不过是当事人实现其目的的手段。因此，在解释意思表示时，应当充分考虑当事人从事民事法律行为的目的。

六是不利解释规则，是指对于合同的内容发生争议时，应当对起草者作不利解释的合同解释规则。[①]这个解释规则主要是针对格式条款的解释，同时对其他非格式条款的解释也有作用。通过这一规则，亦是体现法律与人民法院对于各方缔约主体中在法律知识、社会经验、交易习惯中不利一方的平等保护。因为即便相对有利一方利用信息不对称的优势订立某些超出对方认知水平的不平等条款，法律和人民法院也可通过适用不利解释规则予以适当干预和纠正，从而更有助于合同公平公正地履行，促进整个社会公平正义和公序良俗价值的逐步实现。

【审判实务】

一、人民法院应充分重视合同的重要意义

合同由于其固定性、合议性以及多数情况下的成文性，在性质上属于原始证据、直接证据，应当重视其相对于传来证据、间接证据所具有的较高证明力，并将其作为确定当事人法律关系性质的逻辑起点和基本依据。若要否定书面证据所体现的法律关系，并确定当事人之间存在缺乏以书面证据为载体的其他民事法律关系，必须在证据审核方面给予更为审慎的分析研判。

二、合同条款解释工作适用的价值取向是追求清楚[②]

“司法权是一种判断权，法律解释是司法权行使的具体方式，体现法官的

① 参见崔建远主编:《合同法》(第七版)，法律出版社2021年版，第273页。

② 参见吴震宇主编:《民法典关联法规与权威案例提要(合同编)》，中国法制出版社2020年版，第37~40页。

价值取向。”[①]人民法院主持对合同文本中争议性条款的法律适用的解释工作，应当秉持使争议法律关系项下的权利义务更加清楚，而不是更加模糊的基本价值取向。虽然此条司法解释中规定了“根据案件证据能够认定当事人对合同条款有不同于词句字面含义的其他共同理解的，人民法院应当按照该共同理解确定合同条款的含义”中关于“共同理解”的概念，相当于是在庭审之中、法庭之上，在法官的主持下，各方缔约主体再次明确达成合意和意思自治，确定了合同文本的“同一化”解读方法，但在没有充分证据能够佐证当事人之间存在一定隐藏法律关系且该隐藏法律关系真实合法的情况下，若该隐藏法律关系甚至会对合同本文所展示的既有法律关系发生颠覆性推翻，不宜简单否定既存法律关系对当事人真实意思的体现和反映，避免当事人一方不当摆脱既定权利义务约束的结果出现。

三、合同条款解释的根本原则是尊重意思自治

当事人对合同条款的理解有争议的，应当按照合同所使用的词句、合同的有关条款、合同的目的、交易习惯以及诚实信用原则，确定该条款的真实意思。当事人基于实际交易需要而签订合同，在特定条件下会作出特定的意思表示，只要其意思表示是真实的，且不违背法律的强制性或者禁止性规定，即应当予以保护。合同用语清楚与否，不得简单地就用语表面观察和判定，而应依据法律，探究合同目的，结合合同体系以及缔约背景等有关因素，综合判断，而后形成结论。[②]

对合同约定不明而当事人有争议的合同条款，可以根据订立合同的目的等多种解释方法，综合探究当事人的缔约真意。但就目的解释而言，并非只按一方当事人期待实现的合同目的进行解释，而应按照与合同无利害关系的理性第三人通常理解的当事人共同的合同目的进行解释，且目的解释不应导

① 李俊晔：《法律的道路：中国应用法学研究方法论》，人民法院出版社2019年版，第293页。

② 参见崔建远：《合同解释论：规范、学说与案例的交互思考》，中国人民大学出版社2020年版，第17页。

致对他人合法权益的侵犯或与法律法规相冲突。

四、合同条款解释方法的原则必须遵从一定逻辑顺序[①]

人民法院判断合同当事人真实意思表示的首要方法，是判断合同条文的字面意思表示，即文义解释的方法。只有在文义解释不能确定合同条文的准确含义时，才能运用其他的解释方法。体系解释是文义解释的延伸，即以普遍联系的哲学视角，把文义放在合同体系中理解。“文义解释和目的解释都是以忠实文本为原则。”[②]在一些疑难案件中，需要透过合同文本探究当事人的真实意思。例如，当事人在签订的合同中，对某一具体事项使用了不同的词语进行表述，在发生纠纷后双方当事人对这些词语的理解产生分歧的，人民法院在审判案件时应当结合合同全文、双方当事人经济往来的全过程，对当事人订立合同时的真实意思表示作出判断，在此基础上根据诚实信用的原则，对这些词语加以解释。不能简单、片面地强调词语文义上存在的差别。此外，当事人之间的合同涉及某一专业领域时，应当结合该专业领域的术语对其合同文本所使用的词句进行理解。

诚实信用原则作为民法的基本原则之一，具有价值指导性和内容抽象性。诚实信用原则的准确适用难度较大，诚信解释方法的使用需要以其他解释方法均无法探明当事人真实意思表示或者以其他解释方法得出的结论有悖于公序良俗的原则为前提。换言之，诚信原则的理想适用不仅是法官在审判中要形成正确的内心确信，还需要参与诉讼的各方当事人主体均是诚实信用原则的坚定践行者，若有一方存在信誉偏差，都会影响法官的自由心证与价值取舍，从而影响诚信价值的适用。因此，对于诚信原则的适用应是最后的办法，不能越过其他的解释原则，尤其是文义解释原则必须放在第一位。

---

① 参见吴震宇主编：《民法典关联法规与权威案例提要（合同编）》，中国法制出版社2020年版，第41~42页。

② 李俊晔：《法律的道路：中国应用法学研究方法论》，人民法院出版社2019年版，第294页。

【关联指引】

《中华人民共和国保险法》(2015年4月24日)[①]

第三十条 采用保险人提供的格式条款订立的保险合同，保险人与投保人、被保险人或者受益人对合同条款有争议的，应当按照通常理解予以解释。对合同条款有两种以上解释的，人民法院或者仲裁机构应当作出有利于被保险人和受益人的解释。

《旅行社条例》(2020年11月29日)

第二十九条 旅行社在与旅游者签订旅游合同时，应当对旅游合同的具体内容作出真实、准确、完整的说明。

旅行社和旅游者签订的旅游合同约定不明确或者对格式条款的理解发生争议的，应当按照通常理解予以解释；对格式条款有两种以上解释的，应当作出有利于旅游者的解释；格式条款和非格式条款不一致的，应当采用非格式条款。

《最高人民法院关于审理银行卡民事纠纷案件若干问题的规定》(2021年5月24日)

第二条 发卡行在与持卡人订立银行卡合同时，对收取利息、复利、费用、违约金等格式条款未履行提示或者说明义务，致使持卡人没有注意或者理解该条款，持卡人主张该条款不成为合同的内容、对其不具有约束力的，人民法院应予支持。

发卡行请求持卡人按照信用卡合同的约定给付透支利息、复利、违约金等，或者给付分期付款手续费、利息、违约金等，持卡人以发卡行主张的总额过高为由请求予以适当减少的，人民法院应当综合考虑国家有关金融监管规定、未还款的数额及期限、当事人过错程度、发卡行的实际损失等因素，根据公平原则和诚信原则予以衡量，并作出裁决。

---

① 本书【关联指引】所涉法律规范后的时间为公布时间或最后一次修订、修正公布时间。

《全国法院民商事审判工作会议纪要》（2019年11月8日）

会议认为，合同是市场化配置资源的主要方式，合同纠纷也是民商事纠纷的主要类型。人民法院在审理合同纠纷案件时，要坚持鼓励交易原则，充分尊重当事人的意思自治。要依法审慎认定合同效力。要根据诚实信用原则，合理解释合同条款、确定履行内容，合理确定当事人的权利义务关系，审慎适用合同解除制度，依法调整过高的违约金，强化对守约者诚信行为的保护力度，提高违法违约成本，促进诚信社会构建。

第二条 【交易习惯的认定】

《最高人民法院关于适用〈中华人民共和国民法典〉合同编通则若干问题的解释》	《中华人民共和国民法典》
第二条 【交易习惯的认定】 下列情形，不违反法律、行政法规的强制性规定且不违背公序良俗的，人民法院可以认定为民法典所称的“交易习惯”： （一）当事人之间在交易活动中的惯常做法； （二）在交易行为当地或者某一领域、某一行业通常采用并为交易对方订立合同时所知道或者应当知道的做法。 对于交易习惯，由提出主张的当事人一方承担举证责任。	**第八条** 民事主体从事民事活动，不得违反法律，不得违背公序良俗。 **第十条** 处理民事纠纷，应当依照法律；法律没有规定的，可以适用习惯，但是不得违背公序良俗。 **第一百四十条** 行为人可以明示或者默示作出意思表示。 沉默只有在有法律规定、当事人约定或者符合当事人之间的交易习惯时，才可以视为意思表示。 **第一百四十二条** 有相对人的意思表示的解释，应当按照所使用的词句，结合相关条款、行为的性质和目的、习惯以及诚信原则，确定意思表示的含义。 无相对人的意思表示的解释，不能完全拘泥于所使用的词句，而应当结合相关条款、行为的性质和目的、习惯以及诚信原则，确定行为人的真实意思。 **第一百四十三条** 具备下列条件的民事法律行为有效： （一）行为人具有相应的民事行为能力； （二）意思表示真实； （三）不违反法律、行政法规的强制性规定，不违背公序良俗。 **第一百五十三条** 违反法律、行政法规的强制性规定的民事法律行为无效。但是，该强制性规定不导致该民事法律行为无效的除外。 违背公序良俗的民事法律行为无效。

	第四百八十条 承诺应当以通知的方式作出；但是，根据交易习惯或者要约表明可以通过行为作出承诺的除外。 **第四百八十四条** 以通知方式作出的承诺，生效的时间适用本法第一百三十七条的规定。 承诺不需要通知的，根据交易习惯或者要约的要求作出承诺的行为时生效。 **第五百零九条** 当事人应当按照约定全面履行自己的义务。 当事人应当遵循诚信原则，根据合同的性质、目的和交易习惯履行通知、协助、保密等义务。 当事人在履行合同过程中，应当避免浪费资源、污染环境和破坏生态。 **第五百一十条** 合同生效后，当事人就质量、价款或者报酬、履行地点等内容没有约定或者约定不明确的，可以协议补充；不能达成补充协议的，按照合同相关条款或者交易习惯确定。

【条文释义】

本条司法解释是关于交易习惯的认定。

关于交易习惯的司法解释，在原《最高人民法院关于适用〈中华人民共和国合同法〉若干问题的解释（二）》中有所体现。该解释第7条规定："下列情形，不违反法律、行政法规强制性规定的，人民法院可以认定为合同法所称'交易习惯'：（一）在交易行为当地或者某一领域、某一行业通常采用并为交易对方订立合同时所知道或者应当知道的做法；（二）当事人双方经常使用的习惯做法。对于交易习惯，由提出主张的一方当事人承担举证责任。"

由此可见，本条司法解释是将原有的司法解释中的两项进行了顺序调换并进行了细微调整。此条司法解释的规定，充满对于民事法律关系意思自治原则的尊重，交易习惯是多数人长期以来在交易过程中形成的不成文的“约定”，是多数人的“合意”，自然有其效力与约束力。本条解释第一款就规定了交易习惯的种类。

第二款则规定了交易习惯的举证责任分配原则，根据“谁主张，谁举证”的责任分配理念，以交易习惯为由，主张合同有效、合同无效、免责事由等的，应当承担相关交易习惯的证明责任。

【条文引申】

交易习惯，属于行为规范，是在长期商事交易活动中逐渐形成的。交易习惯本身并没有法律效力和确定性，其通常处在完整的关系网络中，逐步成为民商事主体自觉遵守的行为规范。[①]交易习惯并未形诸文字，但并不会因此而缺乏效力和确定性，它在一套关系网络中实施，其效力来源于商人对于此种“普适性规范”的熟悉和信赖，并且主要依靠一套与“特殊的关系结构”有关的舆论来维护。由于交易习惯能够真实地反映出商人对于良好秩序的需要，它在很大程度上已经内化为商人自觉遵守的行为规范。这也充分说明了交易习惯具有良好的民意因素和民众基础[②]。

司法裁判中运用交易习惯的案例，有将交易习惯视为是否符合或者构成某一特定行为标准的特点，或者运用交易习惯作为特定事实，证明交易标的符合合同要求，有时交易习惯也被作为裁判理由，论证案件事实与裁判结果之间存在因果联系[③]。

交易习惯具有四个特点[④]：

一是由长期、客观存在的做法或规范经长期反复实践而形成。交易习惯

---

① 参见张水英：《我国民商事司法中的交易习惯》，载《法制与社会》2020年第4期。

② 参见樊涛：《我国民商事司法中的交易习惯》，载《法律适用》2014年第2期。

③ 参见彭中礼：《交易习惯在民事司法中运用的调查报告——基于裁判文书的整理与分析》，载《甘肃政法学院学报》2016年第4期。

④ 参见米新丽：《关于交易习惯的几点思考》，载《政法论丛》2016年第2期。

之所以被称为习惯，必须有一定时间和数量的积累，为特定行业或地域的大多数人所熟知，而不是短期内几次交易所形成，否则未经过长期反复实践考验的交易规则难以成为习惯，因其本身可能存在某些漏洞和弊端，必然有失公平，交易中也难以被对方当事人所认可和接受。

二是应为交易双方当事人知道或应当知道，此处对交易习惯的主观要件有非常明确严格的规定，知道或应当知道的标准显著高于“同意、认可”，后者仅是一种默许。因此，即便某种习惯在一定领域与地域为大多数人所熟知，只要对方当事人不是“知道或者应当知道”，就不应该受到这种习惯做法的约束，因为对方当事人不承担必须掌握和了解特殊交易习惯的注意义务，否则会造成合同缔约双方主体权利义务的不对等。

三是具有合法性，交易习惯作为一种独特的“合意”构成，不能违反法律、行政法规的强制性规定，不能违背公序良俗。换言之，当事人不能通过协议或者交易习惯等理由来规避对抗法律强制性规定的适用。

四是具有普适性却也因地域、行业细节不同具有特殊性，如果某种习惯只是在交易行为当地或者某一领域、某一行业通常采用的做法，而对方当事人并不知晓，则任意性规范应优先于这种习惯做法。若主张交易习惯的当事人坚持合同应按交易习惯履行，应主动告知对方当事人此行业或地域的交易经常性习惯，履行注意提醒义务。

关于交易习惯的性质，学界有不同观点，一部分学者认为交易习惯讨论的是事实习惯；对应地，一部分学者则认为交易习惯讨论的是习惯法；自然还有将上述两种学说结合的学者认为，交易习惯兼具事实习惯与习惯法[①]。对于交易习惯的司法适用，还是采取事实习惯说较为适宜。交易习惯是既定事实，由当事人依照“谁主张，谁举证”的证明责任进行自证，而法官可以在结合案件事实和证据证明的前提下，根据一般的社会知识和一般人通常的理解来进行分析，形成内心确信。

① 参见米新丽：《关于交易习惯的几点思考》，载《政法论丛》2016年第2期。

【审判实务】

关于认定交易习惯的举证责任。

根据“谁主张，谁举证”的证明责任规则，人民法院应要求提出“交易习惯”的当事人进行证明，但具体而言，要分情况来看。

当事人主张交易习惯系当事人之间在交易活动中经常使用的惯常做法的，其应证明在争议案件前，双方已经通过经常使用建立了所主张的习惯做法。

当事人主张交易习惯系在交易行为当地或者某一领域、某一行业通常采用并为交易对方订立合同时所知道或者应当知道的做法的，其不仅应证明地方习惯或行业习惯的存在，还需要证明对方当事人在订立合同时知道或者应当知道该习惯。

【关联指引】

《中华人民共和国民事诉讼法》（2023年9月1日）

第六十七条　当事人对自己提出的主张，有责任提供证据。

当事人及其诉讼代理人因客观原因不能自行收集的证据，或者人民法院认为审理案件需要的证据，人民法院应当调查收集。

人民法院应当按照法定程序，全面地、客观地审查核实证据。

第六十八条　当事人对自己提出的主张应当及时提供证据。

人民法院根据当事人的主张和案件审理情况，确定当事人应当提供的证据及其期限。当事人在该期限内提供证据确有困难的，可以向人民法院申请延长期限，人民法院根据当事人的申请适当延长。当事人逾期提供证据的，人民法院应当责令其说明理由；拒不说明理由或者理由不成立的，人民法院根据不同情形可以不予采纳该证据，或者采纳该证据但予以训诫、罚款。

《最高人民法院关于适用〈中华人民共和国民法典〉总则编若干问题的解释》(2022年2月24日)

第二条 在一定地域、行业范围内长期为一般人从事民事活动时普遍遵守的民间习俗、惯常做法等，可以认定为民法典第十条规定的习惯。

当事人主张适用习惯的，应当就习惯及其具体内容提供相应证据；必要时，人民法院可以依职权查明。

适用习惯，不得违背社会主义核心价值观，不得违背公序良俗。

《最高人民法院关于审理民间借贷案件适用法律若干问题的规定》(2020年12月29日)

第三条 借贷双方就合同履行地未约定或者约定不明确，事后未达成补充协议，按照合同相关条款或者交易习惯仍不能确定的，以接受货币一方所在地为合同履行地。

《最高人民法院关于审理买卖合同纠纷案件适用法律问题的解释》(2020年12月29日)

第一条 当事人之间没有书面合同，一方以送货单、收货单、结算单、发票等主张存在买卖合同关系的，人民法院应当结合当事人之间的交易方式、交易习惯以及其他相关证据，对买卖合同是否成立作出认定。

对账确认函、债权确认书等函件、凭证没有记载债权人名称，买卖合同当事人一方以此证明存在买卖合同关系的，人民法院应予支持，但有相反证据足以推翻的除外。

二、合同的订立

第三条 【合同成立与合同内容】

《最高人民法院关于适用〈中华人民共和国民法典〉合同编通则若干问题的解释》	《中华人民共和国民法典》
第三条 【合同成立与合同内容】 当事人对合同是否成立存在争议，人民法院能够确定当事人姓名或者名称、标的和数量的，一般应当认定合同成立。但是，法律另有规定或者当事人另有约定的除外。 根据前款规定能够认定合同已经成立的，对合同欠缺的内容，人民法院应当依据民法典第五百一十条、第五百一十一条等规定予以确定。 当事人主张合同无效或者请求撤销、解除合同等，人民法院认为合同不成立的，应当依据《最高人民法院关于民事诉讼证据的若干规定》第五十三条的规定将合同是否成立作为焦点问题进行审理，并可以根据案件的具体情况重新指定举证期限。	**第四百七十一条** 当事人订立合同，可以采取要约、承诺方式或者其他方式。 **第五百零二条** 依法成立的合同，自成立时生效，但是法律另有规定或者当事人另有约定的除外。 依照法律、行政法规的规定，合同应当办理批准等手续的，依照其规定。未办理批准等手续影响合同生效的，不影响合同中履行报批等义务条款以及相关条款的效力。应当办理申请批准等手续的当事人未履行义务的，对方可以请求其承担违反该义务的责任。 依照法律、行政法规的规定，合同的变更、转让、解除等情形应当办理批准等手续的，适用前款规定。 **第五百一十条** 合同生效后，当事人就质量、价款或者报酬、履行地点等内容没有约定或者约定不明确的，可以协议补充；不能达成补充协议的，按照合同相关条款或者交易习惯确定。 **第五百一十一条** 当事人就有关合同内容约定不明确，依据前条规定仍不能确定的，适用下列规定： （一）质量要求不明确的，按照强制性国家标准履行；没有强制性国家标准的，

	按照推荐性国家标准履行；没有推荐性国家标准的，按照行业标准履行；没有国家标准、行业标准的，按照通常标准或者符合合同目的的特定标准履行。 （二）价款或者报酬不明确的，按照订立合同时履行地的市场价格履行；依法应当执行政府定价或者政府指导价的，依照规定履行。 （三）履行地点不明确，给付货币的，在接受货币一方所在地履行；交付不动产的，在不动产所在地履行；其他标的，在履行义务一方所在地履行。 （四）履行期限不明确的，债务人可以随时履行，债权人也可以随时请求履行，但是应当给对方必要的准备时间。 （五）履行方式不明确的，按照有利于实现合同目的的方式履行。 （六）履行费用的负担不明确的，由履行义务一方负担；因债权人原因增加的履行费用，由债权人负担。

【条文释义】

此条司法解释是人民法院判定合同成立与否的规则内容，以及合同不成立时人民法院的处理规则。

合同成立，与合同订立的概念不同。合同订立，是指当事人为意思表示并达成合意，多强调整个过程。而合同成立更多的是指一种法律结果，是一种状态。换言之，合同成立是合同订立的组成部分，但合同成立更强调的是法律上的确认，从合同成立的那一刻开始，各方当事人建立起法律上的权利义务关系[①]。

① 参见最高人民法院民法典贯彻实施工作领导小组主编：《中华人民共和国民法典合同编理解与使用（一）》，人民法院出版社2020年版，第59页。

人民法院充分尊重当事人的意思自治，对于各方当事人达成合意的，也即构成合同的主要要素齐备时，人民法院充分尊重、促成对于各方当事人建立起法律上的权利义务关系的确认。但这个确认必须基于各方当事人清楚、准确的意思表示所构成的“合意”，一旦这份“合意”出现瑕疵，人民法院就需要依照《民法典》第510条、第511条的成文法规定去变相“协助”“促进”当事人补全合同的意思表示“合意”。

能够认定合同已经成立的，人民法院可以协助双方当事人就合同欠缺的内容达成协议，必要时可以依照上述两条民法典条文予以确定相关内容。但当事人主张合同无效或者请求撤销、解除合同的，人民法院认为合同不成立的，不应简单判决驳回当事人的诉讼请求，应允许当事人在诉讼中变更其主张的法律关系性质或者民事行为效力，人民法院应当将法律关系性质和民事行为效力的问题通过列为争议焦点进行审理，以保障当事人能够充分行使辩论权，对法律关系性质和民事行为效力问题有充分发表意见的机会，实现保障当事人的合法权益、最大限度地节约司法资源以及促进人民法院依法审判的有机结合①。

【条文引申】

探究该条文的发展脉络，可以追溯到《合同法》以及《最高人民法院关于适用〈中华人民共和国合同法〉若干问题的解释（二）》中。该司法解释第1条规定：“当事人对合同是否成立存在争议，人民法院能够确定当事人名称或者姓名、标的和数量的，一般应当认定合同成立。但法律另有规定或者当事人另有约定的除外。对合同欠缺的前款规定以外的其他内容，当事人达不成协议的，人民法院依照合同法第六十一条、第六十二条、第一百二十五条等有关规定予以确定。”《合同法》第61条规定：“合同生效后，当事人就

---

① 参见最高人民法院民事审判第一庭编著：《最高人民法院新民事诉讼证据规定理解与适用（下）》，人民法院出版社2020年版，第500~503页。

质量、价款或者报酬、履行地点等内容没有约定或者约定不明确的，可以协议补充；不能达成补充协议的，按照合同有关条款或者交易习惯确定。”第62条规定：“当事人就有关合同内容约定不明确，依照本法第六十一条的规定仍不能确定的，适用下列规定：（一）质量要求不明确的，按照国家标准、行业标准履行；没有国家标准、行业标准的，按照通常标准或者符合合同目的的特定标准履行。（二）价款或者报酬不明确的，按照订立合同时履行地的市场价格履行；依法应当执行政府定价或者政府指导价的，按照规定履行。（三）履行地点不明确，给付货币的，在接受货币一方所在地履行；交付不动产的，在不动产所在地履行；其他标的，在履行义务一方所在地履行。（四）履行期限不明确的，债务人可以随时履行，债权人也可以随时要求履行，但应当给对方必要的准备时间。（五）履行方式不明确的，按照有利于实现合同目的的方式履行。（六）履行费用的负担不明确的，由履行义务一方负担。”

而现行司法解释系关于合同成立的认定，在司法解释条文中引用《民法典》第510条、第511条关于合同编第四章合同的履行规定，属于以针对合同履行的可能和阻碍因素的评估来评价合同成立环节问题。就合同履行的部分而言，在司法实践中，往往存在合同的某些条款不明确，或者没有约定，不能够指导合同当事人适当地履行合同。在这种情况下，为鼓励合法、自愿和可能履行的交易，就需要制定法律规则，对不明确或者没有约定的内容赋予确定的内容，以使合同能够适当、全面地履行，实现资源优化配置和交易效率价值目标。这个过程也被称为合同内容的确定、合同欠缺条款的补救、瑕疵合同的履行或者合同漏洞的填补①。合同的当事人名称、标的和数量属于合同的必备条款，须由当事人明确约定。当事人没有约定，或者约定不明确的，合同内容无法确定，合同不成立。②而必备条款以外的其他条款中，《民法典》充分尊重当事人的意思自治，鼓励当事人以协议补充的形式完善合意表

① 参见王利明：《论合同漏洞的填补》，载《民商法研究（第四辑）》，法律出版社2001年版，第515页。

② 参见郭锋、陈龙业、周伦军等编著：《中华人民共和国民法典条文精解与实务指南（合同编）》，中国法制出版社2021年版，第131~132页。

达，促成合同交易继续履行，并对“质量要求不明确、价款或者报酬不明确、履行地点不明确、履行期限不明确、履行方式不明确、履行费用负担不明确”的六个问题进行了明确规定指引。

【审判实务】

一、《民法典》相关条款的适用存在逻辑顺序

《民法典》第511条是对合同非主要条款继续确定的规定，以第510条中当事人协议补充和按照合同有关条款或者交易习惯确定为优先原则，只有在穷尽第510条中的几种补救方式后仍不能确定合同成立条件的，才适用第511条的六项规定，以便使合同债务得到履行①。第511条的适用，是为了避免在履行的过程中发生纠纷，尽量限制合同的解除和违约，促成当事人之间合同的有效履行，进而使社会整体意义上的交易更有效率②。

二、合同不成立时，法官的释明义务范围应当限缩

在当事人主张的法律关系性质或者民事行为效力与人民法院认定不一致时，如当事人之间的合同因实在无法达成“合意”导致合同未能成立的，人民法院和法官不能简单驳回当事人的诉讼请求，也不应在案件尚未判决前，告知当事人人民法院对案件的看法，过分释明会违反人民法院与法官不告不理、居中裁判保持中立的原则。人民法院和法官不应根据自己的认识径行作出裁判，以致出现超出当事人诉讼请求，裁判严重违反处分原则和辩论主义的情形。当事人有权利自行决定是否变更诉讼请求。

---

① 参见杨立新主编：《中华人民共和国民法典释义与案例评注（合同编）》，中国法制出版社2020年版，第110页。

② 参见郭锋、陈龙业、周伦军等编著：《中华人民共和国民法典条文精解与实务指南·合同编》，中国法制出版社2021年版，第133页。

三、当事人变更诉讼请求的，法官重新指定举证期限应考虑案件全貌

《最高人民法院关于民事诉讼证据的若干规定》第53条是从2001年版本中第35条修改而来的，当事人主张的法律关系性质或者民事行为效力与法院认定不一致，当事人根据法庭审理情况变更诉讼请求的，本条规定不再要求人民法院必须重新指定举证期限，而是赋予人民法院确定举证期限的裁量权。当事人的诉讼请求虽然因合同不成立而发生变化，但案件事实不一定发生变化，未必需要调取新的事实和证据，抑或只是需要调取部分新事实与新证据，所需举证期限并不当然地等同于一个全新案件所需要的举证期限。因此，人民法院可以根据案件的具体情况重新指定举证期限，是否重新指定以及具体期限的确定应结合当事人的举证能力，综合考虑拟收集调取新证据的必要性、难易程度等因素，由人民法院视情形决定[①]。

【关联指引】

《最高人民法院关于适用〈中华人民共和国民事诉讼法〉的解释》（2022年4月1日）

第十八条 合同约定履行地点的，以约定的履行地点为合同履行地。

合同对履行地点没有约定或者约定不明确，争议标的为给付货币的，接收货币一方所在地为合同履行地；交付不动产的，不动产所在地为合同履行地；其他标的，履行义务一方所在地为合同履行地。即时结清的合同，交易行为地为合同履行地。

合同没有实际履行，当事人双方住所地都不在合同约定的履行地的，由被告住所地人民法院管辖。

第十九条 财产租赁合同、融资租赁合同以租赁物使用地为合同履行地。

---

① 参见最高人民法院民事审判第一庭编著:《最高人民法院新民事诉讼证据规定理解与适用（下）》，人民法院出版社2020年版，第500~503页。

合同对履行地有约定的，从其约定。

第二十条 以信息网络方式订立的买卖合同，通过信息网络交付标的的，以买受人住所地为合同履行地；通过其他方式交付标的的，收货地为合同履行地。合同对履行地有约定的，从其约定。

《最高人民法院关于审理买卖合同纠纷案件适用法律问题的解释》（2020年12月29日）

第二条 标的物为无需以有形载体交付的电子信息产品，当事人对交付方式约定不明确，且依照民法典第五百一十条的规定仍不能确定的，买受人收到约定的电子信息产品或者权利凭证即为交付。

《最高人民法院关于审理民事案件适用诉讼时效制度若干问题的规定》（2020年12月29日）

第四条 未约定履行期限的合同，依照民法典第五百一十条、第五百一十一条的规定，可以确定履行期限的，诉讼时效期间从履行期限届满之日起计算；不能确定履行期限的，诉讼时效期间从债权人要求债务人履行义务的宽限期届满之日起计算，但债务人在债权人第一次向其主张权利之时明确表示不履行义务的，诉讼时效期间从债务人明确表示不履行义务之日起计算。

《全国法院贯彻实施民法典工作会议纪要》（2021年4月6日）

6.当事人对于合同是否成立发生争议，人民法院应当本着尊重合同自由，鼓励和促进交易的精神依法处理。能够确定当事人名称或者姓名、标的和数量的，人民法院一般应当认定合同成立，但法律另有规定或者当事人另有约定的除外。

对合同欠缺的当事人名称或者姓名、标的和数量以外的其他内容，当事人达不成协议的，人民法院依照民法典第四百六十六条、第五百一十条、第五百一十一条等规定予以确定。

第四条 【以竞价方式订立合同】

《最高人民法院关于适用〈中华人民共和国民法典〉合同编通则若干问题的解释》	《中华人民共和国民法典》
第四条 【以竞价方式订立合同】采取招标方式订立合同，当事人请求确认合同自中标通知书到达中标人时成立的，人民法院应予支持。合同成立后，当事人拒绝签订书面合同的，人民法院应当依据招标文件、投标文件和中标通知书等确定合同内容。 采取现场拍卖、网络拍卖等公开竞价方式订立合同，当事人请求确认合同自拍卖师落槌、电子交易系统确认成交时成立的，人民法院应予支持。合同成立后，当事人拒绝签订成交确认书的，人民法院应当依据拍卖公告、竞买人的报价等确定合同内容。 产权交易所等机构主持拍卖、挂牌交易，其公布的拍卖公告、交易规则等文件公开确定了合同成立需要具备的条件，当事人请求确认合同自该条件具备时成立的，人民法院应予支持。	**第一百五十八条** 民事法律行为可以附条件，但是根据其性质不得附条件的除外。附生效条件的民事法律行为，自条件成就时生效。附解除条件的民事法律行为，自条件成就时失效。 **第四百七十三条** 要约邀请是希望他人向自己发出要约的表示。拍卖公告、招标公告、招股说明书、债券募集办法、基金招募说明书、商业广告和宣传、寄送的价目表等为要约邀请。 商业广告和宣传的内容符合要约条件的，构成要约。 **第六百四十四条** 招标投标买卖的当事人的权利和义务以及招标投标程序等，依照有关法律、行政法规的规定。 **第六百四十五条** 拍卖的当事人的权利和义务以及拍卖程序等，依照有关法律、行政法规的规定。

【条文释义】

此条司法解释是以竞价方式订立合同的成立时间和合同内容的确认规则。

招标投标、现场拍卖、网络拍卖等形式，皆属于以竞价方式订立合同，分别受《招标投标法》和《拍卖法》所规范。

采取招标方式订立合同，相关规定在《民法典》第644条之中，“招标投标买卖的当事人的权利和义务以及招标投标程序等，依照有关法律、行政法规的规定”。合同的成立是招标投标的意义所在，因此合同成立的时间决定了招标文件、投标文件中的内容何时开始对招标人、投标人产生约束力。然而，现行的《招标投标法》对此缺乏明确的规定。《招标投标法》第45条第2款规定："中标通知书对招标人和中标人具有法律效力。中标通知书发出后，招标人改变中标结果的，或者中标人放弃中标项目的，应当依法承担法律责任。"这一规定没有确定合同的成立时间，导致业界对中标通知书生效后拒签合同的法律后果产生了不同的认识。在招标投标实务中，大量纠纷都与对此不同的认识有关，即使在法院的诉讼案件中，对此的不同认识仍然产生了不同的判决①。

采取拍卖竞价的方式订立合同，拍卖作为一种特殊的买卖合同，规定在《民法典》第645条之中，"拍卖的当事人的权利和义务以及拍卖程序等，依照有关法律、行政法规的规定"。拍卖公告对于竞买人来讲是不可撤销的要约，对于买受人来讲是构成合同条款的内容，所以要求拍卖企业要重视拍卖公告的审查和发布，慎之又慎。②

《最高人民法院关于适用〈中华人民共和国民法典〉合同编通则若干问题的解释》第4条第1款、第2款分别规定了招标方式订立合同与拍卖方式订立合同中合同成立的时间点认定问题，并赋予人民法院在当事人不愿意签署依据招投标或拍卖规则所应签订的合同时，可以依据相关活动文件和要素确定相关合同内容的权利。第3款则重点强调拍卖公告、交易规则等文件对于附条件合同规定的有效性，相关条件具备时，可以认定为合同成立的时间。

【条文引申】

以竞价方式订立合同的合同成立形式，并未明确在《民法典》中予以描

① 何红锋：《招标投标合同成立的时间》，载《中国招标》2021年第8期。

② 李仁玉：《合同编与拍卖法律风险防范》，载《中国拍卖》2021年第9期。

述性规定，关于招标方式订立合同与拍卖方式订立合同，分别在《招标投标法》与《拍卖法》中予以明确规定。《最高人民法院关于适用〈中华人民共和国民法典〉合同编通则若干问题的解释》则是根据《民法典》的规定以及民事法律思维理论进行了此类合同成立的论证。

《民法典》第471条规定："当事人订立合同，可以采取要约、承诺方式或者其他方式。"第473条第1款规定："要约邀请是希望他人向自己发出要约的表示。拍卖公告、招标公告、招股说明书、债券募集办法、基金招募说明书、商业广告和宣传、寄送的价目表等为要约邀请。"第479条规定："承诺是受要约人同意要约的意思表示。"第483条规定："承诺生效时合同成立，但是法律另有规定或者当事人另有约定的除外。"

因此，在上述两类合同中，招标人或拍卖人向投标人或买受人以招标公告、拍卖公告等形式发出了要约邀请，投标人或买受人以参与投标或出价竞拍的方式发出了要约，招标人或拍卖人以中标通知书或拍卖成交告知的形式作出承诺。《民法典》对于承诺生效采取的是"到达主义"，承诺通知到达要约人时生效。承诺到达的时间即完成了合同的订立。因此，判定承诺何时到达是确认合同成立时间的关键。司法解释给出了明确指引，即中标通知书到达中标人时或拍卖师落槌、电子交易系统确认成交时视为招标人或拍卖人的承诺到达，合同即成立。

依法成立的合同，受到法律保护。缔约双方应积极推进合同履行，不得擅自变更毁弃合约。因此，对于合同中一方当事人拒绝订立书面合同的，人民法院应该依据相关竞价活动的材料、要素确定合同的内容，以推动合同的履行。对于附条件成立的合同，《民法典》第158条规定，民事法律行为可以附条件，附生效条件的民事法律行为，自条件成就时生效。因此当拍卖公告、交易规则所附条件成就时，合同应当成立。

【审判实务】

一、中标通知书发出使招标人、投标人之间成立以签订书面合同为义务的预约合同，中标通知书到达中标人时，合同成立

《招标投标法》规定中标通知书发出后即具有法律效力，采用的是“发出主义”，由于《招标投标法》是《民法典》的特别法（招标投标在本质上是一种合同的特殊订立方式），特别法优于一般法，中标通知书发出后，应视为招标、中标双方已经完全确定，应该签订合同以书面、成文的形式来巩固这种“确定”，因此可以认定中标通知书发出使招标人、中标人之间成立以签订书面合同为义务的预约合同。虽然《民法典》第490条规定，“当事人采用合同书形式订立合同的，自当事人均签名、盖章或者按指印时合同成立”。但该条中同样规定，“在签名、盖章或者按指印之前，当事人一方已经履行主要义务，对方接受时，该合同成立”。此处可以理解为，虽然招标人、中标人还未签订合同，但中标人已经积极参与投标、竞标等活动，应视为履行了主要义务，投标人发出中标通知书，应视为对中标人的接受，合同因此成立。故双方的预约合同不可轻易解除。

但招标人这份接受同样也应视为承诺，需要符合《民法典》中的承诺到达主义，因此实务中应追认中标通知书到达的时间点双方合同就已经成立，而非合同双方签字时。

二、网络竞价系统自动生成竞价结果通知单违反交易规则的，交易不成立

网络竞拍是拍卖的一种特殊形式，在其有特别规定时依其规定，在无特别规定时，可以适用《拍卖法》的一般规定。

网络竞价交易具有即时性和公开性的特点，产权人、竞买人、竞买组织方均应严格遵守相关交易规则。虽然网络竞价系统自动生成《竞价结果通知

单》，但因违反交易规则，不能形成有效承诺的，交易依法不能成立。

【关联指引】

《中华人民共和国拍卖法》（2015年4月24日）

第三条 拍卖是指以公开竞价的形式，将特定物品或者财产权利转让给最高应价者的买卖方式。

第四十五条 拍卖人应当于拍卖日七日前发布拍卖公告。

第四十六条 拍卖公告应当载明下列事项：

（一）拍卖的时间、地点；

（二）拍卖标的；

（三）拍卖标的展示时间、地点；

（四）参与竞买应当办理的手续；

（五）需要公告的其他事项。

第四十七条 拍卖公告应当通过报纸或者其他新闻媒介发布。

第五十一条 竞买人的最高应价经拍卖师落槌或者以其他公开表示买定的方式确认后，拍卖成交。

第五十二条 拍卖成交后，买受人和拍卖人应当签署成交确认书。

《中华人民共和国招标投标法》（2017年12月27日）

第四十五条 中标人确定后，招标人应当向中标人发出中标通知书，并同时将中标结果通知所有未中标的投标人。

中标通知书对招标人和中标人具有法律效力。中标通知书发出后，招标人改变中标结果的，或者中标人放弃中标项目的，应当依法承担法律责任。

第四十六条 招标人和中标人应当自中标通知书发出之日起三十日内，按照招标文件和中标人的投标文件订立书面合同。招标人和中标人不得再行订立背离合同实质性内容的其他协议。

招标文件要求中标人提交履约保证金的，中标人应当提交。

第四十八条 中标人应当按照合同约定履行义务，完成中标项目。中标人不得向他人转让中标项目，也不得将中标项目肢解后分别向他人转让。

中标人按照合同约定或者经招标人同意，可以将中标项目的部分非主体、非关键性工作分包给他人完成。接受分包的人应当具备相应的资格条件，并不得再次分包。

中标人应当就分包项目向招标人负责，接受分包的人就分包项目承担连带责任。

第五十九条 招标人与中标人不按照招标文件和中标人的投标文件订立合同的，或者招标人、中标人订立背离合同实质性内容的协议的，责令改正；可以处中标项目金额千分之五以上千分之十以下的罚款。

第六十条 中标人不履行与招标人订立的合同的，履约保证金不予退还，给招标人造成的损失超过履约保证金数额的，还应当对超过部分予以赔偿；没有提交履约保证金的，应当对招标人的损失承担赔偿责任。

中标人不按照与招标人订立的合同履行义务，情节严重的，取消其二年至五年内参加依法必须进行招标的项目的投标资格并予以公告，直至由工商行政管理机关吊销营业执照。

因不可抗力不能履行合同的，不适用前两款规定。

《中华人民共和国招标投标法实施条例》（2019年3月2日）

第五十七条 招标人和中标人应当依照招标投标法和本条例的规定签订书面合同，合同的标的、价款、质量、履行期限等主要条款应当与招标文件和中标人的投标文件的内容一致。招标人和中标人不得再行订立背离合同实质性内容的其他协议。

招标人最迟应当在书面合同签订后5日内向中标人和未中标的投标人退还投标保证金及银行同期存款利息。

《拍卖监督管理办法》（2020年10月23日）

第二条 拍卖人、委托人、竞买人及其他参与拍卖活动的当事人从事拍卖活动，应当遵守有关法律法规和本办法，遵循公开、公平、公正、诚实信用的原则。

第五条 【合同订立中的第三人责任】

《最高人民法院关于适用〈中华人民共和国民法典〉合同编通则若干问题的解释》	《中华人民共和国民法典》
第五条 【合同订立中的第三人责任】 第三人实施欺诈、胁迫行为，使当事人在违背真实意思的情况下订立合同，受到损失的当事人请求第三人承担赔偿责任的，人民法院依法予以支持；当事人亦有违背诚信原则的行为的，人民法院应当根据各自的过错确定相应的责任。但是，法律、司法解释对当事人与第三人的民事责任另有规定的，依照其规定。	**第一百四十八条** 一方以欺诈手段，使对方在违背真实意思的情况下实施的民事法律行为，受欺诈方有权请求人民法院或者仲裁机构予以撤销。 **第一百四十九条** 第三人实施欺诈行为，使一方在违背真实意思的情况下实施的民事法律行为，对方知道或者应当知道该欺诈行为的，受欺诈方有权请求人民法院或者仲裁机构予以撤销。 **第一百五十条** 一方或者第三人以胁迫手段，使对方在违背真实意思的情况下实施的民事法律行为，受胁迫方有权请求人民法院或者仲裁机构予以撤销。 **第一百五十七条** 民事法律行为无效、被撤销或者确定不发生效力后，行为人因该行为取得的财产，应当予以返还；不能返还或者没有必要返还的，应当折价补偿。有过错的一方应当赔偿对方由此所受到的损失；各方都有过错的，应当各自承担相应的责任。法律另有规定的，依照其规定。 **第五百七十七条** 当事人一方不履行合同义务或者履行合同义务不符合约定的，应当承担继续履行、采取补救措施或者赔偿损失等违约责任。 **第五百八十二条** 履行不符合约定的，应当按照当事人的约定承担违约责任。对违约责任没有约定或者约定不明确，依据本法第五百一十条的规定仍不能确定

	的，受损害方根据标的的性质以及损失的大小，可以合理选择请求对方承担修理、重作、更换、退货、减少价款或者报酬等违约责任。 **第五百八十三条** 当事人一方不履行合同义务或者履行合同义务不符合约定的，在履行义务或者采取补救措施后，对方还有其他损失的，应当赔偿损失。 **第一千一百六十五条** 行为人因过错侵害他人民事权益造成损害的，应当承担侵权责任。 依照法律规定推定行为人有过错，其不能证明自己没有过错的，应当承担侵权责任。 **第一千一百七十五条** 损害是因第三人造成的，第三人应当承担侵权责任。

【条文释义】

此条司法解释是合同订立中的第三人责任有关规则。

第三人欺诈行为，是指民事法律行为当事人以外的第三人，对一方当事人故意实施欺诈行为，致使该方当事人在违背真实意思的情况下，与对方当事人实施的民事法律行为[①]。第三人欺诈行为的法律效力是因第三人欺诈行为而实施的民事法律行为，对方当事人知道或者应当知道该欺诈行为的，构成可撤销的民事法律行为，受欺诈一方当事人享有撤销权，有权请求人民法院或者仲裁机构对该民事法律行为予以撤销。

第三人胁迫行为，是指民事法律关系行为当事人以外的第三人，以将来发生的祸害或者实施不法行为，给一方当事人以心理上的恐吓或者直接造成

① 参见杨立新主编：《中华人民共和国民法典释义与案例评注（总则编）》，中国法制出版社2020年版，第545~550页。

损害，迫使对方当事人与其实施民事法律行为。胁迫分为两种：一种是以恐吓为手段的胁迫，另一种是以不法行为为手段的胁迫①。胁迫行为是可撤销的民事法律行为，受胁迫方对该民事法律行为享有撤销权，有权请求人民法院或者仲裁机构予以撤销。

此条司法解释规定了第三人在合同订立中实施欺诈、胁迫行为致使对方受有损失，受损失的当事人有权要求其赔偿。其来源依据多援引自《民法典》第148条、第149条、第150条的规定。同时规定了赔偿范围及赔偿责任依据过错大小进行分配的原则。

【条文引申】

合同对第三人的效力，在一般情况下，表现为任何第三人不得侵害合同债权，在合同债权人行使撤销权或代位权时涉及第三人，在涉他合同中可有向第三人履行或由第三人履行的效力。②

《民法典》中把重大误解、欺诈、胁迫、一方利用对方处于危困状态、缺乏判断能力等情形致使合同成立时显失公平作为可撤销的原因。欺诈作为合同被撤销的原因，必须符合如下要件：一是须有欺诈行为；二是实施欺诈行为出于故意，在第三人实施欺诈行为的场合，非受欺诈的当事人知道或应当知道第三人实施欺诈行为；三是该欺诈行为使对方陷于错误的认识；四是对方基于该错误认识而订立合同。③且欺诈行为须与合同成立之间存在因果关系。胁迫作为合同被撤销的原因，也应符合一定要件：一是须有胁迫行为；二是胁迫行为必须是故意所为；三是对方因该胁迫行为而陷入恐惧；四是对方基于该恐惧作出意思表示，订立合同，④且胁迫行为须与合同成立之间存

① 参见杨立新主编:《中华人民共和国民法典释义与案例评注（总则编）》，中国法制出版社2020年版，第551~554页。

② 参见崔建远主编:《合同法》(第七版)，法律出版社2021年版，第69~70页。

③ 参见崔建远主编:《合同法》(第七版)，法律出版社2021年版，第83页。

④ 参见崔建远主编:《合同法》(第七版)，法律出版社2021年版，第84~85页。

在因果关系。

需要注意的是，关于第三人欺诈的问题，当事人之外的第三人对其中一方当事人实施欺诈的目的，有可能仅仅是帮助对方当事人达成交易，如一方得知买受人欲购买朋友的二手房屋，便极力劝说，尽管知道该房屋质量堪忧、地段不佳、周围配套资源不齐全，甚至邻里关系极不和谐，但谎称该房屋具有极大升值空间、周围可能开通地铁甚至快速公交专线，买受人遂信以为真，购买了该二手房屋。第三人实施欺诈也有可能最终为实现自己的目的，如第三人为达到使债务人尽快偿还所欠其债务的目的，劝说买受人购买债务人所收藏的仿真古董，谎称该古董为真品，买受人信以为真，购买了该古董，债务人则用所得的价款偿还了第三人的债务。由于第三人欺诈的行为同样对受欺诈人的利益造成了损害，因此，同样要追究其法律责任。

关于第三人胁迫的问题，《民法典》新增了第三人胁迫的法律行为效力规则，解决了《民法通则》与《合同法》仅规定了一方胁迫的民事法律行为效力，而未规定第三人胁迫的民事法律行为效力的问题。此外，《民法典》统一规定胁迫的法律行为是可撤销的。制定《民法典》总则编时，吸收了《民法通则》和《合同法》的有关规定，对胁迫的民事法律行为作出了修订，统一修改为可撤销，以体现对国家利益与个人利益的平等保护①。

【审判实务】

一、因第三人欺诈、胁迫而订立合同的民事法律行为中“第三人”的范围如何理解

第三人，是指任何可以视为处于意思表示相对人地位的人以及与意思表示相对人关系密切的人之外的人，关于因第三人欺诈而实施的民事法律行为中的“第三人”，是指民事法律行为的当事人、代理人、法定代表人以外的任何人。如果当事人的代理人或者法定代表人实施了欺诈行为，应当构成当事

① 参见杨立新、李怡雯:《中国民法典新规则要点》，法律出版社2020年版，第134页。

人一方实施欺诈行为，而不成立第三人欺诈[①]。

二、因第三人胁迫而订立合同的民事法律行为中，是否需要一方当事人知道或者应当知道“胁迫”，对方当事人才享有撤销权

在第三人欺诈的情形下，只有一方当事人知道或者应当知道第三人欺诈时，对方当事人才享有撤销权。但因第三人的胁迫，已经使受胁迫方产生了恐惧，在此情形下，受胁迫方的意思表示严重不自由，严重不自愿，此时，为了保护行为主体的自主、自愿，法律有必要规定，只要当事人是受胁迫从事的民事法律行为，受胁迫方都可以请求人民法院或者仲裁机构予以撤销[②]。

【关联指引】

《最高人民法院关于适用〈中华人民共和国民法典〉总则编若干问题的解释》（2022年2月24日）

第二十一条 故意告知虚假情况，或者负有告知义务的人故意隐瞒真实情况，致使当事人基于错误认识作出意思表示的，人民法院可以认定为民法典第一百四十八条、第一百四十九条规定的欺诈。

《最高人民法院关于适用〈中华人民共和国民法典〉合同编通则部分的解释》（2023年12月4日）

第五条 第三人实施欺诈、胁迫行为，使当事人在违背真实意思的情况下订立合同，受到损失的当事人请求第三人承担赔偿责任的，人民法院依法予以支持；当事人亦有违背诚信原则的行为的，人民法院应当根据各自的过错确定相应的责任。但是，法律、司法解释对当事人与第三人的民事责任另有规定的，依照其规定。

---

① 参见王利明：《民法总则研究》（第三版），中国人民大学出版社2019年版，第573页。

② 参见最高人民法院民法典贯彻实施工作领导小组主编：《中华人民共和国民法典总则编理解与适用》，人民法院出版社2020年版，第744页。

第六条 【预约合同的认定】

《最高人民法院关于适用〈中华人民共和国民法典〉合同编通则若干问题的解释》	《中华人民共和国民法典》
第六条 【预约合同的认定】当事人以认购书、订购书、预订书等形式约定在将来一定期限内订立合同，或者为担保在将来一定期限内订立合同交付了定金，能够确定将来所要订立合同的主体、标的等内容的，人民法院应当认定预约合同成立。 当事人通过签订意向书或者备忘录等方式，仅表达交易的意向，未约定在将来一定期限内订立合同，或者虽然有约定但是难以确定将来所要订立合同的主体、标的等内容，一方主张预约合同成立的，人民法院不予支持。 当事人订立的认购书、订购书、预订书等已就合同标的、数量、价款或者报酬等主要内容达成合意，符合本解释第三条第一款规定的合同成立条件，未明确约定在将来一定期限内另行订立合同，或者虽然有约定但是当事人一方已实施履行行为且对方接受的，人民法院应当认定本约合同成立。	**第四百九十五条** 当事人约定在将来一定期限内订立合同的认购书、订购书、预订书等，构成预约合同。 当事人一方不履行预约合同约定的订立合同义务的，对方可以请求其承担预约合同的违约责任。

【条文释义】

此条解释是预约合同的认定问题。其所表达的核心含义，还是围绕人民法院如何推动当事人合同成立，引导当事人确定合意内容，保障交易进行来展开。

第1款是预约合同的基本认定方法，能够确定当事人有成立预约合同的意思表示和主观意向的，应当认定该合同成立。

第2款对“意向书”和“备忘录”展开表述。本款解释认为，仅有约定意向或简单内容，但没有对于将来所要订立合同的主体、标的等关键内容的，不能成为预约合同。从立法角度看，此款解释旨在规范预约合同的订立文本形式，因为预约合同的效力是为了本约合同的顺利签订及履行，所以更要规范预约合同的形式，避免交易过程中简单的意向书、备忘录等形式因法律规定不严而“变相”成为“法定”的文本载体，使并非当事人真实、明确的意思表示因法律规定成为本约合同的内容。此条司法解释大力限制预约合同的表达形式，也是在法律层面上鼓励交易双方针对预约合同更为谨慎地进行意思表示，也避免了部分交易主体利用预约合同文本形式规定的法律漏洞，将一些单方的、不真实的、不准确的意思表示强行加入本约合同中。

第3款则是援引本解释第3条第1款，即：“当事人对合同是否成立存在争议，人民法院能够确定当事人姓名或者名称、标的和数量的，一般应当认定合同成立。但是，法律另有规定或者当事人另有约定的除外。”《民法典》第495条强调“在一定期限内”，有学者认为这意味着签订本约是否具有确定的时间期限将成为判断预约是否成立的必备条件①。根据本条司法解释第3款的内容，强调了在预约合同的订立标准下，若双方当事人的实际行动可以认为已经绕过预约合同而订立了一个“本约”合同，也即预约合同的根本目的已经实现，那么，即便该“本约”合同没有非常完备的形式要件，也应认定其成立。此款解释的目的是充分落实预约合同的作用，以预约合同推动本约合同的实质性成立开展，还是在推动交易进行，鼓励交易。

【条文引申】

关于预约合同问题，向前可追溯到《最高人民法院关于审理买卖合同纠

---

① 参见张素华、张雨晨：《〈民法典合同编〉预约制度的规范构造》，载《社会科学》2020年第1期。

纷案件适用法律问题的解释》(2012年)，其中第2条规定："当事人签订认购书、订购书、预订书、意向书、备忘录等预约合同，约定在将来一定期限内订立买卖合同，一方不履行订立买卖合同的义务，对方请求其承担预约合同违约责任或者要求解除预约合同并主张损害赔偿的，人民法院应予支持。"该条表述不够严谨，因为当事人在交易过程中订立的认购书、订购书、预订书、意向书、备忘录并非都属于预约[①]。因此，该条款在2020年的同名司法解释中被删去，但该条文所表达的意思逐渐被《民法典》和本司法解释第7条到第9条所吸收。

所谓预约合同，是具有防止毁约功能的合同。预约合同与本约合同是相对的概念，二者互为表里，预约和本约是相互独立且相互关联的两个合同，二者既相互独立，又相互关联，是手段和目的的关系。预约的目的在于订立本约，预约的标的须是在一定期限内签订本约，履行预约合同的结果是订立本约合同，因此预约合同的法律性质应采取独立契约说比较合适[②]。尽管预约合同是为了订立本约合同而签订，且在订立本约合同过程中签订，预设本约合同中的民事权利义务，二者存在相互关联的方面，但当事人就订立预约合同形成的合意具有相对独立性，可以与本约合同相区分，因此为独立的合同。[③]

预约合同的成立与生效应满足一定条件。预约合同作为债权合同的一种，应满足合意性、约束性、确定性和期限性四个特点。[④]具体而言，一是预约合同主体须适格。合同主体必须是双方以上，且有民事行为能力。二是预约合同目的必须清楚。预约合同的关键目的，是在将来一定期限内订立本约的

① 参见朱广新、谢鸿飞主编：《民法典评注·合同编·通则》，中国法制出版社2020年版，第228页。

② 参见宋晓明、张勇健、王闯：《〈关于审理买卖合同纠纷案件适用法律问题的解释〉的理解与适用》，载《人民司法·应用》2012年第15期。

③ 参见最高人民法院民法典贯彻实施工作领导小组主编：《中华人民共和国民法典合同编理解与适用（一）》，人民法院出版社2020年版，第231页。

④ 参见最高人民法院研究室编著：《最高人民法院关于买卖合同司法解释理解与适用》，人民法院出版社2012年版，第15页。

意思表示。三是本约的内容需要确定，虽然有学者认为，“预约合同只是以订立本约合同为目的，只需要具备标的并包含将来订立合同的意愿即可，而无须包含本约合同的主要条款[①]”，但也有观点认为：“如果预约合同对于本约条款的约定是非常空泛的，那么合同内容也就是不确定的，执行起来没有意义。[②]”因此，相对确定地体现本约内容的条款，还是应当存在的。四是预约合同不能违反法律、行政法规的强制性规定，不能违背公序良俗原则。

预约合同的效力在学界中争议很大，总结来看大致分为四种观点：

一是应当缔约说。该说认为：当事人签订预约后，需要承担两项义务：第一，为达成本约而进行磋商的义务；第二，必须达成本约的义务，如果当事人未根据预约缔结本约，则承担违约责任，法院可以强制当事人缔约，对于合同中的未确定条款，根据漏洞补充条款进行解释。[③]

二是应当磋商说。指当事人签署预约后，承担诚信、公平磋商的义务，如当事人诚信履行了磋商义务的情况下仍未达成本约，当事人不承担违约责任。

三是区分说。认为应当区分预约所涉本约的必备条款的完备程度来决定效力，如果预约中具备本约的主要或者必要条款，则产生应当缔约的效力，否则产生应当磋商的效力[④]。

四是视为本约说。如果预约实际上已具备本约之要点而无须另订本约者，应视为本约[⑤]。

综合来看，在实务中，如果预约合同可以继续履行，对于预约的效力到底是采取继续磋商还是继续订立本约，首要原则应当是尊重当事人的意思自治，如当事人未约定或者约定不明确时，则根据预约内容的完备程度、履行程度等不同，采取区分说，可能是目前的最佳实践操作路径。

---

① 参见王利明：《合同法研究》（第1卷）（第三版），中国人民大学出版社2015年版，第43页。

② 参见朱广新、谢鸿飞主编：《民法典评注·合同编·通则》，中国法制出版社2020年版，第233页。

③ 参见刘承韪：《预约合同层次论》，载《法学论坛》2013年第6期。

④ 参见韩强：《论预约的效力与形态》，载《华东政法学院学报》2003年第1期。

⑤ 参见林诚二：《民法债编各论》（上），中国人民法学出版社2003年版，第32页。

【审判实务】

一、意向书是否属于预约合同

《民法典》第495条虽然以列举的方式，列明认购书、订购书、预订书的形式属于预约合同，但原文中的“等”字表达的意思是此处罗列并非穷尽。“认购书、订购书、预订书、意向书、备忘录等形式”的表述，表明文件的名称对该文件是否构成预约合同并没有决定意义[①]，还是要看文件的具体内容是否符合预约合同的特征。即便当事人使用《民法典》第495条中所提到的认购书、订购书、预订书等名词来称呼特定文件，也不代表该文件必然构成预约合同，其可能是缔约阶段磋商形成的文件，甚至可能是本约合同。判断一份文件是否属于预约合同，重点始终是考察当事人的意愿，而非文件的抬头名称。

但是，在最终确定的本条司法解释第2款中，明确指出：“当事人通过签订意向书或者备忘录等方式，仅表达交易的意向，未约定在将来一定期限内订立合同，或者虽然有约定但是难以确定将来所要订立合同的主体、标的等内容，一方主张预约合同成立的，人民法院不予支持。”因此，判断意向书是否属于预约合同，在上述考察当事人意愿的基础上，还要着重判断该意向书是否具有订立合同的主体、标的等内容，到底是一份简单的“意向”还是已经具备未来订立本约合同的关键要素的一份预约合同的“别名文本”。综上，若意向书应具备预约合同的关键性要素，可以认定为预约合同，若只是简单的交易意向的表达，不应认定为预约合同。

二、预约合同认定中定金的作用应如何理解

定金的支付通常是订立预约合同的标志，超过定金范围的是对交易款

---

① 参见龙卫球主编：《中华人民共和国民法典合同编释义》，中国法制出版社2020年版，第98~99页。

项的部分或者全部支付，则支持将合同认定为本约合同。《最高人民法院关于审理商品房买卖合同纠纷案件适用法律若干问题的解释》第5条就规定了，商品房的认购、订购、预订等协议具备商品房买卖合同的主要内容，并且出卖人已经按照约定收受购房款的，该协议应当认定为商品房买卖合同。

【关联指引】

《全国法院贯彻实施民法典工作会议纪要》（2021年4月6日）

6.当事人对于合同是否成立发生争议，人民法院应当本着尊重合同自由，鼓励和促进交易的精神依法处理。能够确定当事人名称或者姓名、标的和数量的，人民法院一般应当认定合同成立，但法律另有规定或者当事人另有约定的除外。

对合同欠缺的当事人名称或者姓名、标的和数量以外的其他内容，当事人达不成协议的，人民法院依照民法典第四百六十六条、第五百一十条、第五百一十一条等规定予以确定。

《最高人民法院关于审理商品房买卖合同纠纷案件适用法律若干问题的解释》（2020年12月29日）

第五条 商品房的认购、订购、预订等协议具备《商品房销售管理办法》第十六条规定的商品房买卖合同的主要内容，并且出卖人已经按照约定收受购房款的，该协议应当认定为商品房买卖合同。

《最高人民法院关于适用〈中华人民共和国民法典〉合同编通则若干问题的解释》（2023年12月4日）

第三条 当事人对合同是否成立存在争议，人民法院能够确定当事人姓名或者名称、标的和数量的，一般应当认定合同成立。但是，法律另有规定或者当事人另有约定的除外。

根据前款规定能够认定合同已经成立的，对合同欠缺的内容，人民法院应当依据民法典第五百一十条、第五百一十一条等规定予以确定。

当事人主张合同无效或者请求撤销、解除合同等，人民法院认为合同不成立的，应当依据《最高人民法院关于民事诉讼证据的若干规定》第五十三条的规定将合同是否成立作为焦点问题进行审理，并可以根据案件的具体情况重新指定举证期限。

第七条 【违反预约合同的认定】

《最高人民法院关于适用〈中华人民共和国民法典〉合同编通则若干问题的解释》	《中华人民共和国民法典》
第七条 【违反预约合同的认定】预约合同生效后，当事人一方拒绝订立本约合同或者在磋商订立本约合同时违背诚信原则导致未能订立本约合同的，人民法院应当认定该当事人不履行预约合同约定的义务。 人民法院认定当事人一方在磋商订立本约合同时是否违背诚信原则，应当综合考虑该当事人在磋商时提出的条件是否明显背离预约合同约定的内容以及是否已尽合理努力进行协商等因素。	**第七条** 民事主体从事民事活动，应当遵循诚信原则，秉持诚实，恪守承诺。 **第四百九十五条** 当事人约定在将来一定期限内订立合同的认购书、订购书、预订书等，构成预约合同。 当事人一方不履行预约合同约定的订立合同义务的，对方可以请求其承担预约合同的违约责任。 **第五百条** 当事人在订立合同过程中有下列情形之一，造成对方损失的，应当承担赔偿责任： （一）假借订立合同，恶意进行磋商； （二）故意隐瞒与订立合同有关的重要事实或者提供虚假情况； （三）有其他违背诚信原则的行为。 **第五百零九条** 当事人应当按照约定全面履行自己的义务。 当事人应当遵循诚信原则，根据合同的性质、目的和交易习惯履行通知、协助、保密等义务。 当事人在履行合同过程中，应当避免浪费资源、污染环境和破坏生态。

【条文释义】

此条解释是违反预约合同的认定问题。

预约合同成立生效后，其合同履行问题随之展开，而订立预约合同的根本目的，就是订立本约合同。合同生效后，各方当事人应围绕合同确定的权利义务规范，按照约定内容全面履行自己的义务。因此，一方当事人拒绝签订本约合同或者在磋商本约合同的过程中采取各种方式逃避签订本约合同的，应视为对预约合同履行的违约，应当承担违约责任，而这也正是本条解释第1款的规定。

本条解释第2款则进一步规范了人民法院如何认定一方当事人是否确实存在为“逃避订立本约合同”，而在磋商过程中失信的行为。判断的关键标准除明显拒绝签订本约合同的“明面行为”外，亦包括看似积极协商，但主张订立本约合同的内容与预约合同中双方约定好的内容大相径庭的“阳奉阴违”行为，以及看似坚持自己的原则在协商中故意为难对方，不肯让步，实则逃避订立本约合同的行为。

【条文引申】

关于预约合同与本约合同的关系问题，是本条司法解释的重点理论依据。

预约的目的在于订立本约，预约的标的须是在一定期限内签订本约，履行预约合同的结果是订立本约合同。预约合同中应当载明关于将来要订立的本约合同的关键信息，对于本约合同的条款约定不能太宽泛，否则就会出现如本条司法解释第2款中描述的情形，一方当事人看似认真磋商订立本约合同，但约定内容与订立预约合同时双方的缔约意向和真实意思表示相去甚远。因此，明确的预约合同，是将来判定一方当事人在订立本约合同时出现较大出入情形下的有力判断手段和依据。

关于合理努力进行协商。协商一词，充分体现民事法律关系尊重当事人意思自治的价值选择[①]。《民法典》合同编第六章关于合同的变更和转让中，充分体现了“协商”的重要性。具体而言，第543条规定，当事人协商一致，可以变更合同。第562条规定，当事人协商一致，可以解除合同。第569条规定，当事人互

---

① 参见韩世远：《情势变更若干问题研究》，载《中外法学》2014年第3期。

负债务，标的物种类、品质不相同的，经协商一致，也可以抵销。从上述条款中可以看到，通过“协商”，合同可以变更，可以解除，甚至可以抵销部分标的。

“协商”在民法典合同编中的高频出现和高位阶效力，正是因为其体现了合同主体间的真实、最新意思表示，体现了当事人的意思自治，有利于合同目的的根本实现。而判断这一要件的根本在于“合理努力”地协商，但“努力”是一个主观评价，“合理”同样是一个颇具主观色彩的程度标准。想要判断预约合同的一方当事人是否是故意违约，规避订立本约合同的在先义务，就要看其在订立本约合同时的所作所为。

民法鼓励当事人意思自治，鼓励公平、平等交易，但不代表没有义务约束。预约合同的目的即确立这样一份约束，双方当事人对本约合同的基本目的、基本条款都有准确、清晰的共识，才会订立预约合同以确保本约合同在未来的时间点如期订立。因此，在订立本约合同阶段，当事人提出的合同内容与所达成的预约合同内容差异过大，或者当事人坚持己见，恶意劝退对方继续订立合同的，都应视为变相违约，变相阻却本约合同的订立。违反预约合同的效力应判定为违约，违反诚实信用原则不订立本约合同的一方当事人，应当据此承担相应责任。

需要注意的是，关于预约合同违约的认定精神。《最高人民法院关于审理买卖合同纠纷案件适用法律问题的解释》（2012年）第2条①、《最高人民法院关于审理商品房买卖合同纠纷案件适用法律若干问题的解释》第4条和第5条②、《最高人民法院关于适用〈中华人民共和国担保法〉若干问题的解释》③第115条④都对预约合同进行了规定和描述，此条司法解释第2款中已明确对违反预约合同的行为认定标准。

---

① 在2020年版司法解释中，该条款已经被删除，被民法典和其他司法解释所修改吸收。

② 在2003年版司法解释和最新修订的2020年版司法解释中，这两个条款都未做修改。

③ 该司法解释被2020年《最高人民法院关于废止部分司法解释及相关规范性文件的决定》所废止。

④ 《最高人民法院关于适用〈中华人民共和国担保法〉若干问题的解释》第一百一十五条：当事人约定以交付定金作为订立主合同担保的，给付定金的一方拒绝订立主合同的，无权要求返还定金；收受定金的一方拒绝订立合同的，应当双倍返还定金。

【审判实务】

人民法院如何确定当事人违反预约合同。

人民法院应以预约合同文本为根本依据，分析合同双方在缔结本约合同阶段，是否有明显违背预约合同文本所表达的合同目的和具体履行内容条款的行为。

人民法院无法事后确认已经成为过去的当事人签约时的内心真实意思，往往只能借助当事人合同文本中的外在客观表述作为当事人共同意思的判断准据，这是合意判断的基本出发点。①如果当事人承诺依商定条款缔约，且条款足以探知本约之内容时，应推定双方已就最终交易达成合意②。如果当事人已达成最后交易合意，那么除非构成不可抗力、情势变更等合同法定抗辩事由或当事人另有约定，当事人应依约签订交易合同，即缔结本约合同。

需要注意的是，“善意”非免责事由，违约并不存在“恶意”违约与“善意”违约之分。曾有公报案例持有观点认为“在继续进行的磋商中，如果一方违背公平、诚信原则，或者否认预约合同中的已决条款，或者提出令对方无法接受的不合理条件，或者拒绝继续进行磋商以订立本约，都构成对预约合同的违约，应当承担预约合同中约定的违约责任。反之，如果双方在公平、诚信原则下继续进行了磋商，只是基于各自利益考虑，无法就其他条款达成一致的意思表示，致使本约不能订立，则属于不可归责于双方的原因，不在预约合同所指的违约情形内③”。

然而，若如此观点，善意磋商义务也不过是个形式，除非当事人一方明示拒绝磋商，似乎只要当事人存在某种磋商动作或意愿即可满足要求。如此，当事人可以假意磋商，任选一个未约定条款并以未达成合意为借口，取消以

① 耿利航：《预约合同效力和违约救济的实证考察与应然路径》，载《法学研究》2016年第5期。

② 参见［德］维尔纳·弗卢梅：《法律行为论》，迟颖译，法律出版社2013年版，第734页。

③ 参见《最高人民法院公报》2006年第8期，戴某飞诉H公司商品房订购协议定金纠纷案。

前所为的允诺。公报戴雪飞案中法院认为，无论原告诸多未签约推辞是否成立，但有前往磋商的表现即属不违约，“只要原告有意愿继续磋商，被告不能以此为由拒绝与原告继续磋商本约”。由此可以发现该案中逻辑似乎存在问题，而新的合同编司法解释则明确了应当综合考虑该当事人在磋商订立本约合同时提出的条件是否严重背离预约合同约定的内容以及是否已尽合理努力进行协商等因素。

【关联指引】

《中华人民共和国民事诉讼法》（2023年9月1日）

第十三条 民事诉讼应当遵循诚信原则。

当事人有权在法律规定的范围内处分自己的民事权利和诉讼权利。

《最高人民法院关于审理商品房买卖合同纠纷案件适用法律若干问题的解释》（2020年12月29日）

第四条 出卖人通过认购、订购、预订等方式向买受人收受定金作为订立商品房买卖合同担保的，如果因当事人一方原因未能订立商品房买卖合同，应当按照法律关于定金的规定处理；因不可归责于当事人双方的事由，导致商品房买卖合同未能订立的，出卖人应当将定金返还买受人。

第五条 商品房的认购、订购、预订等协议具备《商品房销售管理办法》第十六条规定的商品房买卖合同的主要内容，并且出卖人已经按照约定收受购房款的，该协议应当认定为商品房买卖合同。

第八条 【违反预约合同的违约责任】

《最高人民法院关于适用〈中华人民共和国民法典〉合同编通则若干问题的解释》	《中华人民共和国民法典》
第八条 【违反预约合同的违约责任】 预约合同生效后，当事人一方不履行订立本约合同的义务，对方请求其赔偿因此造成的损失的，人民法院依法予以支持。 前款规定的损失赔偿，当事人有约定的，按照约定；没有约定的，人民法院应当综合考虑预约合同在内容上的完备程度以及订立本约合同的条件的成就程度等因素酌定。	**第四百九十五条** 当事人约定在将来一定期限内订立合同的认购书、订购书、预订书等，构成预约合同。 当事人一方不履行预约合同约定的订立合同义务的，对方可以请求其承担预约合同的违约责任。

【条文释义】

此条司法解释是关于违反预约合同的违约责任的规定。

第1款明确了预约合同带给双方当事人的最主要也是最重要的义务是缔结本约合同。如本解释第8条所认定的，拒绝缔结本约合同或者看似主张协商实则消极对抗缔约的当事人，系对预约合同的违约，应承担赔偿对方因此造成损失的违约责任。

第2款则规定了损失赔偿的计算方式。首先还是充分尊重当事人意思自治和合同的相对性，当事人之间就赔偿问题有约定的，只要不违反法律的强制性规定，人民法院应尊重当事人的约定，以双方约定的赔偿办法和数额进行认定。重点在于没有约定的部分，这也是人民法院长期实践以来的难点。人民法院应当综合考虑订立本约合同的“条件的成就程度”等因素。

需要注意的是，结合本款“预约合同在内容上的完备程度”的表述不难看出，在人民法院判定没有约定损失赔偿的情形下，酌定计算的考察方式更加倾向于考察预约合同本身的完备属性以及本约合同的成就程度，换言之，从赔偿机会性损失，更多倾向于赔偿既定损失，以及基于既定损失可以推导出的信赖性利益损失。因为“法律救济应是酌情赔偿信赖利益损失，一般不应包括机会利益损失赔偿”。即现行司法解释规定了两项酌定标准，即预约合同的完备程度和本约合同的条件成就程度。

【条文引申】

预约是欧陆法系的概念，理论制度成熟于德国[①]。预约乃约定将来订立一定契约；预约以订立本约为其债务内容，性质是独立于本约之契约；预约成立有两个要件：当事人承诺缔约的合意以及预约内容确定[②]。

整条司法解释的核心词汇是“酌定”，赋予了人民法院居中进行利益衡平的权利，也是在侧面反映一个重要观点，合同法的目标是执行允诺，保护当事人基于合意的期望，对于约定将来订立合同之协议纠纷，法院应以探究当事人真实意思表示为基本出发点，既不能任由当事人违反当初的完成交易之承诺，也不能施加给当事人从未允诺的强制缔约责任。[③]因为，即使协议内容确定，也不能认为预约合同的效力一概都是应当缔约，因为磋商义务实质是一场商业谈判附带的义务，这并不同于签约义务。人民法院可以要求当事人“必须”进行磋商，但不能强制缔约双方必须达成合意，进而必须订立本约合同。所谓磋商，是既有双方达成一致后的缔约的可能，也有双方在订立预约合同后发现对方实际上并不具有履约能力或者双方的真实意思表示发生变化的可能，也就意味着可能达不成交易。“人民法院必须细致区分缔约协商中的适当行为和不适当行为，尽管二者之间并没有清晰的界限。”[④]若人民法院判令

---

① 参见汤文平：《德国预约制度研究》，载《北方法学》2012年第1期。

② 参见王泽鉴：《债法原理》，北京大学出版社2013年版，第168页。

③ 参见耿利航：《预约合同效力和违约救济的实证考察与应然路径》，载《法学研究》2016年第5期。

④ 参见［德］海因·克茨：《欧洲合同法》，周忠海等译，法律出版社2006年版，第59页。

实际履行，实际上是进行了意念推定，即“善意磋商”的双方必定会达成交易，若未达成交易一定是一方违背“善意”，违背了诚信原则。但这已然背离了磋商的本质，结果将会导致客观上的“缔约强制”[①]。换言之，如果交易中的重要条款尚待协商，那么对当事人意图最好的推定是当事人只允诺为达成一个共赢的交易去努力，当事人不能被迫同意交易，因为协议中并没有他们承担亏本买卖的承诺。

关于赔偿的利益如何界定的问题。一般认为，履行利益赔偿使守约方的处境与既定合同履行后相同，守约方可以获得其所期望的将来利益。这也称积极损失或积极利润的赔偿。而信赖利益赔偿是使守约方的处境回到合同未订立前，即赔偿所谓的消极损失，一般包含为订立合同或者准备履行合同所支出的合理费用等损失。积极损失与消极损失的叠加，可以较为完整地覆盖合同订立阶段及预约合同成立生效后本约合同订立阶段守约当事人的损失范畴。

然而，包含机会损失会使信赖利益与履行利益之界限变得模糊不清。[②]举例而言，甲与乙拟订立合同，先行签订预约合同后，在缔结本约合同时甲认为与乙无法达成合意一致，双方出现分歧，乙因此失去了与甲本可以订立的本约合同A，同时可能丧失了同一时间与丙订立合同B的可能性。那么，信赖利益损失就是如果本约合同A成功订立并履行后，守约方当事人乙可能获得的利益，具有相对确定性和可预见性；而机会利益损失是守约当事人乙丧失了与丙磋商订立B合同的机会，并由此可能带来的损失。但引发几个值得思考的问题：

乙与丙缔约磋商就一定能成功订立合同B吗？B合同与原来拟订立的A合同是否有差别？如何证明B合同就一定会带来正面收益？若B合同在履行中受损，乙是否还应反过来感谢当初放弃订立合同A的甲？以上问题都难以

---

① 参见耿利航：《预约合同效力和违约救济的实证考察与应然路径》，载《法学研究》2016年第5期。

② 参见许德凤：《论合同法上信赖利益的概念及对成本费用的损害赔偿》，载《北大法律评论》2005年第1辑。

有定论，让人民法院和法官依靠内心确信和生活经验实在难以判断，也对甲不公平。

法院给当事人施加诚信磋商义务的目的是促进谈判以保护交易。但任意取消当事人中断谈判的权利会阻碍合同自由，也会遏制谈判。因此，何种中断缔约行为将招致如何的责任，是在保护缔约自由和维护交易安全、信赖利益之间的价值平衡。①

【审判实务】

人民法院应如何认定预约合同违约责任数额。当事人有约定赔偿事宜的，只要该约定不违反法律强行性规定，应从其约定。当事人没有约定或约定不明的，人民法院应综合考虑守约方当事人为订立合同付出的各项成本以及预约合同的完备程度、订立本约合同的条件成就程度，确定赔偿比例，结合具体情节酌定赔偿数额，同时要注意的是，赔偿数额不应超过当事人可期待的信赖利益，且酌情赔偿信赖利益损失，一般不应包括机会利益损失赔偿。

【关联指引】

《最高人民法院关于适用〈中华人民共和国民法典〉合同编通则若干问题的解释》（2023年12月4日）

第五条 第三人实施欺诈、胁迫行为，使当事人在违背真实意思的情况下订立合同，受到损失的当事人请求第三人承担赔偿责任的，人民法院依法予以支持；当事人亦有违背诚信原则的行为的，人民法院应当根据各自的过错确定相应的责任。但是，法律、司法解释对当事人与第三人的民事责任另有规定的，依照其规定。

---

① 参见［德］维尔纳·弗卢梅：《法律行为论》，迟颖译，法律出版社2013年版，第50页。

第九条 【格式条款的认定】

《最高人民法院关于适用〈中华人民共和国民法典〉合同编通则若干问题的解释》	《中华人民共和国民法典》
第九条 【格式条款的认定】合同条款符合民法典第四百九十六条第一款规定的情形，当事人仅以合同系依据合同示范文本制作或者双方已经明确约定合同条款不属于格式条款为由主张该条款不是格式条款的，人民法院不予支持。 从事经营活动的当事人一方仅以未实际重复使用为由主张其预先拟定且未与对方协商的合同条款不是格式条款的，人民法院不予支持。但是，有证据证明该条款不是为了重复使用而预先拟定的除外。	**第四百九十六条** 格式条款是当事人为了重复使用而预先拟定，并在订立合同时未与对方协商的条款。 采用格式条款订立合同的，提供格式条款的一方应当遵循公平原则确定当事人之间的权利和义务，并采取合理的方式提示对方注意免除或者减轻其责任等与对方有重大利害关系的条款，按照对方的要求，对该条款予以说明。提供格式条款的一方未履行提示或者说明义务，致使对方没有注意或者理解与其有重大利害关系的条款的，对方可以主张该条款不成为合同的内容。 **第四百九十七条** 有下列情形之一的，该格式条款无效： （一）具有本法第一编第六章第三节和本法第五百零六条规定的无效情形； （二）提供格式条款一方不合理地免除或者减轻其责任、加重对方责任、限制对方主要权利； （三）提供格式条款一方排除对方主要权利。 **第四百九十八条** 对格式条款的理解发生争议的，应当按照通常理解予以解释。对格式条款有两种以上解释的，应当作出不利于提供格式条款一方的解释。格式条款和非格式条款不一致的，应当采用非格式条款。

【条文释义】

本条司法解释是关于格式条款的认定问题。

格式条款的定义来源于《民法典》第496条第1款，格式条款是当事人为了重复使用而预先拟定，并在订立合同时未与对方协商的条款。对于该条款如何理解定性，本条司法解释给出了说明。

第1款规定了格式条款的当然解释。格式条款是客观存在的。只要一个条款是预先拟定且未与对方协商，该条款就是格式条款。格式条款本身就与磋商协商的概念是相对的。格式条款追求的是行业领域内的专业化、统一化，而磋商协商强调的是意思自治。因此，当事人仅以合同系依据合同示范文本制作或者双方已明确约定合同条款不属于格式条款这两个理由不能阻却格式条款的认定。需要注意的是，认定一个条款是格式条款，仅是就条款性质作出认定，该条款是否对合同有效，成为合同的内容，评价标准不是该条款是否经过协商或者依据范本而建立，而是条款在订立时是否履行了相关义务。简言之，认定一个条款是格式条款与否，不会当然地影响到条款与合同效力，该条款能否进入合同中，还是要看提出条款者是否履行了必要的说明提示义务。

第2款规定了"重复使用"概念的认定。格式条款设立的初衷就是重复使用，达到行业内、领域内的统一、高质量标准，也方便大批量合同的快速订立，推动市场交易的良性发展。因此，当事人主张该格式条款进入合同不是为了重复使用，对方当事人对于为何仅对自己的交易采用该条款表示不放心，怀疑其中可能有交易陷阱，这个担忧可以理解，人民法院也应予以支持。因此，若一方当事人有证据足以证明该合同条款不是为了重复使用的，人民法院可以支持其关于该条款不是格式条款的诉讼主张，但若当事人拿不出具体证据，仅以未实际重复使用为诉讼主张，显然过于单薄。根据"谁主张，谁举证"的证明责任，该方当事人应确实能证明该条款有多个不同文本，来证明自己的主张，否则人民法院只能驳回。

需要注意的是，本条采用“有证据证明”及“不是为了重复使用而预先拟定”的表述，降低了当事人举证的证明难度，不再对证据提出更高的要求，不要求当事人必须提交同一时期、同类交易的不同合同文本，仅是有证据证明即可，对于证据是否采信，证据的证明力大小如何判断等问题交给了人民法院和人民法官进行自由心证。

【条文引申】

格式条款的认定问题，是条款能否最终进入合同并生效这一问题的前置问题。是关于条款的性质认定问题。本条司法解释探讨的一个是格式条款性质的当然性，另一个则是格式条款是否必须实际上为了重复使用。

一、关于示范合同文本的问题

示范合同，是指通过相关专业法规、商业习惯等确立的，为当事人订立合同时参考的文本格式，对双方当事人没有强制约束力，当事人可以参照，也可以不参照；可以修改示范合同的条款和格式，也可以增减示范合同的条款。格式条款合同是对方当事人没有选择余地的、只能服从的合同[①]。因此二者并不在同一个强制层面的位阶概念中，自然当事人仅以该条款是可以变更和增减的示范合同文本来对抗不能变更的格式条款，显然并不合适。从另一个角度来看，格式条款具有三个特点：一是交易对象的广泛性，因而能重复使用；二是条款具有持久性，因行业和领域性质短时间不会发生改变；三是条款内容原则上具体细致，便于推动交易细节。[②]由此可以发现，格式条款相对于示范文本合同的优越性，民法典不可能不对其根本性质予以保护，也必然会要求司法实践中认定格式条款的重要作用，只是在合同条款效力中对接

① 参见杨立新主编：《中华人民共和国民法典释义与案例评注·合同编》，中国法制出版社2020年版，第74页。

② 参见郭锋、陈龙业、周伦军等编著：《中华人民共和国民法典条文精解与实务指南·合同编》，中国法制出版社2021年版，第100页。

受条款的当事人予以救济，以保证推动交易与平等协商的两大价值追求的有机统一。

二、关于重复使用的描述性评价问题

《民法典》关于“重复使用”的认定争论很大。《国际商事合同通则》中在第2.1.19条第2款规定：“标准条款是一方当事人为通常和重复使用的目的而预先准备的条款，并在实际使用时未与对方谈判。”可见已将重复使用作为格式条款的重要特征。因此我国《民法典》几经讨论完善，仍保留了原《合同法》中关于格式条款描述性的语句，即“重复使用”四字。对于“重复使用”学界中亦有不同声音。有学者认为，重复使用并不是格式条款的本质特征，而仅仅是为了说明预先拟定。实践中有的格式条款仅使用一次，并未重复使用。因此，该词语只是格式条款的经济功能，而不是其法律特征①。也有学者认为，重复使用恰恰是格式合同的必备要素，而且是其区别于一般合同条款的主要依据②。还有学者认为，合同法关于格式条款的定义系将“为了重复使用”与“未与对方协商”并用，有利于将其实质特征与外在表现较好地统一起来，判断标准明确，易于操作。即使其只是一个认定参考因素，也具有便于识别的优点③。

关于重复使用的另一个难点是关于举证责任。在本条司法解释出台前，有学者认为，如果将“重复使用”作为必要的构成要件，那么举证责任明显在提出格式条款一方，需要证明该条款已经被重复使用，这显然过于严苛，也有违立法本意。④从法院角度而言，如每一个应诉合同都要审查格式条款是

① 参见王利明：《合同法研究》（第一卷）（第三版），中国人民大学出版社2015年版，第405页。

② 参见王洪亮：《债法总论》，北京大学出版社2016年版，第58页。

③ 参见郭锋、陈龙业、周伦军等编著：《中华人民共和国民法典条文精解与实务指南·合同编》，中国法制出版社2021年版，第100页。

④ 参见最高人民法院研究室编著：《最高人民法院关于〈合同法司法解释（二）〉理解与适用》，人民法院出版社2009年版，第82页。

否重复使用，会增加法院工作负担。[①]但现出台的司法解释重新规定了举证责任，对于重复使用的证明价值由“证成”变成了“证伪”，主张不成立格式条款的需要证明该条款的目的不符合《民法典》的规定，即不是为了重复使用。对于重复使用的界定，有观点认为，同一时期就同类交易订立的不同合同文本若足以证明对方对待相同类型交易采用了多种文本，在本合同中使用格式条款并非为了重复使用，可保留对于提供格式条款一方用意的合理怀疑，即可成立该主张，这也体现了法律对于被提供格式条款主体的保护。在本司法解释中具体表述为“有证据证明该条款不是为了重复使用而预先拟定的除外”，可见此处将重复使用的证明标准变得更宽泛化，留给了法官更多的裁量空间。

【审判实务】

《民法典》合同编司法解释出台后，如何处理《民法典》与《消费者权益保护法》关于格式条款规定的关系。

伴随本解释的出台，《民法典》对于格式条款的规定也进行了丰富。《民法典》与《消费者权益保护法》位阶等级相同，但就格式条款而言，二者是普通法与特殊法的关系，其中《民法典》是普通法，《消费者权益保护法》是特殊法。

《民法典》合同编对于格式条款的一般规定，也适用于经营者与消费者之间的合同。但如《消费者权益保护法》第26条对格式条款的无效情形做了特殊规定，就要适用该规定。同时该条款仅规定了经营者对与消费者具有重大利害关系的内容负有提示、说明义务，但没有规定经营者未尽到提示说明义务的法律后果，此时就要适用《民法典》合同编的规定，即消费者可以主张这些与消费者具有重大利害关系的条款不成为合同的内容。

---

① 参见范雪飞：《论不公平条款制度——兼论我国显失公平制度之于格式条款》，载《法律科学》2014年第6期。

同样地，本条司法解释关于举证责任的规定，以及对于“重复使用”的更进一步规范，也可适用于消费者维权的司法实践中，消费者可以主张，经营者的格式合同并非重复使用，在同一时间、同一领域有多个不同的其他文本，并可据此主张诉争条款并非格式合同，进而继续主张条款和合同的应有之义。

【关联指引】

《中华人民共和国电子商务法》（2018年8月31日）

第四十九条 电子商务经营者发布的商品或者服务信息符合要约条件的，用户选择该商品或者服务并提交订单成功，合同成立。当事人另有约定的，从其约定。

电子商务经营者不得以格式条款等方式约定消费者支付价款后合同不成立；格式条款等含有该内容的，其内容无效。

《国务院“十四五”市场监管现代化规划》（2021年12月14日）

四、完善质量政策和技术体系，服务高质量发展

（三）深入实施质量提升行动。

推动产品和服务融合发展。适应产品服务化、服务产品化趋势，探索建立符合混合业态特点的市场准入制度。建立健全“商品+服务”终端供应者主体责任制度。强化合同行政监管，完善与混合业态相适应的格式条款监管制度，引导重点行业经营者建立健全格式条款公示制度，建立合同示范文本库。建立“商品+服务”质量自我声明公开和监督制度。建立健全质量分级制度。

第十条 【格式条款订入合同】

《最高人民法院关于适用〈中华人民共和国民法典〉合同编通则若干问题的解释》	《中华人民共和国民法典》
第十条 【格式条款订入合同】 提供格式条款的一方在合同订立时采用通常足以引起对方注意的文字、符号、字体等明显标识，提示对方注意免除或者减轻其责任、排除或者限制对方权利等与对方有重大利害关系的异常条款的，人民法院可以认定其已经履行民法典第四百九十六条第二款规定的提示义务。 提供格式条款的一方按照对方的要求，就与对方有重大利害关系的异常条款的概念、内容及其法律后果以书面或者口头形式向对方作出通常能够理解的解释说明的，人民法院可以认定其已经履行民法典第四百九十六条第二款规定的说明义务。 提供格式条款的一方对其已经尽到提示义务或者说明义务承担举证责任。对于通过互联网等信息网络订立的电子合同，提供格式条款的一方仅以采取了设置勾选、弹窗等方式为由主张其已经履行提示义务或者说明义务的，人民法院不予支持，但是其举证符合前两款规定的除外。	**第四百九十六条** 格式条款是当事人为了重复使用而预先拟定，并在订立合同时未与对方协商的条款。 采用格式条款订立合同的，提供格式条款的一方应当遵循公平原则确定当事人之间的权利和义务，并采取合理的方式提示对方注意免除或者减轻其责任等与对方有重大利害关系的条款，按照对方的要求，对该条款予以说明。提供格式条款的一方未履行提示或者说明义务，致使对方没有注意或者理解与其有重大利害关系的条款的，对方可以主张该条款不成为合同的内容。 **第四百九十七条** 有下列情形之一的，该格式条款无效： （一）具有本法第一编第六章第三节和本法第五百零六条规定的无效情形； （二）提供格式条款一方不合理地免除或者减轻其责任、加重对方责任、限制对方主要权利； （三）提供格式条款一方排除对方主要权利。 **第四百九十八条** 对格式条款的理解发生争议的，应当按照通常理解予以解释。对格式条款有两种以上解释的，应当作出不利于提供格式条款一方的解释。格式条款和非格式条款不一致的，应当采用非格式条款。

【条文释义】

此条司法解释是关于格式条款订入合同的要件问题探讨。

第1款规定了格式条款的表现形式和注意内容的问题，通过足以使对方清晰明确的表达形式，告知对方因格式条款可能使对方忽视的关于对方的核心权利利益。简言之，以正确手段提示对方注意，即是履行了“提示义务”。需要注意的是，本条在论述提示义务时没有采取枚举法或者列举法，而是用较为中性、概括的语言对提示义务进行说明解释，因此实务中对于勾选、弹窗等特别方式需要具体案件具体分析，这也是考虑到勾选、弹窗等方式在实际生活中可能发生多种多样的变化，不能以总结性的语言直接定性为“符合提示义务”或“采取了合理方式”。

第2款则规定了格式条款的说明义务的表现形式。通过书面或口头形式，以常人能够理解的语言和表达方式，就与对方有重大利害关系的条款的概念、内容及其法律后果进行提示说明，即是履行了“说明义务”。

第3款则还是民事诉讼中关于举证责任的重点规则，“谁主张，谁举证”，提供格式条款一方或在诉讼中主张该条款为格式条款应当有效的当事人，对于自己“已经向对方采取了合理的方式履行了说明义务”的事实应承担举证责任，提供相关证据用以证明。

探究本条司法解释的发展脉络，可以发现在2021年《全国法院贯彻实施民法典工作会议纪要》和更早的《最高人民法院关于适用〈中华人民共和国合同法〉若干问题的解释（二）》中有所体现。《全国法院贯彻实施民法典工作会议纪要》第7条载明：提供格式条款的一方对格式条款中免除或者减轻其责任等与对方有重大利害关系的内容，在合同订立时采用足以引起对方注意的文字、符号、字体等特别标识，并按照对方的要求以常人能够理解的方式对该格式条款予以说明的，人民法院应当认定符合《民法典》第496条所称“采取合理的方式”。提供格式条款一方对已尽合理提示及说明义务承担举证责任。《最高人民法院关于适用〈中华人民共和国合同法〉若干问题的解释

（二）》第6条则规定：提供格式条款的一方对格式条款中免除或者限制其责任的内容，在合同订立时采用足以引起对方注意的文字、符号、字体等特别标识，并按照对方的要求对该格式条款予以说明的，人民法院应当认定符合合同法第三十九条所称“采取合理的方式”。提供格式条款一方对已尽合理提示及说明义务承担举证责任。

从中可以看到，《全国法院贯彻实施民法典工作会议纪要》第7条是本条司法解释的雏形。本条司法解释则丰富了关于“提示义务”及“说明义务”的相关内容。

【条文引申】

此条司法解释核心探讨的就是两个问题，“提示义务”和“说明义务”。

关于格式条款合同的表述，可追溯到《合同法》中。《合同法》第39条规定：“采用格式条款订立合同的，提供格式条款的一方应当遵循公平原则确定当事人之间的权利和义务，并采取合理的方式提请对方注意免除或者限制其责任的条款，按照对方的要求，对该条款予以说明。格式条款是当事人为了重复使用而预先拟定，并在订立合同时未与对方协商的条款。”

格式条款的表现形式丰富多样，除在成文合同文本中有所体现外，还包括店堂告示、传单广告、声明启事等。如果合同全部条款都是一方事先拟定且不与对方协商，则该合同即为格式合同，采用格式条款的概念使得其范围远大于格式合同，更有利于保护接受格式条款的一方。[①]

格式条款须由一方当事人预先拟定，而非磋商。如酒店前台的告示“吸烟罚款500元”“延迟退房收取半天房费”等都属于一方预先拟定，而非和住店旅客协商。往往订立格式条款的主体多为行业引领或占据优势地位，从中也可看出，格式条款具有订立中的不公平性，因此需要给提供格式条款的

① 参见朱广新、谢鸿飞主编：《民法典评注·合同编·通则》，中国法制出版社2020年版，第245~246页。

主体附加一系列义务，以实现民事主体交易的平等，从而达到实质层面上的公平。[①]

关于格式条款的采取合理方式，应当是按照对方的要求，并以常人能够理解的形式进行说明。在考虑提示方式是否合理时，应注意考虑文件的外形、明示的方法、程度、时间等要素。[②]对于合理的方式，不同的合同主体对格式条款的理解能力有所差别，有学者指出应主客观相结合，原则上以理性人的认识水平和判断能力为标准，但也应兼顾如智力欠缺者、盲人、聋哑人、文盲等特殊群体，若他们尽到最大注意义务还是无法理解免责条款内容，应认定免责条款没有进入合同。[③]

【审判实务】

一、格式条款进入合同，应当履行说明义务的范围

格式条款中需要作出特别提示或者说明的，是指其中免除或者减轻格式条款提供方责任等与对方有重大利害关系的内容，而非格式条款的全部内容。

虽然有观点认为：任何格式条款都必须由提供方向对方提请注意，只不过对免除或减轻责任等条款，提供方应当尽到更高的提请注意义务[④]。但采用格式条款的根本目的是节约双方时间，对于行业惯例或者长期交易习惯以格式条款的方式予以快速确认，并非为了故意为难对方当事人，否则《民法典》就无须规定格式条款的概念及其合法性。格式条款中并非都是对对方不利的行为，也无须重点告知，更谈不上上升到“说明义务”的范畴。

当事人仅以对方提供了格式条款为由要求主张该条款无效，或者要求主

① 参见朱广新：《合同法总则研究》，中国人民大学出版社2018年版，第142页。

② 参见刘璐、高圣平：《格式条款之订入合同规则研究》，载《广西社会科学》2005年第2期。

③ 参见崔建远：《合同法总论》（上卷），中国人民大学出版社2008年版，第145页。

④ 参见王利明：《合同法研究》（第一卷）（第三版），中国人民大学出版社2015年版，第416页。

张整个合同无效的，人民法院不予支持。

二、格式条款提供一方的提示或者说明义务是否具有履行时间要求

提示或者说明义务必须在合同订立时履行。民法典合同编将格式条款的一般规定和效力问题编写在第二章合同的订立中，本条司法解释亦是如此。成文法典和司法解释的编排也反映出一个问题，即格式条款的认定问题应是在合同订立阶段要解决的问题，即双方签约前，提供格式条款的一方就应采取合理的方式履行说明义务，让接受条款的一方对格式条款内容有所了解，尤其是对免除或者减轻格式条款提供方责任等与对方有重大利害关系的内容有正确了解。《民法典》第496条规定，格式条款是在订立合同时未与对方协商的条款。但未协商绝不代表未告知，更不代表待到履行阶段或者纠纷阶段再告知，甚至是不告知。因此，合同订立后再进行提示说明的，不构成履行本条规定的提示说明义务。

【关联指引】

《中华人民共和国民事诉讼法》（2023年9月1日）

第六十七条　当事人对自己提出的主张，有责任提供证据。

当事人及其诉讼代理人因客观原因不能自行收集的证据，或者人民法院认为审理案件需要的证据，人民法院应当调查收集。

人民法院应当按照法定程序，全面地、客观地审查核实证据。

第六十八条　当事人对自己提出的主张应当及时提供证据。

人民法院根据当事人的主张和案件审理情况，确定当事人应当提供的证据及其期限。当事人在该期限内提供证据确有困难的，可以向人民法院申请延长期限，人民法院根据当事人的申请适当延长。当事人逾期提供证据的，人民法院应当责令其说明理由；拒不说明理由或者理由不成立的，人民法院根据不同情形可以不予采纳该证据，或者采纳该证据但予以训诫、罚款。

《中华人民共和国消费者权益保护法》（2013年10月25日）

第二十六条 经营者在经营活动中使用格式条款的，应当以显著方式提请消费者注意商品或者服务的数量和质量、价款或者费用、履行期限和方式、安全注意事项和风险警示、售后服务、民事责任等与消费者有重大利害关系的内容，并按照消费者的要求予以说明。

经营者不得以格式条款、通知、声明、店堂告示等方式，作出排除或者限制消费者权利、减轻或者免除经营者责任、加重消费者责任等对消费者不公平、不合理的规定，不得利用格式条款并借助技术手段强制交易。

格式条款、通知、声明、店堂告示等含有前款所列内容的，其内容无效。

《中华人民共和国保险法》（2015年4月24日）

第十七条 订立保险合同，采用保险人提供的格式条款的，保险人向投保人提供的投保单应当附格式条款，保险人应当向投保人说明合同的内容。

对保险合同中免除保险人责任的条款，保险人在订立合同时应当在投保单、保险单或者其他保险凭证上作出足以引起投保人注意的提示，并对该条款的内容以书面或者口头形式向投保人作出明确说明；未作提示或者明确说明的，该条款不产生效力。

《中华人民共和国邮政法》（2015年4月24日）

第二十二条 邮政企业采用其提供的格式条款确定与用户的权利义务的，该格式条款适用《中华人民共和国合同法》关于合同格式条款的规定。

《中华人民共和国民用航空法》（2021年4月29日）

第一百三十条 任何旨在免除本法规定的承运人责任或者降低本法规定的赔偿责任限额的条款，均属无效；但是，此种条款的无效，不影响整个航空运输合同的效力。

《最高人民法院关于适用〈中华人民共和国民事诉讼法〉的解释》（2022年4月1日）

第三十一条 经营者使用格式条款与消费者订立管辖协议，未采取合理方式提请消费者注意，消费者主张管辖协议无效的，人民法院应予支持。

《最高人民法院关于审理食品药品纠纷案件适用法律若干问题的规定》（2021年11月18日）

第十六条 食品、药品的生产者与销售者以格式合同、通知、声明、告示等方式作出排除或者限制消费者权利，减轻或者免除经营者责任、加重消费者责任等对消费者不公平、不合理的规定，消费者依法请求认定该内容无效的，人民法院应予支持。

《最高人民法院关于审理旅游纠纷案件适用法律若干问题的规定》（2020年12月29日）

第六条 旅游经营者以格式条款、通知、声明、店堂告示等方式作出排除或者限制旅游者权利、减轻或者免除旅游经营者责任、加重旅游者责任等对旅游者不公平、不合理的规定，旅游者依据消费者权益保护法第二十六条的规定请求认定该内容无效的，人民法院应予支持。

《最高人民法院关于适用〈中华人民共和国保险法〉若干问题的解释（二）》（2020年12月29日）

第九条 保险人提供的格式合同文本中的责任免除条款、免赔额、免赔率、比例赔付或者给付等免除或者减轻保险人责任的条款，可以认定为保险法第十七条第二款规定的“免除保险人责任的条款”。

保险人因投保人、被保险人违反法定或者约定义务，享有解除合同权利的条款，不属于保险法第十七条第二款规定的“免除保险人责任的条款”。

第十条 保险人将法律、行政法规中的禁止性规定情形作为保险合同免责条款的免责事由，保险人对该条款作出提示后，投保人、被保险人或者受益人以保险人未履行明确说明义务为由主张该条款不成为合同内容的，人民法院不予支持。

《全国法院贯彻实施民法典工作会议纪要》（2021年4月6日）

7.提供格式条款的一方对格式条款中免除或者减轻其责任等与对方有重大利害关系的内容，在合同订立时采用足以引起对方注意的文字、符号、字体等特别标识，并按照对方的要求以常人能够理解的方式对该格式条款予以说明的，人民法院应当认定符合民法典第四百九十六条所称“采取合理的方式”。提供格式条款一方对已尽合理提示及说明义务承担举证责任。

三、合同的效力

第十一条 【缺乏判断能力的认定】

《最高人民法院关于适用〈中华人民共和国民法典〉合同编通则若干问题的解释》	《中华人民共和国民法典》
第十一条 【缺乏判断能力的认定】 当事人一方是自然人，根据该当事人的年龄、智力、知识、经验并结合交易的复杂程度，能够认定其对合同的性质、合同订立的法律后果或者交易中存在的特定风险缺乏应有的认知能力的，人民法院可以认定该情形构成民法典第一百五十一条规定的“缺乏判断能力”。	**第一百五十一条** 一方利用对方处于危困状态、缺乏判断能力等情形，致使民事法律行为成立时显失公平的，受损害方有权请求人民法院或者仲裁机构予以撤销。

【条文释义】

本条司法解释是针对民法典中的显失公平的民事法律行为效力中“缺乏判断能力”这一要素的司法解释文件。本条司法解释强调的是人，是对于自然人判断能力健全与否的解释，法人的判断能力是否缺乏的判断，不在此条的讨论范围之内，法人在司法实务中虽不能直接援引本条司法解释，但是不影响其选择适用《民法典》第151条之规定。

本条司法解释的制定目的还是保护自然人订立与之年龄、心智、阅历及某些特殊领域不相符的合同或民事法律行为的权益。属于对于《民法典》第151条的细化性解释。

【条文引申】

《民法典》第151条乘人之危的行为归并在显失公平的行为之中，统一称为显失公平。[①]此中就包括了处于危困状态及缺乏判断能力两种情形。

显失公平，是指一方当事人利用对方处于困境，或者缺乏判断能力等情况下，与对方当事人实施的对自己明显有重大利益而使对方明显不利的民事法律行为。需要注意的是，想要成立显失公平，必须满足几个条件。一是合同双方权利义务明显不对等，即一方承担更多的义务却享有更少的权利，而另一方享有更多的权利却承担更少的义务；二是双方权利义务的不对等明显超出法律允许的必要限度。在民事法律关系中，尤其是合同中，不存在完全平等，双方基于年龄、心智、认知水平、交易经验、长远利益、多个合同权利义务关系杂糅等复杂因素，不可能存在买卖双方完全平等的情况，法律不反对或者说默许交易差距的出现，即盈利与亏损的发生，但是这个差额是在一定限度内的，若一个民事法律关系或一个合同的双方主体明显出现利益差异过大，则可认为是显失公平。三是利益受损方是基于不公平的先决条件造成的自身利益受到重大损失。也即，受害的一方是因处于困境或者缺乏经验或紧迫的情况下实施的订立民事法律行为的行为。

【审判实务】

一方当事人以其缺乏判断能力为由，主张构成显失公平的，人民法院应结合合同的真实意思表示和合同订立目的进行综合判断[②]。

具体来说，合同的显失公平，是指合同一方当事人利用自身优势，或者

---

① 参见杨立新主编：《中华人民共和国民法典释义与案例评注（总则编）》，中国法制出版社2020年版，第550~555页。

② 参见人民法院出版社编：《中华人民共和国民法典适用一本通（总则编）》，人民法院出版社2020年版，第455页。

利用对方没有经验、缺乏判断能力或者乘人之危的形式，与对方签订合同中设定明显对自己一方有利的条款，致使双方基于合同的权利义务和客观利益严重失衡，明显违反公平原则。但是，人民法院在面对当事人据此提出的主张时，除了要根据本条司法解释判断提出的一方是否为自然人，是否够认定其对合同的性质、合同订立的法律后果或者交易中存在的特定风险缺乏应有的认知能力以外，还需要考虑合同订立的目的。双方签订的合同中设定了某些看似对一方明显不利的条款，但若设立该条款是双方当事人真实的意思表示，其实质恰恰在于平衡双方的权利义务，在此情形下，人民法院不应支持其关于撤销合同的相关诉求。[①]

① 参见家园公司诉森得瑞公司合同纠纷案，《最高人民法院公报》2007年第2期。

第十二条 【批准生效合同的法律适用】

《最高人民法院关于适用〈中华人民共和国民法典〉合同编通则若干问题的解释》	《中华人民共和国民法典》
第十二条 【批准生效合同的法律适用】合同依法成立后，负有报批义务的当事人不履行报批义务或者履行报批义务不符合合同的约定或者法律、行政法规的规定，对方请求其继续履行报批义务的，人民法院应予支持；对方主张解除合同并请求其承担违反报批义务的赔偿责任的，人民法院应予支持。 人民法院判决当事人一方履行报批义务后，其仍不履行，对方主张解除合同并参照违反合同的违约责任请求其承担赔偿责任的，人民法院应予支持。 合同获得批准前，当事人一方起诉请求对方履行合同约定的主要义务，经释明后拒绝变更诉讼请求的，人民法院应当判决驳回其诉讼请求，但是不影响其另行提起诉讼。 负有报批义务的当事人已经办理申请批准等手续或者已经履行生效判决确定的报批义务，批准机关决定不予批准，对方请求其承担赔偿责任的，人民法院不予支持。但是，因迟延履行报批义务等可归责于当事人的原因导致合同未获批准，对方请求赔偿因此受到的损失的，人民法院应当依据民法典第一百五十七条的规定处理。	**第一百四十三条** 具备下列条件的民事法律行为有效： （一）行为人具有相应的民事行为能力； （二）意思表示真实； （三）不违反法律、行政法规的强制性规定，不违背公序良俗。 **第一百五十三条** 违反法律、行政法规的强制性规定的民事法律行为无效。但是，该强制性规定不导致该民事法律行为无效的除外。 违背公序良俗的民事法律行为无效。 **第一百五十七条** 民事法律行为无效、被撤销或者确定不发生效力后，行为人因该行为取得的财产，应当予以返还；不能返还或者没有必要返还的，应当折价补偿。有过错的一方应当赔偿对方由此所受到的损失；各方都有过错的，应当各自承担相应的责任。法律另有规定的，依照其规定。 **第四百九十四条** 国家根据抢险救灾、疫情防控或者其他需要下达国家订货任务、指令性任务的，有关民事主体之间应当依照有关法律、行政法规规定的权利和义务订立合同。 依照法律、行政法规的规定负有发出要约义务的当事人，应当及时发出合理的要约。 依照法律、行政法规的规定负有作出承诺义务的当事人，不得拒绝对方合理的订立合同要求。

	第五百零二条 依法成立的合同，自成立时生效，但是法律另有规定或者当事人另有约定的除外。 依照法律、行政法规的规定，合同应当办理批准等手续的，依照其规定。未办理批准等手续影响合同生效的，不影响合同中履行报批等义务条款以及相关条款的效力。应当办理申请批准等手续的当事人未履行义务的，对方可以请求其承担违反该义务的责任。 依照法律、行政法规的规定，合同的变更、转让、解除等情形应当办理批准等手续的，适用前款规定。 **第七百九十二条** 国家重大建设工程合同，应当按照国家规定的程序和国家批准的投资计划、可行性研究报告等文件订立。

【条文释义】

本条司法解释讨论的是因批准而生效的未生效合同的法律效力及其司法适用，来源于《民法典》第503条第2款、第3款关于须报批合同的规定。

本条司法解释分为4款。第1款规定了未生效合同中负有报批义务当事人的合同义务，即申请报批。对方当事人不负有此项义务，其权利救济可分为两条路，要么请求判决报批义务人尽快履行报批手续，以继续履行合同；要么请求解除合同，并可追究对方违反报批义务的赔偿责任。第2款与第3款在立法技术采取的是参照合同违约的违约责任承担赔偿责任。

第3款规定了当事人以未生效合同为请求基础，要求对方当事人承担合同约定义务的，因合同未经报批还未生效，未生效的合同无法谈及履行问题，因此人民法院不会支持其诉求。法院也应向其释明法律规定，对方坚持其诉讼请求的，应当判驳，但不涉及重复起诉的问题，该当事人仍可就合同进行另诉。

第4款则规定了报批义务人履行申报义务但被行政机关审批拒绝的法律后果。若报批义务人在规定时间内完成规定申报行为，无延误拖延的过错，但因合同本身存在问题导致无法审批通过的，报批义务人不承担合同不生效的责任，换言之，该未生效的责任是由于合同订立中存在触碰法律、行政法规禁止性规定的内容，并非报批义务人的责任。但若报批义务人因自身拖延等可归责于当事人的原因，导致审批超期进而合同未通过的，对方请求赔偿因此受到损失的，报批义务人应当返还因此合同取得的财产或者折价赔偿。

【条文引申】

此条司法解释源于最高人民法院2019年出台的《全国法院民商事审判工作会议纪要》。第37条至第40条详细规范了因报批申请暂未生效合同的司法应用问题：

第37条规定了未经批准的合同效力。

第38条规定，报批义务及相关违约条款独立生效。须经行政机关批准生效的合同，对报批义务及未履行报批义务的违约责任等相关内容作出专门约定的，该约定独立生效。一方因另一方不履行报批义务，请求解除合同并请求其承担合同约定的相应违约责任的，人民法院依法予以支持。

第39条规定报批义务的释明问题。须经行政机关批准生效的合同，一方请求另一方履行合同主要权利义务的，人民法院应当向其释明，将诉讼请求变更为请求履行报批义务。一方变更诉讼请求的，人民法院依法予以支持；经释明后当事人拒绝变更的，应当驳回其诉讼请求，但不影响其另行提起诉讼。

第40条则规定了判决履行报批义务后的处理问题。人民法院判决一方履行报批义务后，该当事人拒绝履行，经人民法院强制执行仍未履行，对方请求其承担合同违约责任的，人民法院依法予以支持。一方依据判决履行报批义务，行政机关予以批准，合同发生完全的法律效力，其请求对方履行合同的，人民法院依法予以支持；行政机关没有批准，合同不具有法律上的可履行性，一方请求解除合同的，人民法院依法予以支持。

本条司法解释是对于上述四条规则的整理综合。

【审判实务】

一、法律、行政法规规定某类合同应当办理批准手续生效的，其合同效力如何认定

批准是合同的法定生效条件，未经批准的合同因欠缺法律规定的特别生效条件而未生效。实践中的一个突出问题是，把未生效合同认定为无效合同，或者虽认定为未生效，却按无效合同处理。

关于未批准的合同效力，学界存在无效说、有效说和未生效说。无效说认为，须经相关主管部门批准的规定，属于法律的强制性规定，违反的后果是导致合同无效。有效说认为，管理性规定并非效力性规定，违反该类规定并不导致合同无效，仅是招致行政法上的不利后果。未生效说则认为，在法律规定批准生效的情况下，批准是合同的法定生效条件，未经批准的合同，属于生效条件未成就的合同，属于未生效的合同。

综合来看，采用未生效说，更利于司法实践。未生效合同已具备合同的有效要件，对双方具有一定的拘束力，任何一方不得擅自撤回、解除、变更，但因欠缺法律、行政法规规定或当事人约定的特别生效条件，在该生效条件成就前，不能产生请求对方履行合同主要权利义务的法律效力[①]。

二、对于未生效合同，法院应如何判决其合同性质

当事人不能仅诉请确认合同未生效，人民法院不能在判项中认定合同未生效。人民法院受理合同纠纷后，只有在对合同是有效还是无效作出明确判断后，才能解决当事人之间的纠纷。而认定合同未生效，并没有达到解决纠纷的目的。

---

① 参见《全国法院民商事审判工作会议纪要》第37条。

现行法律与司法解释对当事人的诉讼请求提出了要求。当事人只能基于未生效合同提出相应诉讼请求。同时也要求人民法院要做好相应的释明工作。换言之，当事人既不能基于有效合同提出继续履行合同或者承担违约责任的诉讼请求，也不能直接请求确认合同无效并请求另一方承担损害赔偿责任。

未生效合同的效力推进或者消灭自有其诉讼机制，如果当事人希望另一方继续履行合同，则应当请求另一方履行报批义务，进而通过报批义务的履行促进合同生效；反之，如果当事人不想继续履行合同，则应当请求解除合同，并请求其承担合同约定的违反报批义务的违约责任，从而使当事人摆脱合同的约束。

【关联指引】

《中华人民共和国民用航空法》（2021年4月29日）

第十四条　民用航空器所有权的取得、转让和消灭，应当向国务院民用航空主管部门登记；未经登记的，不得对抗第三人。

民用航空器所有权的转让，应当签订书面合同。

《最高人民法院关于适用〈中华人民共和国民法典〉总则编若干问题的解释》（2022年2月24日）

第二十三条　民事法律行为不成立，当事人请求返还财产、折价补偿或者赔偿损失的，参照适用民法典第一百五十七条的规定。

《最高人民法院关于审理涉及国有土地使用权合同纠纷案件适用法律问题的解释》（2020年12月29日）

第八条　土地使用权人作为转让方与受让方订立土地使用权转让合同后，当事人一方以双方之间未办理土地使用权变更登记手续为由，请求确认合同无效的，不予支持。

《最高人民法院关于审理商品房买卖合同纠纷案件适用法律若干问题的解释》（2020年12月29日）

第六条　当事人以商品房预售合同未按照法律、行政法规规定办理登记备案手续为由，请求确认合同无效的，不予支持。

当事人约定以办理登记备案手续为商品房预售合同生效条件的，从其约定，但当事人一方已经履行主要义务，对方接受的除外。

《最高人民法院关于审理外商投资企业纠纷案件若干问题的规定（一）》（2020年12月29日）

第一条 当事人在外商投资企业设立、变更等过程中订立的合同，依法律、行政法规的规定应当经外商投资企业审批机关批准后才生效的，自批准之日起生效；未经批准的，人民法院应当认定该合同未生效。当事人请求确认该合同无效的，人民法院不予支持。

前款所述合同因未经批准而被认定未生效的，不影响合同中当事人履行报批义务条款及因该报批义务而设定的相关条款的效力。

第二条第一款 当事人就外商投资企业相关事项达成的补充协议对已获批准的合同不构成重大或实质性变更的，人民法院不应以未经外商投资企业审批机关批准为由认定该补充协议未生效。

第十三条 外商投资企业股东与债权人订立的股权质押合同，除法律、行政法规另有规定或者合同另有约定外，自成立时生效。未办理质权登记的，不影响股权质押合同的效力。

当事人仅以股权质押合同未经外商投资企业审批机关批准为由主张合同无效或未生效的，人民法院不予支持。

股权质押合同依照民法典的相关规定办理了出质登记的，股权质权自登记时设立。

第十五条 合同约定一方实际投资、另一方作为外商投资企业名义股东，不具有法律、行政法规规定的无效情形的，人民法院应认定该合同有效。一方当事人仅以未经外商投资企业审批机关批准为由主张该合同无效或者未生效的，人民法院不予支持。

实际投资者请求外商投资企业名义股东依据双方约定履行相应义务的，人民法院应予支持。

双方未约定利益分配，实际投资者请求外商投资企业名义股东向其交付从外商投资企业获得的收益的，人民法院应予支持。外商投资企业名义股东向实际投资者请求支付必要报酬的，人民法院应酌情予以支持。

《最高人民法院关于审理与企业改制相关的民事纠纷案件若干问题的规定》（2020年12月29日）

第三十条 企业兼并协议自当事人签字盖章之日起生效。需经政府主管部门批准的，兼并协议自批准之日起生效；未经批准的，企业兼并协议不生效。但当事人在一审法庭辩论终结前补办报批手续的，人民法院应当确认该兼并协议有效。

《最高人民法院关于审理技术合同纠纷案件适用法律若干问题的解释》（2020年12月29日）

第八条 生产产品或者提供服务依法须经有关部门审批或者取得行政许可，而未经审批或者许可的，不影响当事人订立的相关技术合同的效力。

当事人对办理前款所称审批或者许可的义务没有约定或者约定不明确的，人民法院应当判令由实施技术的一方负责办理，但法律、行政法规另有规定的除外。

第十三条 【备案合同或者已批准合同的效力】

《最高人民法院关于适用〈中华人民共和国民法典〉合同编通则若干问题的解释》	《中华人民共和国民法典》
第十三条 【备案合同或者已批准合同的效力】合同存在无效或者可撤销的情形，当事人以该合同已在有关行政管理部门办理备案、已经批准机关批准或者已依据该合同办理财产权利的变更登记、移转登记等为由主张合同有效的，人民法院不予支持。	**第一百五十三条** 违反法律、行政法规的强制性规定的民事法律行为无效。但是，该强制性规定不导致该民事法律行为无效的除外。 违背公序良俗的民事法律行为无效。 **第一百五十五条** 无效的或者被撤销的民事法律行为自始没有法律约束力。 **第一百五十六条** 民事法律行为部分无效，不影响其他部分效力的，其他部分仍然有效。 **第二百一十五条** 当事人之间订立有关设立、变更、转让和消灭不动产物权的合同，除法律另有规定或者当事人另有约定外，自合同成立时生效；未办理物权登记的，不影响合同效力。 **第五百零二条** 依法成立的合同，自成立时生效，但是法律另有规定或者当事人另有约定的除外。 依照法律、行政法规的规定，合同应当办理批准等手续的，依照其规定。未办理批准等手续影响合同生效的，不影响合同中履行报批等义务条款以及相关条款的效力。应当办理申请批准等手续的当事人未履行义务的，对方可以请求其承担违反该义务的责任。 依照法律、行政法规的规定，合同的变更、转让、解除等情形应当办理批准等手续的，适用前款规定。

	第七百零六条 当事人未依照法律、行政法规规定办理租赁合同登记备案手续的，不影响合同的效力。 **第七百三十八条** 依照法律、行政法规的规定，对于租赁物的经营使用应当取得行政许可的，出租人未取得行政许可不影响融资租赁合同的效力。

【条文释义】

本条司法解释是关于备案合同、已批准合同的效力问题。

民法典强调意思自治，但这种自治必须在合法框架内。合同因法定原因存在无效或可撤销的情形，代表其合同构成出现严重瑕疵，进而出现了被法所不容许的情形发生。当事人主张该合同已经被行政管理部门的行政手段所认证，以对抗合同效力的，属于以行政权力对抗生效法律效力，显然是不能实现的。法定权力优先于其他权力，这是无庸置疑的。

【条文引申】

《民法典》第155条规定，无效的或者被撤销的民事法律行为自始没有法律约束力。

无效合同，是指合同效力因存在法律规定的不予生效的情形而导致合同效力自始无效，对缔约各方当事人没有法律上的约束力。根据《民法典》吸收了《民法总则》和《合同法》的相关规定，无效合同一般包含如下几种情形：

一是行为人与相对人以虚假的意思表示订立的合同。此处的虚伪意思表示，是指行为人与相对人都知道自己所表示的意思并非真意，通谋作出与真意不一致的意思表示[①]。缔约双方主体都清楚地知道，自己在缔约中所表达的

① 参见最高人民法院民法典贯彻实施工作领导小组主编：《中华人民共和国民法典总则编理解与适用》，人民法院出版社2020年版，第729页。

意思并非真实意思表示，其缔约的民事法律行为本身缺乏效果意思表达，缔约双方均不希望缔约发生法律效力，典型例子就是名实不符、“阴阳合同”。该种情形类似于以往合同法强调的“以合法形式掩盖非法目的”的合同，但随着《民法典》出台，该理由不再作为认定合同无效的理由。究其原因，一方面是“非法目的”的表述不够准确，目的一词多为当事人心理活动，人民法院在诉讼活动中无法推论当事人在缔约和履行合同中的真实、具体、细致的心理活动状态；另一方面是从多年司法实务积累来看，以该理由起诉合同无效并能实际证明自己主张的案例少之又少。

二是行为人与相对人恶意串通，损害他人合法权益而订立的合同。此处保留了原《合同法》第52条第2项规定的“恶意串通，损害国家、集体或者第三人利益”的表述。

三是违反法律、行政法规的强制性规定的合同。当事人之间的意思自治和交易自由值得法律保护，但若本身合同约定内容已经违反了法律、行政法规明文禁止的要求，那么其合同约定内容本身违法，应当认定为合同无效。

四是违背公序良俗的合同。此处吸收了原《合同法》第52条第4项规定的“损害社会公共利益”的表述，规定在《民法典》第153条第2项。该原则在合同编主要体现在一些看似体现“中国式人情世故智慧”的委托代理合同，实则背离公平正义的内核，为大部分人所不齿，还体现在一些基于婚姻关系以外的情感关系产生的民事纠纷合同中①。

而可撤销的合同一般有以下分类：

一是基于重大误解缔结的合同。重大误解，是指一方因自己的过错而对民事法律行为的内容等发生重大误解而实施的某种民事法律行为。基于该原因订立的合同效力是可撤销，而非无效，其原因在于该行为发生在双方当事人之间，不影响他人利益且与公共秩序无关。②

二是一方或第三人以欺诈手段，使对方在违背真实意思的情况下缔结的

① 参见蔡唱：《公序良俗在我国的司法运用研究》，载《中国法学》2016年第6期。

② 参见最高人民法院民法典贯彻实施工作领导小组主编：《中华人民共和国民法典总则编理解与适用》，人民法院出版社2020年版，第732~733页。

合同。《民法典》较之《合同法》较大的修改之一即落在此处，《合同法》第52条第1项规定，一方以欺诈、胁迫的手段订立合同，损害国家利益的，合同无效。第54条第2款规定，一方以欺诈、胁迫的手段或者乘人之危，使对方在违背真实意思的情况下订立的合同，受损害方有权请求人民法院或者仲裁机构变更或者撤销。《民法典》修改后则认为，无须区分欺诈对象，该合同都是可以撤销的民事法律行为。同时也新增了第三人欺诈的法律规定。

三是一方或者第三人以胁迫手段，使对方在违背真实意思的情况下缔结的合同。此处同样是《民法典》的重要修改，《民法通则》第58条第1款第3项规定，一方以欺诈、胁迫的手段或者乘人之危，使对方在违背真实意思的情况下所为的民事行为无效。《合同法》第52条第1项规定，一方以欺诈、胁迫的手段订立合同，损害国家利益的，合同无效。第54条第2款规定："一方以欺诈、胁迫的手段或者乘人之危，使对方在违背真实意思的情况下订立的合同，受损害方有权请求人民法院或者仲裁机构变更或者撤销。"《民法典》修改后认为，无论受胁迫签订的合同是否损害国家的利益，该合同都是可以撤销的合同。

四是一方利用对方处于危困状态、缺乏判断能力等情形，致使订立合同显失公平的。《民法典》将原有的"乘人之危"的表述吸收到第151条中，只规定了显失公平的概念，同时强调了判断显失公平的主观要件，而非仅仅是客观结果的描述。

【审判实务】

一、人民法院依职权认定合同无效是否应写入判决主文

民事诉讼中，法院依职权认定合同无效时应区分合同的绝对无效和相对无效分别予以对待。对于违反法律强制性规定或公序良俗的合同，属于绝对的当然的无效，法院有权予以干预，在当事人不主张合同无效的情况下，法院可以依职权进行审查；而对于不存在违反法律强制性规定或公序良俗情形，

仅涉及损害特定第三人利益的合同，属于相对无效，在当事人或特定第三人不主张合同无效的情况下，法院不应依职权进行审查。一审法院依职权审查后认为合同属于无效范畴的，应当就合同效力问题向当事人释明，告知当事人可以变更诉讼请求，当事人坚持不变更诉讼请求的，法院应依职权认定合同无效，并在判决主文中予以确认，以赋予合同无效认定相应的既判力，同时驳回当事人的诉讼请求。但对于合同无效的法律后果，则应当坚持“不告不理”的原则，法院不应主动予以审查和处理。一审法院认定合同无效但未在判决主文中予以表述，二审法院认为一审法院对于合同效力认定准确的，应当在二审判决主文中增加确认合同无效的判项。

二、如何利用《民法典》条文判断合同效力？应怎样进行法律适用的思考

人民法院在审理合同纠纷案件时，要坚持鼓励交易原则，充分尊重当事人的意思自治。要依法审慎认定合同效力。要根据诚实信用原则，合理解释合同条款、确定履行内容，合理确定当事人的权利义务关系，审慎适用合同解除制度，依法调整过高的违约金，强化对守约者诚信行为的保护力度，提高违法违约成本，促进诚信社会构建。[①]

在我国民事法律框架下，较之原来的《合同法》，民法典合同编部分删去了对于合同不同效力的具体描述，而是用法律援引的技术，对合同的效力在民法典总则编进行了统一规定。合同作为法律行为的一种，自然应当符合民事法律行为的一般要件才可以生效。因此，判定合同的效力必须考虑的是其作为一项民事法律行为应当符合的效力要件，具体而言，应当优先适用特别法，即根据合同编关于合同效力的规则判断合同是否生效，而当特别法就特定事项未做规定时，又应当发挥一般法的补充作用，即根据民法典总则编关于民事法律行为效力的规则来判断合同的效力[②]。

① 参见《全国法院民商事审判工作会议纪要》。

② 参见朱广新、谢鸿飞主编：《民法典评注·合同编·通则》，中国法制出版社2020年版，第354~355页。

第十四条 【多份合同的效力认定】

《最高人民法院关于适用〈中华人民共和国民法典〉合同编通则若干问题的解释》	《中华人民共和国民法典》
第十四条 【多份合同的效力认定】 当事人之间就同一交易订立多份合同，人民法院应当认定其中以虚假意思表示订立的合同无效。当事人为规避法律、行政法规的强制性规定，以虚假意思表示隐藏真实意思表示的，人民法院应当依据民法典第一百五十三条第一款的规定认定被隐藏合同的效力；当事人为规避法律、行政法规关于合同应当办理批准等手续的规定，以虚假意思表示隐藏真实意思表示的，人民法院应当依据民法典第五百零二条第二款的规定认定被隐藏合同的效力。 依据前款规定认定被隐藏合同无效或者确定不发生效力的，人民法院应当以被隐藏合同为事实基础，依据民法典第一百五十七条的规定确定当事人的民事责任。但是，法律另有规定的除外。 当事人就同一交易订立的多份合同均系真实意思表示，且不存在其他影响合同效力情形的，人民法院应当在查明各合同成立先后顺序和实际履行情况的基础上，认定合同内容是否发生变更。法律、行政法规禁止变更合同内容的，人民法院应当认定合同的相应变更无效。	**第一百四十六条** 行为人与相对人以虚假的意思表示实施的民事法律行为无效。 以虚假的意思表示隐藏的民事法律行为的效力，依照有关法律规定处理。 **第一百五十三条** 违反法律、行政法规的强制性规定的民事法律行为无效。但是，该强制性规定不导致该民事法律行为无效的除外。 违背公序良俗的民事法律行为无效。 **第一百五十七条** 民事法律行为无效、被撤销或者确定不发生效力后，行为人因该行为取得的财产，应当予以返还；不能返还或者没有必要返还的，应当折价补偿。有过错的一方应当赔偿对方由此所受到的损失；各方都有过错的，应当各自承担相应的责任。法律另有规定的，依照其规定。 **第五百零二条** 依法成立的合同，自成立时生效，但是法律另有规定或者当事人另有约定的除外。 依照法律、行政法规的规定，合同应当办理批准等手续的，依照其规定。未办理批准等手续影响合同生效的，不影响合同中履行报批等义务条款以及相关条款的效力。应当办理申请批准等手续的当事人未履行义务的，对方可以请求其承担违反该义务的责任。

	依照法律、行政法规的规定，合同的变更、转让、解除等情形应当办理批准等手续的，适用前款规定。 **第五百四十三条** 当事人协商一致，可以变更合同。 **第五百四十四条** 当事人对合同变更的内容约定不明确的，推定为未变更。

【条文释义】

本条司法解释是关于多份合同效力的法律规定。

本条司法解释共分为三款。第1款规定了“阴阳合同”下真实意思表示合意的相关效力及涉及诉讼请求的法院处理意见。在“阴阳合同”中，当事人呈现的是“阳”合同，隐藏的是“阴”合同，人民法院应当依职权查明被隐藏的“阴”合同的效力，若该合同或者是当事人之间的真实合意违反法律、行政法规的强制性规定，则该合同或合意应为法定无效。无效合同的效力自始无效。当事人为规避法律、行政法规明文规定的审批义务的，可能以“阳”合同规避实际合意的“阴”合同带来的审批义务，人民法院应依职权查明该被隐藏的合同是否附带法律、行政法规规定的审批义务。未办理批准等手续，合同虽成立但未生效。合同未生效，不影响合同中履行报批等义务条款以及相关条款的效力。但是，当事人存在“阴阳合同”的情形不是《民法典》规定的合同无效情形，“阴阳合同”能否有效还是要看“阴”合同的实际情况，因此当事人仅以被隐藏合同系为规避法律、行政法规而订立为由主张无效的，其实际主张理由可以翻译为“只要对方存在‘阴阳合同’行为，该合同就必须无效”，显然与《民法典》合同编的精神相违背。《民法典》的核心精神还是努力推动交易进行，鼓励交易。因此当事人的该主张法院不予支持。

第2款则规定了隐藏合同导致民事法律行为无效、被撤销或确定不发生效力的法律后果。隐藏起来的“阴”合同作为缔约主体间的真实意思表示，其应执行应有的法律后果，应当按照各方当事人的过错程度返还财产或者赔偿损失。

第3款则规定了同一交易下先后多个合同涉及“阴阳合同”认定时的法律效力。当事人就同一交易先后订立多个合同，在多个合同均无效力瑕疵问题的基础上，在后意思表示可以取代在先意思表示，视为当事人之间权利义务约定的合同内容变更。但是，若法律、行政法规禁止或者限制合同内容变更的，在后合同因为其变更内容违反法律、行政法规的明确禁止性规定，人民法院应当认定合同的相应变更无效，与之相比在前的合同仍为有效。

【条文引申】

本条司法解释涉及的“阴阳合同”是《民法典》第146条关于虚假行为、隐藏行为的引申司法适用问题。该条一共规定了三种行为，即上述两种行为以及由两者结合在一起的伪装行为。虚假行为，是指行为人与相对人以虚假的意思表示实施的民事法律行为。隐藏行为，是指行为人真实意思表示下的民事法律行为。伪装行为，是指由虚假行为作表面以掩盖隐藏行为的复合行为。

虚假行为的典型例子即为“阴阳合同”。实务中多见买卖房屋合同中为避税而签订“阴阳合同”；真实意思为借贷而签订名义上的买卖合同；为规避执行而将财产虚假转让他人的行为；为占用学籍而签订虚假的房屋买卖合同等。上述表面行为因欠缺当事人真实意思表示，均为虚假行为，应作无效认定。虚假行为对第三人是否有效，应根据第三人是否善意作出判断。如果第三人善意，基于其对虚假行为的有效外观的信任，应当保护其信赖利益。

需要注意的是，虚假行为与《民法典》第154条规定的恶意串通的行为还是有很大区别的。两者虽都有通谋意思表示的行为，但虚假行为所通谋的内容是共同作出虚假的意思表示，即双方当事人就表示行为之表面一致与双方真实意思不一致存在通谋，至于是否损害他人利益在所不问。恶意串通之通谋是对损害第三人利益之通谋，至于意思表示是否虚假在所不问。且虚假行为所涉及合同的效力需要查明隐藏行为的效力来最终确定，但恶意串通的合同系法定无效。[①]

【审判实务】

一、如何理解本条司法解释第3款规定的“法律、行政法规禁止变更合同内容的，人民法院应当认定合同的相应变更无效”的前提条件

《最高人民法院关于适用〈中华人民共和国民法典〉合同编通则若干问题的解释》第14条第3款规定，是关于当事人之间就同一交易签订多个合同，是否可能存在阴阳合同的认定及效力的规定。

相同效力条件下，当事人之间在后缔结的合同就同一权利义务关系的约定可以取缔在先合同的相关约定，因为在后意思表示可以替代在先意思表示，这也是充分尊重当事人之间意思自治的有力体现。

然而在面对多份合同时，人民法院需要考虑其是否存在“阴阳合同”的情形。传统的“阴阳合同”的形式表现为，当事人表面上签订了一份合同，实则按照其真实意思表示会订立另一份实际意义上的具有履行可能的合同。按照本条司法解释第1款的规定，人民法院应该依职权进行审查，对于违反法律、行政法规强制性规定的合同应认定为无效。这种在“明”合同往往过于明显，容易被人民法院有所发现，所以出现了一定变种，即“阴阳合同”都摆在明面上，只是通过法律规避手段将“阳”合同变为“无效”，这样让“阴”合同“不得不”生效执行。具体而言，当事人就同一交易行为先后签订多个合同，其中起关键作用的合同为在先的A合同和在后的B合同。B合同通过变更A合同的部分条款而订立。然而B合同所变更的条款是法律或行政法规明令禁止变更的内容，那么B合同因为违反强制性规定当然无效，B合同无效后，在其之前一个版本的A合同就“不得不”生效了。这样看似“无奈之

① 参见江必新、夏道虎主编:《中华人民共和国民法典重点条文实务详解》，人民法院出版社2020年版，第34页。

举”，实则是合同双方的精心设计，其用意在于A合同其实是“阴”合同，B合同则是“阳”合同专门用来牺牲，以成全A合同的效力，其手段就是以往“以合法形式掩盖非法目的”的合同无效的变种。根据本条司法解释第1款的规定，人民法院还应查看A合同的效力问题，看该合同是否存在虚假意思表示的情形。

因此，本条司法解释第3款规定中，确定了一个大前提，即当事人之间就同一交易订立的多份合同均系当事人真实意思表示。在司法实务中，能够运用此款司法解释的大前提是同一交易中每一份合同均为真实意思表示，而非存在以虚假意思表示掩盖真实意思表示的“阴阳合同”问题。而如何证明每一份合同都是真实意思表示，在实务中还有一定的审理难度。

二、处理“阴阳合同”时，应如何处理民事责任与行政责任的划分

在股权转让交易过程中有时存在“阴阳合同”的现象，这种现象出现的原因是交易当事人为了规避行政法规，顺利完成股东名册变更，以及逃避税收等其他目的。通常认为当事人违反行政法规的行为应受到行政法规的处罚，承担行政法上的责任，但民事行为方面，仍以其真实意思表示为准。这种观点充分体现了民法上的诚实信用原则，以公平方式处理股东之间的纠纷。

三、真实意思和虚伪意思在同一个合同中体现，应怎样对两个法律行为的效力进行区分

《民法典》第146条所称的无效针对的是对象为虚伪的民事法律行为。如果一个合同只包含一个虚伪的行为，如“阴阳合同”中的“阳”合同，那么认定“阳合同”无效符合该规定。如果一个合同中同时包含虚伪行为和隐藏行为，则不能对合同整体的效力进行否定，否则，载有真实意思表示的隐藏行为也会受到牵连。虚伪表示背后隐藏的法律行为体现了双方当事人的真实意思表示，原则上不应否定其效力，隐藏行为的效力最终如何应当根据该行为自身的效力要件予以判断，既不能简单地认定其无效，也不能不加限制地一律承认其效力。故在同时存在虚伪表示和隐藏行为时，虚伪表示无效，隐藏行为并不因此无效，其效力如何，应当依据有关法律规定处理。[①]

【关联指引】

《最高人民法院关于为加快建设全国统一大市场提供司法服务和保障的意见》（2022年7月14日）

23.依法惩处扰乱市场秩序违法犯罪行为。研究制定审理涉税犯罪案件司法解释，依法惩处逃税、抗税、骗税、虚开增值税专用发票等违法犯罪行为，加大对利用“阴阳合同”逃税、文娱领域高净值人群逃税等行为的惩处力度。加强与税务、公安等部门执法司法协同，推动完善税收监管制度。准确把握合同诈骗、强迫交易等违法犯罪行为入刑标准，依法认定相关合同效力，维护市场主体意思自治。依法严惩通过虚假诉讼手段逃废债、虚假破产、诈骗财物等行为。研究制定审理非法经营刑事案件司法解释，严格规范非法经营刑事案件定罪量刑标准。研究制定办理渎职刑事案件适用法律问题司法解释，对国家工作人员妨害市场经济发展的渎职犯罪处理问题作出规定。

① 参见韩耀斌:《融资租赁司法实务与办案指引》，人民法院出版社2020年版，第395~396页。

第十五条 【名实不符与合同效力】

《最高人民法院关于适用〈中华人民共和国民法典〉合同编通则若干问题的解释》	《中华人民共和国民法典》
第十五条 【名实不符与合同效力】 人民法院认定当事人之间的权利义务关系，不应当拘泥于合同使用的名称，而应当根据合同约定的内容。当事人主张的权利义务关系与根据合同内容认定的权利义务关系不一致的，人民法院应当结合缔约背景、交易目的、交易结构、履行行为以及当事人是否存在虚构交易标的等事实认定当事人之间的实际民事法律关系。	**第一百四十六条** 行为人与相对人以虚假的意思表示实施的民事法律行为无效。 以虚假的意思表示隐藏的民事法律行为的效力，依照有关法律规定处理。

【条文释义】

本条司法解释是关于名实不符合同的认定规则及其司法适用。

本条规定了名实不符合同中，人民法院应当查明合同的真实法律效果，不去简单看待涉诉合同标题，真正给合同进行准确定性。当事人主张与合同文本不一致时，应当根据具体情况事实认定当事人之间真实的法律关系，并据此分析该合同是否有无效或者可撤销的法定情形，以准确判断合同效力。本条明确表达了对于名实不符合同的效力如何进行司法认定的操作路径。

【条文引申】

名实不符合同与“阴阳合同”涉及的虚假行为和隐藏行为的概念并不完全形同，名实不符可能是当事人签订合同时以为的内容与实际达成的内容并不相符，但双方当事人所要表达的交易的本意并无虚假或欺诈等情形。司法实务中也存在着当事人约定签订是何种有名合同，但经过开庭法庭调查后发现应当属于另一种有名合同或者无名合同，不影响合同效力的当然无效。当事人可能认为自己的行为或者缔约的本意应该成立某一类型合同，法律不能强人所难，不能要求每个当事人都具备完备的、专业的法律知识，不能要求当事人必须准确把握合同订立、履行中的每一个法律细节，毕竟民法具有很强的私法属性，不能要求每一个人都是行家里手。甚至在司法实务中可能经法院审判发现该合同系无名合同，不能将涉诉合同归结到某类合同中，但只要该合同不存在合同无效或者可撤销的情形，人民法院就应该认定缔约主体间的权利义务约定是有效的，对于合同各方主体是有法律意义上的约束作用的。

【审判实务】

一、如何理解司法实务融资租赁合同纠纷中名为售后回租，实为借贷的法律关系

虽然《最高人民法院关于审理融资租赁合同纠纷案件适用法律问题的解释》第2条规定，承租人将其自有物出卖给出租人，再通过融资租赁合同将租赁物从出租人处租回的，人民法院不应仅以承租人和出卖人系同一人为由认定不构成融资租赁法律关系。该条司法解释算是认可了售后回租作为融资租赁合同的属性，但对于实务中以假借售后回租以达成融资租赁合同之名，行借款合同之实的名实不符行为仍需加以甄别。

无租赁物的"售后回租"，即双方约定了售后回租的合同性质，但实际上并不存在现实的租赁物。显然此类合同并不具备融资租赁合同的特征，属于典型的以融资、融物之名，行借款之实，应当认定其合同性质为借贷合同。

以特殊的标的物作为租赁物的售后回租合同，若标的物为国家所有如桥梁道路、山川湖泊等，承租人非国家不可能拥有交通道路等的所有权。因此无论是从法律的角度，还是依据金融监管部门的行政规定，此类合同均不能

成立融资租赁合同。若标的物为可以转移占有的自然人或法人所有，其所有权可为私人获得，并且金融监管部门对此又没有作出禁止性的规定，符合融资租赁合同融资与融物相结合的特征的，可以认定为售后回租合同，以达成融资租赁，不再认定为借贷合同[①]。

二、婚前分配房屋、婚后参与房改的“名实不符”的房改房如何认定真正权属

配偶一方于婚前由所在单位分给房屋，婚后参加房改，使用夫妻双方的工龄折扣等优惠并以夫妻共同财产出资购买后取得完全所有权的房改房，因房屋权属证书往往由单位直接办理在本单位职工名下，故实践中对此房的权属认识不一。职工以成本价购买的住房，产权归个人所有，经登记核实后，发给房屋权属证书。由于房改售房以及房屋权属登记的特殊性，在出售房改房时，不办理共有产权，房屋权属证书只办理在一人名下。但在审理涉及房改房的案件时，并不能仅仅根据房屋权属证书上的具名就简单地认定为个人财产，这类房改房虽然存在名实不相符的情况，但还要根据实际的出资情况来认定财产属性，不能仅以房屋权属证书为准，否则将侵害配偶一方的合法利益。除非主张该房为个人财产的一方举证证明该房为其婚前个人财产、以个人财产购买或夫妻双方约定属于其个人所有，否则这种房改房应属于夫妻双方共有，夫妻双方对其有平等的处理权。[②]

【关联指引】

《中华人民共和国民事诉讼法》(2023年9月1日)

第一百三十五条　必须共同进行诉讼的当事人没有参加诉讼的，人民法

---

① 参见王利明主编:《中国民法典评注——合同编》(第三册)，人民法院出版社2021年版，第1141~1142页。

② 参见最高人民法院民事审判第一庭编:《婚姻家庭案件审判指导》，法律出版社2018年版，第132页。

院应当通知其参加诉讼。

《最高人民法院关于适用〈中华人民共和国民事诉讼法〉的解释》（2022年4月1日）

第七十三条 必须共同进行诉讼的当事人没有参加诉讼的，人民法院应当依照民事诉讼法第一百三十五条的规定，通知其参加；当事人也可以向人民法院申请追加。人民法院对当事人提出的申请，应当进行审查，申请理由不成立的，裁定驳回；申请理由成立的，书面通知被追加的当事人参加诉讼。

第七十四条 人民法院追加共同诉讼的当事人时，应当通知其他当事人。应当追加的原告，已明确表示放弃实体权利的，可不予追加；既不愿意参加诉讼，又不放弃实体权利的，仍应追加为共同原告，其不参加诉讼，不影响人民法院对案件的审理和依法作出判决。

《最高人民法院关于审理涉及国有土地使用权合同纠纷案件适用法律问题的解释》（2020年12月29日）

第二十一条 合作开发房地产合同约定提供土地使用权的当事人不承担经营风险，只收取固定利益的，应当认定为土地使用权转让合同。

第二十二条 合作开发房地产合同约定提供资金的当事人不承担经营风险，只分配固定数量房屋的，应当认定为房屋买卖合同。

第二十三条 合作开发房地产合同约定提供资金的当事人不承担经营风险，只收取固定数额货币的，应当认定为借款合同。

第二十四条 合作开发房地产合同约定提供资金的当事人不承担经营风险，只以租赁或者其他形式使用房屋的，应当认定为房屋租赁合同。

《最高人民法院关于审理融资租赁合同纠纷案件适用法律问题的解释》（2020年12月29日）

第一条 人民法院应当根据民法典第七百三十五条的规定，结合标的物的性质、价值、租金的构成以及当事人的合同权利和义务，对是否构成融资租赁法律关系作出认定。

对名为融资租赁合同，但实际不构成融资租赁法律关系的，人民法院应按照其实际构成的法律关系处理。

第十六条 【违反强制性规定导致合同无效的情形】

《最高人民法院关于适用〈中华人民共和国民法典〉合同编通则若干问题的解释》	《中华人民共和国民法典》
第十六条 【违反强制性规定导致合同无效的情形】合同违反法律、行政法规的强制性规定，有下列情形之一，由行为人承担行政责任或者刑事责任能够实现强制性规定的立法目的的，人民法院可以依据民法典第一百五十三条第一款关于“该强制性规定不导致该民事法律行为无效的除外”的规定认定该合同不因违反强制性规定无效： （一）强制性规定虽然旨在维护社会公共秩序，但是合同的实际履行对社会公共秩序造成的影响显著轻微，认定合同无效将导致案件处理结果有失公平公正； （二）强制性规定旨在维护政府的税收、土地出让金等国家利益或者其他民事主体的合法利益而非合同当事人的民事权益，认定合同有效不会影响该规范目的的实现； （三）强制性规定旨在要求当事人一方加强风险控制、内部管理等，对方无能力或者无义务审查合同是否违反强制性规定，认定合同无效将使其承担不利后果； （四）当事人一方虽然在订立合同时违反强制性规定，但是在合同订立后其已经具备补正违反强制性规定的条件却违背诚信原则不予补正； （五）法律、司法解释规定的其他情形。	**第一百五十三条** 违反法律、行政法规的强制性规定的民事法律行为无效。但是，该强制性规定不导致该民事法律行为无效的除外。 违背公序良俗的民事法律行为无效。

法律、行政法规的强制性规定旨在规制合同订立后的履行行为，当事人以合同违反强制性规定为由请求认定合同无效的，人民法院不予支持。但是，合同履行必然导致违反强制性规定或者法律、司法解释另有规定的除外。 依据前两款认定合同有效，但是当事人的违法行为未经处理的，人民法院应当向有关行政管理部门提出司法建议。当事人的行为涉嫌犯罪的，应当将案件线索移送刑事侦查机关；属于刑事自诉案件的，应当告知当事人可以向有管辖权的人民法院另行提起诉讼。	

【条文释义】

本条司法解释共三款。

第1款是对于《民法典》第153条第1款但书规定的总体解释，即违反法律、行政法规的强制性规定的民事法律行为无效的总原则下，“该强制性规定不导致该民事法律行为无效的除外”，此处司法解释对这句法条的适用背景进行了解释，即若由行为人承担行政责任或者刑事责任能够实现强制性规定的立法目的，人民法院可以认定合同有效。具体而言，本款司法解释分为五项，第一到三项从强制性规定背后所保护的法益出发，其所反馈的立法思路是，强制性规定所保护的法益没有受到较大影响，相反若认定合同无效反而会给合同相对方带来较大损失或者使整个合同的履行丧失公平正义的，此种情况下应当考虑认定合同继续有效，否则在利益衡平的原则下显然是“保护”远大于“损害”。第四项则规定，一方当事人虽然在订立合同时违反合同强制性规定，但是在合同履行期间已经具备补正能力却拒不补正的，显然是想利用法律规定主张该合同无效，从而作出对自己利益最大化的选择。其行为属于明明可以完成自身义务但怠于履行，且想反其道而行之，利用该未履行主张合同无效，使之变相成为一种“权利”，对于该种行为，人民法院自然不能支持，其系另一种“以合法形式掩盖非法目的”。故在此项中规定，此类合同不应认定为无效。第五项则是一个补充规定，为未来其他法律、司法解释的补充留下可能。

第2款则是对于强制性规定在合同履行期间带来的效力问题。若强制性规定是规范合同订立后的履行行为，其明显对合同的订立阶段不产生强制效力，依法订立的合同自然有效，有效的合同才能继续讨论履行阶段的问题。因此当事人以合同履行阶段的违反强制性规定想要阻却在先的合同有效性的认定，自然不能被支持。但需要注意的是，若合同订立时有效，但伴随合同履行必然导致违反强制性规定或者法律、司法解释另有规定的，该合同还是应当认定为无效。如当事人约定木材买卖合同，合同订立时未违反法律、行政法规强制性规定，未违反公序良俗，那么该合同应当是依法成立并生效的。但在合同履行过程中，一方主体实际交付的标的物木材为非法盗伐林木所得，合同相对人在知道这个违法履行的情况下，自然可以向法院请求认定合同无效。

第3款则规定了对于当事人违法行为的处罚方式。当事人的违法行为未经处理的，人民法院应当依职权提出司法建议、移送刑事犯罪线索，对于自诉刑事案件，应当积极向当事人释明其诉权。

【条文引申】

《最高人民法院关于适用〈中华人民共和国民法典〉合同编通则若干问题的解释》第16条、第17条是围绕《民法典》第153条展开，本条司法解释就是对《民法典》第153条第1款的详细解释。

违反强制性规定哪些情形下导致合同无效，哪些情形下合同仍然有效，是一直困扰司法实践的疑难问题，这一问题也是民商法学界公认的世界性难题。继原《合同法》第52条将影响合同效力的强制性规定严格限定为法律、行政法规的强制性规定后，《最高人民法院关于适用〈中华人民共和国合同法〉若干问题的解释（二）》第14条又进一步将导致合同无效的强制性规定限制在效力性强制性规定。这对于确立违反法律、行政法规的强制性规定并不必然导致合同无效的观念具有重要意义。

司法解释在行文中舍弃了将效力性强制性规定作为判断合同是否因违反强制性规定而无效的标准，一是因为，虽然有的强制性规定究竟是效力性强制性规定还是管理性强制性规定十分清楚，但是有的强制性规定的性质却很难区分。问题出在区分的标准不清晰，没有形成共识，特别是没有形成简便易行、务实管用的可操作标准，导致审判实践中有时裁判尺度不统一。二是因为，在有的场合，合同有效还是无效，是裁判者根据一定的因素综合进行分析的结果，而不是其作出判决的原因。三是因为，自效力性强制性规定的概念提出以来，审判实践中出现了望文生义的现象，即大量公法上的强制性规定被认为属于管理性强制性规定，不是效力性强制性规定。

本解释具体列举了违反强制性规定不影响合同效力的五种情形：

其一，强制性规定虽然旨在维护社会公共秩序，但是合同的实际履行对社会公共秩序造成的影响显著轻微，且认定合同无效将导致案件处理结果有失公平公正。这是比例原则在民法上的适用，也与《刑法》第13条关于“情节显著轻微危害不大的，不认为是犯罪”的规定具有内在的一致性。

其二，强制性规定旨在维护政府的税收、土地出让金等国家利益或者其他民事主体的合法利益而非合同当事人的民事权益，认定合同有效不会影响该规范目的的实现。例如，开发商违反《城市房地产管理法》第39条第1款规定未按照出让合同约定已经支付全部土地使用权出让金即签订转让土地使用权的协议。该规定并非为了保护当事人的民事权益而是为了维护政府的土地出让金利益，且即使认定合同有效，通常也不会影响这一规范目的的实现。

其三，强制性规定旨在要求当事人一方加强风险控制、内部管理等，对方无能力或者无义务就合同是否违反强制性规定进行审查，认定合同无效将使其承担不利后果。例如，银行违反《商业银行法》第39条规定的资产负债比例发放贷款，因该规定旨在要求银行加强内部管理和风险控制，借款人无从获知银行是否违反该规定，自然不应仅因银行违反该规定就认定合同无效，否则借款人的交易安全将无法获得有效保障。

其四，当事人一方虽然在订立合同时违反强制性规定，但是在合同订立后其已经具备补正违反强制性规定的条件却违背诚信原则不予补正。例如，开发商未取得预售许可证明即签订商品房买卖合同，但在合同订立后，其已经具备申请预售许可证明的条件却违背诚信原则不向行政管理部门提交申请，而是因房价上涨受利益的驱动主张合同无效，就不应获得支持。

其五，法律、司法解释规定的其他情形。例如当事人订立房屋租赁合同后，未依法办理备案登记，依据《民法典》第706条的规定，不应影响房屋租赁合同的效力。①

【审判实务】

一、民事合同构成刑事犯罪的，合同是否当然无效

合同并不当然无效。根据《民法典》第153条第1款及《最高人民法院关于适用〈中华人民共和国民法典〉合同编通则若干问题的解释》第16条第1款的规定，合同违反法律强制性规定的，合同无效，但该强制性规定不导致该民事法律行为无效的除外。因此，对于民事合同构成刑事犯罪的，还是要具体问题具体分析。学界中有观点认为，为保持法律秩序的一致性，应当认定构成刑事犯罪的民事合同无效。另一种观点则认为，违法性程度考察仅是法益衡量的一个因素，但不是全部因素，在确定违法合同的效力时，还要兼顾考察交易安全保护、善意相对人保护等其他因素。司法实务中倾向于第二种观点②。

究其本质，还是要从刑法和民法的本质和立法目的出发。刑法是公法，所保护的是刑法所不容许被犯罪行为侵害的法益，刑法的目的是惩罚和预防

① 参见《最高人民法院民二庭、研究室负责人就民法典合同编通则司法解释答记者问》，载最高人民法院网站，https://www.court.gov.cn/zixun/xiangqing/419402.html，2023年12月12日访问。

② 参见最高人民法院民法典贯彻实施工作领导小组主编：《中华人民共和国民法典总则编理解与适用》，人民法院出版社2020年版，第773页。

犯罪，通过成文法的形式起到对社会大众的一般预防的作用。因此其追求的价值层面是较为宏观的。民法以个人与个人之间的平等和自决（私法自治）为基础，调整的是个人与个人之间的关系。在法不禁止的范围内，个人享有充分的行动自由，不过不得妨碍他人同样的自由。为避免不当干预进而损害私法自治下的行动自由，在对双方的合同损害第三方（国家、集体和个人）的利益加以干预时，这里的“利益”应当是具体的利益，而非宏观、抽象的利益。①

以合同诈骗罪为例，该犯罪有两个行为：一是诈骗；二是签订合同。诈骗行为是单方行为，合同行为是双方行为。刑法的聚焦点是诈骗行为，所评价的是该行为是否严重到触犯刑律需施以刑罚处罚的程度；民法的着眼点则在于合同行为，所评价的是该行为是否是与当事人真实的意思表示一致的结果，是否应赋予该行为以私法上的效力。如果按照缔约手段与缔约结果的划分，刑法关注缔约的结果，但最终落脚点在于缔约的手段是否构成犯罪；民法关注缔约的手段，但最终落脚点则在于缔约的结果是否具有效力。

在刑民交叉法律关系的处理上，不能以涉嫌犯罪或者已经生效的刑事案件的判决认定构成犯罪及刑事责任的追究来对抗、否认和免除起诉民事部分案件的民事责任。民事责任产生的原因之一即合同，该合同不必然无效，因为这是两个完全不同的法律关系，由此对合同效力的审查必须依据法律、法规和司法解释明文规定，更不能以刑事裁判判处责任人的刑事责任从而作出驳回民事权利人的民事权益请求的裁判。

二、合同涉及刑事犯罪的，诉讼中人民法院如何处理？可否按照先刑后民的原则裁定诉讼中止

最高人民法院在2019年《全国法院民商事审判工作会议纪要》第130条指出，人民法院在审理民商事案件时，如果民商事案件必须以相关刑事案件

① 参见最高人民法院民事审判第一庭编著：《最高人民法院新民间借贷司法解释理解与适用》，人民法院出版社2021年版，第132~134页。

的审理结果为依据，而刑事案件尚未审结的，应当根据《民事诉讼法》第150条第5项的规定裁定中止诉讼。待刑事案件审结后，再恢复民商事案件的审理。如果民商事案件不是必须以相关的刑事案件的审理结果为依据，则民商事案件应当继续审理。

因此，若涉案合同引发其他关联犯罪事实，且其他犯罪事实的查明对合同的效力判定起到决定性或者重要影响的作用时，应当裁定中止审理，等待另案刑事判决的事实认定，若涉案合同本身效力可以在本案中予以认定的，一般直接在本案中进行认定，不再另案审理。同时需要注意的是，根据本条司法解释第3款的规定，当事人的违法行为未经处理的，人民法院应当向有关行政管理部门提出司法建议。当事人的行为涉嫌犯罪的，应当将案件线索移送刑事侦查机关；属于刑事自诉案件的，应当告知当事人可以向有管辖权的人民法院另行提起诉讼。

【关联指引】

《全国法院民商事审判工作会议纪要》（2019年11月8日）

30.【强制性规定的识别】合同法施行后，针对一些人民法院动辄以违反法律、行政法规的强制性规定为由认定合同无效，不当扩大无效合同范围的情形，合同法司法解释（二）第14条将《合同法》第52条第5项规定的“强制性规定”明确限于“效力性强制性规定”。此后，《最高人民法院关于当前形势下审理民商事合同纠纷案件若干问题的指导意见》进一步提出了“管理性强制性规定”的概念，指出违反管理性强制性规定的，人民法院应当根据具体情形认定合同效力。随着这一概念的提出，审判实践中又出现了另一种倾向，有的人民法院认为凡是行政管理性质的强制性规定都属于“管理性强制性规定”，不影响合同效力。这种望文生义的认定方法，应予纠正。

人民法院在审理合同纠纷案件时，要依据《民法总则》第153条第1款和合同法司法解释（二）第14条的规定慎重判断“强制性规定”的性质，特别是要在考量强制性规定所保护的法益类型、违法行为的法律后果以及交易安全保护等因素的基础上认定其性质，并在裁判文书中充分说明理由。下列强制性规定，应当认定为“效力性强制性规定”：强制性规定涉及金融安全、市场秩序、国家宏观政策等公序良俗的；交易标的禁止买卖的，如禁止人体器官、毒品、枪支等买卖；违反特许经营规定的，如场外配资合同；交易方式严重违法的，如违反招投标等竞争性缔约方式订立的合同；交易场所违法的，如在批准的交易场所之外进行期货交易。关于经营范围、交易时间、交易数量等行政管理性质的强制性规定，一般应当认定为“管理性强制性规定”。

《最高人民法院关于审理民间借贷案件适用法律若干问题的规定》（2020年12月29日）

第十二条 借款人或者出借人的借贷行为涉嫌犯罪，或者已经生效的裁判认定构成犯罪，当事人提起民事诉讼的，民间借贷合同并不当然无效。人民法院应当依据民法典第一百四十四条、第一百四十六条、第一百五十三条、第一百五十四条以及本规定第十三条之规定，认定民间借贷合同的效力。

担保人以借款人或者出借人的借贷行为涉嫌犯罪或者已经生效的裁判认定构成犯罪为由，主张不承担民事责任的，人民法院应当依据民间借贷合同与担保合同的效力、当事人的过错程度，依法确定担保人的民事责任。

《最高人民法院关于审理矿业权纠纷案件适用法律若干问题的解释》（2020年12月29日）

第十八条 当事人约定在自然保护区、风景名胜区、重点生态功能区、生态环境敏感区和脆弱区等区域内勘查开采矿产资源，违反法律、行政法规的强制性规定或者损害环境公共利益的，人民法院应依法认定合同无效。

第十七条　【《民法典》第153条第2款的适用】

《最高人民法院关于适用〈中华人民共和国民法典〉合同编通则若干问题的解释》	《中华人民共和国民法典》
第十七条　【《民法典》第153条第2款的适用】合同虽然不违反法律、行政法规的强制性规定，但是有下列情形之一，人民法院应当依据民法典第一百五十三条第二款的规定认定合同无效： （一）合同影响政治安全、经济安全、军事安全等国家安全的； （二）合同影响社会稳定、公平竞争秩序或者损害社会公共利益等违背社会公共秩序的； （三）合同背离社会公德、家庭伦理或者有损人格尊严等违背善良风俗的。 人民法院在认定合同是否违背公序良俗时，应当以社会主义核心价值观为导向，综合考虑当事人的主观动机和交易目的、政府部门的监管强度、一定期限内当事人从事类似交易的频次、行为的社会后果等因素，并在裁判文书中充分说理。当事人确因生活需要进行交易，未给社会公共秩序造成重大影响，且不影响国家安全，也不违背善良风俗的，人民法院不应当认定合同无效。	**第十条**　处理民事纠纷，应当依照法律；法律没有规定的，可以适用习惯，但是不得违背公序良俗。 **第一百五十三条**　违反法律、行政法规的强制性规定的民事法律行为无效。但是，该强制性规定不导致该民事法律行为无效的除外。 违背公序良俗的民事法律行为无效。 **第一百八十七条**　民事主体因同一行为应当承担民事责任、行政责任和刑事责任的，承担行政责任或者刑事责任不影响承担民事责任；民事主体的财产不足以支付的，优先用于承担民事责任。

【条文释义】

本条司法解释是关于公序良俗原则的解释，是对《民法典》第153条第2款的适用说明。

《民法典》第153条第2款仅寥寥数语“违背公序良俗的民事法律行为无效”，此条司法解释是对其进行的扩充解读。

本条司法解释共分为两款。第1款规定了违背公序良俗的三种适用形式，一是影响国家安全的，二是违背社会公共秩序的，三是违背善良风俗的。

第2款则规定了认定合同是否违背公序良俗的司法考量路径，即应当综合考量当事人、社会、交易习惯等层面的客观实在情况予以综合考量。同时需要注意的是，本条司法解释也为公序良俗原则的适用留下了一个小开口，即当事人确因生活需要进行交易，未给社会公共秩序造成重大影响，且不影响国家安全，也不违背善良风俗的，人民法院不应当认定合同无效，此条规定落实了“法不强人所难”的精神，当事人因生活所迫不得不进行一些目前尚未被社会主流价值观所推崇的交易行为，只要不与国家安全、善良风俗相悖，只要未给社会秩序造成重大影响，法律应当保护相关合同的效力，促进交易的进行。从中也可以看出，在国家安全、善良风俗与社会公共秩序三个客体之间，前两者的把握标准显然是要高于后者。究其原因，每个公民都是社会公共秩序的维护者与参与者，同时也构成了社会秩序的一部分，难以分割。因此从司法角度来看，当事人的交易行为虽对社会秩序造成一定影响，但只要不是重大影响，一般不应认定合同无效，因为今天当事人的某个行为，可能就成为未来改变社会秩序的关键一步，法律不能强人所难，更不能将社会可能的进步因素直接扼杀在萌芽阶段，所以司法实务中对于“影响社会秩序”的评价应该慎之又慎。

【条文引申】

公序良俗制度由来已久，公序良俗是公共秩序和善良习俗的简称，属于不确定概念。民法学说一般采取类型化研究的方式，基于裁判实务中依据公序良俗裁判的典型案件，区别出若干违反公序良俗的行为类型。在我国司法实践中，将未达到法律、行政法规层次的行政规章或者国家政策转换为公共秩序，并作为裁判民事法律行为效力的依据。

在以往的司法实践中，公序良俗原则在合同法领域的运用主要体现在两个方面：一是诸如找关系解决就业、找关系打赢官司、调查婚外不正当关系等委托合同；二是基于婚外同居而产生的诸如赠与、买卖等合同，类型相对单一。[①]但根据此条司法解释可以看出，对于公序良俗的适用和突破正在不断加强，从德国、法国、日本等域外司法实践中可以得出一定结论，即对公序良俗判断的标准也从以“人伦”为主过渡到对交易公正的追求和对当事人利害关系的调整上。[②]

有观点认为，在我国语境下公序良俗制度应大致包含五个方面，一是国家的政治秩序和制度形态，包括宪法规定的各项政治制度和单一制的国家形式，二是各地社会善良风俗习惯，三是自然人人格以及法人、其他组织的声誉等权益的尊重，四是家庭美德与民族习惯，五是其他公序良俗。[③]

【审判实务】

一、合同违反涉及公序良俗的强制性规定的其他情形在司法实务中应如何认定与适用

公序良俗，称作民法的王牌原则，是民事法律关系的价值取向高峰，有学者认为，司法案例为公序良俗原则的研究提供了丰富的素材，但相关案例却显示出公序良俗原则在司法适用中的种种乱象，诸如有具体法律规范依据却向一般条款逃逸、仅作为增强法院判决说服力的工具、作为其他民法基本原则的替代、与无效行为和效力待定行为规范混同适用等。乱象之成因在于对其适用条件认识不清，对法律原则存在盲目崇拜心理，对民法各项基本原则之间界限的界定混乱，以及对法律行为效力制度的适用逻辑存在认知

① 参见蔡唱：《公序良俗在我国的司法适用研究》，载《中国法学》2016年第6期。

② 参见最高人民法院民法典贯彻实施工作领导小组主编：《中华人民共和国民法典总则编理解与适用》，人民法院出版社2020年版，第761~762页。

③ 参见中国审判理论研究会民事审判理论专业委员会编著：《民法典总则编条文理解与司法适用》，法律出版社2020年版，第293页。

性错误。[①]

公序良俗原则的适用应以存在法律漏洞或法律规定存在冲突为前提，在穷尽效力待定行为规范和无效行为规范而无法救济之后再予以适用。在本条司法解释中，应当优先适用其他明确的违反法律强制性规定的效力性规定的引用，在确定没有其他明文规定后，再选择适用公序良俗原则。

二、地方性法规、行政规章如何在司法实务中影响合同效力

现行司法解释删去了征求意见稿中原第19条关于违反地方性法规、行政规章的合同效力的规定，但地方性法规、行政规章的确是法律、行政法规甚至是司法解释的有益补充，司法适用中虽不能直接引用，但可以结合民法典中的重要原则使用，现行司法解释第17条就是对《民法典》第153条第2款的重要解读，是对公序良俗原则的有效适用。举例而言，《商标法》第10条第1款第8项规定，有害于社会主义道德风尚或者有其他不良影响的标志不得作为商标使用。而在国家知识产权总局2022年11月10日发布的《商标一般违法判断标准》理解与适用（三）中第10条作出如下规定："《商标法》第十条第一款第八项规定的有害于社会主义道德风尚，是指损害中国公众共同生活及其行为的准则、规范以及在一定时期内社会上流行的良好风气和习惯。"从中可以看出，《商标法》第10条第1款第8项"有害于社会主义道德风尚或者有其他不良影响"与《民法典》规定的"违背公序良俗"的内涵是一致的。公序良俗原则作为民法的一条基本原则，具有填补法律漏洞的功效，同时包含了裁判者自由裁量的因素而具有较大的灵活性，在民商事法律中被广泛使用。公序良俗原则包括公共秩序和善良风俗两方面，维护着国家利益和社会公德。对比来看，《商标法》中的"社会主义道德风尚"与"善良风俗"的含义基本一致。社会主义道德风尚，通常指与中国特色社会主义的经济、政治、文化状况相适应，一定时期社会上普遍流行的道德观念、善恶标准、道德行为模

---

① 参见李岩：《公序良俗原则的司法乱象与本相——兼论公序良俗原则适用的类型化》，载《法学》2015年第11期。

式和道德心理习惯等。有害于社会主义道德风尚即对此良好风气和习惯的损害。因此，若相关合同违背了国家知识产权总局这一份部门规章中的此条款，虽然其是部门规章，但因其系对于《商标法》适用的进一步规定，是对法律的进一步解读。违反法律、行政法规的强制性规定，无效的“法”限于法律、行政法规，违反规章原则上不影响合同效力。违反规章同时构成违背公序良俗，此时之所以认定合同无效，不是因为违反了规章，而是因为违背了公序良俗。但这并不意味着在考察某一合同是否违背公序良俗时，完全可以置规章于不顾。因为只有当一个合同违反了规章的强制性规定时，才会引发是否存在违背公序良俗的讨论问题。

三、公序良俗原则与诚实信用原则应如何准确适用

在司法实务中，对于公序良俗与诚实信用原则经常搭配出现使用。公序良俗原则中其实也暗含了要求民事法律主体诚实、守信、重诺的契约精神，在公序良俗原则与诚实信用原则的界分上，学界大致有“横向区分说”和“纵向区分说”两种理论[①]。也有学者认为，诚实信用原则作为民法中的“帝王原则”，不仅适用于财产关系领域，亦应对人身关系起到调整作用[②]。简言之，公序良俗原则与诚实信用原则都是民法中的重要原则，起到统领全篇和补充兜底的重要作用，甚至在《民法典》的编排中，也作为基本规定一前一后写入其中。那么这两个原则应如何区分适用呢？

从适用范围上即可区分公序良俗原则和诚实信用原则。公序良俗原则可适用于财产关系和人身关系的全部领域，诚实信用原则只适用于财产关系领域，且只适用于财产关系领域中的合同法领域。诚实信用原则在人身关系领域并无适用空间，且在财产关系领域中的物权领域和侵权领域也并无适用空间。在合同法领域，公序良俗原则是对合同行为内容的制约，诚实信用原则

① 参见于飞：《论诚实信用原则与公序良俗原则的区别适用》，载《法商研究》2005年第2期。

② 参见徐国栋：《民法基本原则解释》，北京大学出版社2013年版，第234~245页。

贯穿合同从订立到解除的整个过程，是对行为本身的制约[①]。

【关联指引】

《中华人民共和国刑法》（2023年12月29日）

第二百二十四条 有下列情形之一，以非法占有为目的，在签订、履行合同过程中，骗取对方当事人财物，数额较大的，处三年以下有期徒刑或者拘役，并处或者单处罚金；数额巨大或者有其他严重情节的，处三年以上十年以下有期徒刑，并处罚金；数额特别巨大或者有其他特别严重情节的，处十年以上有期徒刑或者无期徒刑，并处罚金或者没收财产：

（一）以虚构的单位或者冒用他人名义签订合同的；

（二）以伪造、变造、作废的票据或者其他虚假的产权证明作担保的；

（三）没有实际履行能力，以先履行小额合同或者部分履行合同的方法，诱骗对方当事人继续签订和履行合同的；

（四）收受对方当事人给付的货物、货款、预付款或者担保财产后逃匿的；

（五）以其他方法骗取对方当事人财物的。

《最高人民法院关于审理民间借贷案件适用法律若干问题的规定》（2020年12月29日）

第十三条 具有下列情形之一的，人民法院应当认定民间借贷合同无效：

（一）套取金融机构贷款转贷的；

（二）以向其他营利法人借贷、向本单位职工集资，或者以向公众非法吸收存款等方式取得的资金转贷的；

（三）未依法取得放贷资格的出借人，以营利为目的向社会不特定对象提供借款的；

（四）出借人事先知道或者应当知道借款人借款用于违法犯罪活动仍然提

---

① 参见李岩：《公序良俗原则的司法乱象与本相——兼论公序良俗原则适用的类型化》，载《法学》2015年第11期。

供借款的；

（五）违反法律、行政法规强制性规定的；

（六）违背公序良俗的。

《最高人民法院关于审理期货纠纷案件若干问题的规定》（2020年12月29日）

第十三条　有下列情形之一的，应当认定期货经纪合同无效：

（一）没有从事期货经纪业务的主体资格而从事期货经纪业务的；

（二）不具备从事期货交易主体资格的客户从事期货交易的；

（三）违反法律、行政法规的强制性规定的。

第十八条 【不适用《民法典》第153条第1款的情形】

《最高人民法院关于适用〈中华人民共和国民法典〉合同编通则若干问题的解释》	《中华人民共和国民法典》
第十八条 【不适用《民法典》第153条第1款的情形】法律、行政法规的规定虽然有“应当”“必须”或者“不得”等表述，但是该规定旨在限制或者赋予民事权利，行为人违反该规定将构成无权处分、无权代理、越权代表等，或者导致合同相对人、第三人因此获得撤销权、解除权等民事权利的，人民法院应当依据法律、行政法规规定的关于违反该规定的民事法律后果认定合同效力。	**第一百四十三条** 具备下列条件的民事法律行为有效： （一）行为人具有相应的民事行为能力； （二）意思表示真实； （三）不违反法律、行政法规的强制性规定，不违背公序良俗。 **第一百五十三条** 违反法律、行政法规的强制性规定的民事法律行为无效。但是，该强制性规定不导致该民事法律行为无效的除外。 违背公序良俗的民事法律行为无效。 **第一百七十一条** 行为人没有代理权、超越代理权或者代理权终止后，仍然实施代理行为，未经被代理人追认的，对被代理人不发生效力。 相对人可以催告被代理人自收到通知之日起三十日内予以追认。被代理人未作表示的，视为拒绝追认。行为人实施的行为被追认前，善意相对人有撤销的权利。撤销应当以通知的方式作出。 行为人实施的行为未被追认的，善意相对人有权请求行为人履行债务或者就其受到的损害请求行为人赔偿。但是，赔偿的范围不得超过被代理人追认时相对人所能获得的利益。 相对人知道或者应当知道行为人无权代理的，相对人和行为人按照各自的过错承担责任。

	第五百零四条 法人的法定代表人或者非法人组织的负责人超越权限订立的合同，除相对人知道或者应当知道其超越权限外，该代表行为有效，订立的合同对法人或者非法人组织发生效力。 **第五百九十七条** 因出卖人未取得处分权致使标的物所有权不能转移的，买受人可以解除合同并请求出卖人承担违约责任。 法律、行政法规禁止或者限制转让的标的物，依照其规定。

【条文释义】

本条司法解释是关于合同违反法律、行政法规的强制性规定是否必然导致合同按无效处理的具体解释。

法律虽作出了禁止性规定，但该规定旨在规范倡导相应民事行为的正确运行，若违反了相关运行规则要求，就赋予了不利法律后果。在司法实务执行中，应按照法律规定执行该不利后果，且该法律后果对于合同而言不一定使得合同无效，还可能合同依然有效，或者是变为可撤销合同。如一方当事人仅以合同违反强制性规定为由就要求一律认定合同无效，相当于阻却了法律明文规定的不利后果的适用，规避了不利后果的风险，侵害了因其行为而产生其他民事权利的合同相对人或者第三人的权利和利益，因此人民法院不予支持。

【条文引申】

关于此条司法解释中提到的几个不利后果的相关概念。

无权处分，是指没有处分权而处分他人财产，无权处分行为多见买卖交易关系中。出卖人为保证买卖合同的履行，应当对买卖标的物具有处分权。

当出卖人对买卖合同的标的物不具有处分权时，意味着买受人无法获得标的物的所有权，也就是不能实现合同的目的，根据《民法典》第563条和第566条的规定，买受人可以解除其与出卖人之间订立的买卖合同并要求出卖人承担违约责任[①]。

无权代理，是指代理人不具有代理权而实施的代理行为。无权代理具有一般代理行为的形式特征，但不具有代理行为的实质特征，因而不是真正意义的代理[②]。无权代理发生的法律后果根据被代理人是否追认，发生截然不同的后果。代理人为意思表示或受意思表示须在其代理权限之内，逾越代理权的范围时，成立无权代理。无权代理以对被代理人不发生法律效力为基本原则，但也有例外，即在被代理人追认的情况下，发生与有权代理相同的法律效果。

越权代表，是指法人的法定代表人或者非法人组织的负责人超越权限进行民事法律行为的情况。一般说来，法人的法定代表人或者其他组织的负责人本身就是法人或者其他组织的组成部分，法定代表人的行为或者其他组织负责人的行为就是法人或者其他组织的行为，因此，他们执行职务的行为所产生的法律后果都应当由法人或者其他组织承受。越权代表下，除相对人知道或者应当知道其超越权限外，该代表行为有效，订立的合同对法人或者非法人组织发生效力。

【审判实务】

一、如何理解《民法典》第153条中先后提到的两个“强制性规定”

《民法典》中有两处“强制性规定”的表述显然代表不同含义。且前后两

① 参见全国人大常委会法制工作委员会民法室等主编:《〈中华人民共和国民法典〉合同编学习读本》，中国民主法制出版社2021年版，第317~320页。

② 参见最高人民法院民法典贯彻实施工作领导小组主编:《中华人民共和国民法典总则编理解与适用》，人民法院出版社2020年版，第854页。

部分内容共同构成了“强制性规定”这一概念的完整外延。第一个“强制性规定”其性质上属于效力性规定，违反的后果是导致合同无效。效力性规定不仅包括公法上的强制性规定，也包括私法上的强制性规定。后一个“强制性规定”其性质上属于管理性规定，主要是指公法上的强制性规定，违反管理性规定，并不当然使合同无效，还可能出现有效、可撤销、效力待定等情形。但管理性规定不是指一切行政管理性质的强制性规定。二者的具体罗列，可参见《全国法院民商事审判工作会议纪要》第30条及《最高人民法院关于适用〈中华人民共和国民法典〉合同编通则若干问题的解释》第16条至第18条的有关规定。

【关联指引】

《最高人民法院关于适用〈中华人民共和国民法典〉有关担保制度的解释》（2020年12月31日）

第四十九条 以违法的建筑物抵押的，抵押合同无效，但是一审法庭辩论终结前已经办理合法手续的除外。抵押合同无效的法律后果，依照本解释第十七条的有关规定处理。

当事人以建设用地使用权依法设立抵押，抵押人以土地上存在违法的建筑物为由主张抵押合同无效的，人民法院不予支持。

《最高人民法院关于审理建设工程施工合同纠纷案件适用法律问题的解释（一）》（2020年12月29日）

第一条 建设工程施工合同具有下列情形之一的，应当依据民法典第一百五十三条第一款的规定，认定无效：

（一）承包人未取得建筑业企业资质或者超越资质等级的；

（二）没有资质的实际施工人借用有资质的建筑施工企业名义的；

（三）建设工程必须进行招标而未招标或者中标无效的。

承包人因转包、违法分包建设工程与他人签订的建设工程施工合同，应当依据民法典第一百五十三条第一款及第七百九十一条第二款、第三款的规定，认定无效。

《最高人民法院关于审理外商投资企业纠纷案件若干问题的规定（一）》（2020年12月29日）

第三条 人民法院在审理案件中，发现经外商投资企业审批机关批准的外商投资企业合同具有法律、行政法规规定的无效情形的，应当认定合同无效；该合同具有法律、行政法规规定的可撤销情形，当事人请求撤销的，人民法院应予支持。

《最高人民法院关于审理期货纠纷案件若干问题的规定》（2020年12月29日）

第十三条 有下列情形之一的，应当认定期货经纪合同无效：

（一）没有从事期货经纪业务的主体资格而从事期货经纪业务的；

（二）不具备从事期货交易主体资格的客户从事期货交易的；

（三）违反法律、行政法规的强制性规定的。

《最高人民法院关于审理民间借贷案件适用法律若干问题的规定》（2020年12月29日）

第十三条 具有下列情形之一的，人民法院应当认定民间借贷合同无效：

（一）套取金融机构贷款转贷的；

（二）以向其他营利法人借贷、向本单位职工集资，或者以向公众非法吸收存款等方式取得的资金转贷的；

（三）未依法取得放贷资格的出借人，以营利为目的向社会不特定对象提供借款的；

（四）出借人事先知道或者应当知道借款人借款用于违法犯罪活动仍然提供借款的；

（五）违反法律、行政法规强制性规定的；

（六）违背公序良俗的。

《最高人民法院关于当前形势下审理民商事合同纠纷案件若干问题的指导意见》（2009年7月7日）

15.正确理解、识别和适用合同法第五十二条第（五）项中的“违反法律、行政法规的强制性规定”，关系到民商事合同的效力维护以及市场交易的安全和稳定。人民法院应当注意根据《合同法解释（二）》第十四条之规定，注意区分效力性强制规定和管理性强制规定。违反效力性强制规定的，人民法院应当认定合同无效；违反管理性强制规定的，人民法院应当根据具体情形认定其效力。

《全国法院民商事审判工作会议纪要》（2019年11月8日）

30.【强制性规定的识别】合同法施行后，针对一些人民法院动辄以违反法律、行政法规的强制性规定为由认定合同无效，不当扩大无效合同范围的情形，合同法司法解释（二）第14条将《合同法》第52条第5项规定的“强制性规定”明确限于“效力性强制性规定”。此后，《最高人民法院关于当前形势下审理民商事合同纠纷案件若干问题的指导意见》进一步提出了“管理性强制性规定”的概念，指出违反管理性强制性规定的，人民法院应当根据具体情形认定合同效力。随着这一概念的提出，审判实践中又出现了另一种倾向，有的人民法院认为凡是行政管理性质的强制性规定都属于“管理性强制性规定”，不影响合同效力。这种望文生义的认定方法，应予纠正。

人民法院在审理合同纠纷案件时，要依据《民法总则》第153条第1款和合同法司法解释（二）第14条的规定慎重判断“强制性规定”的性质，特别是要在考量强制性规定所保护的法益类型、违法行为的法律后果以及交易安全保护等因素的基础上认定其性质，并在裁判文书中充分说明理由。下列强制性规定，应当认定为“效力性强制性规定”：强制性规定涉及金融安全、市场秩序、国家宏观政策等公序良俗的；交易标的禁止买卖的，如禁止人体器官、毒品、枪支等买卖；违反特许经营规定的，如场外配资合同；交易方式严重违法的，如违反招投标等竞争性缔约方式订立的合同；交易场所违法的，如在批准的交易场所之外进行期货交易。关于经营范围、交易时间、交易数量等行政管理性质的强制性规定，一般应当认定为“管理性强制性规定”。

42.【撤销权的行使】撤销权应当由当事人行使。当事人未请求撤销的，人民法院不应当依职权撤销合同。一方请求另一方履行合同，另一方以合同具有可撤销事由提出抗辩的，人民法院应当在审查合同是否具有可撤销事由以及是否超过法定期间等事实的基础上，对合同是否可撤销作出判断，不能仅以当事人未提起诉讼或者反诉为由不予审查或者不予支持。一方主张合同无效，依据的却是可撤销事由，此时人民法院应当全面审查合同是否具有无效事由以及当事人主张的可撤销事由。当事人关于合同无效的事由成立的，人民法院应当认定合同无效。当事人主张合同无效的理由不成立，而可撤销的事由成立的，因合同无效和可撤销的后果相同，人民法院也可以结合当事人的诉讼请求，直接判决撤销合同。

第十九条　【无权处分的合同效力】

《最高人民法院关于适用〈中华人民共和国民法典〉合同编通则若干问题的解释》	《中华人民共和国民法典》
第十九条　【无权处分的合同效力】 以转让或者设定财产权利为目的订立的合同，当事人或者真正权利人仅以让与人在订立合同时对标的物没有所有权或者处分权为由主张合同无效的，人民法院不予支持；因未取得真正权利人事后同意或者让与人事后未取得处分权导致合同不能履行，受让人主张解除合同并请求让与人承担违反合同的赔偿责任的，人民法院依法予以支持。 前款规定的合同被认定有效，且让与人已经将财产交付或者移转登记至受让人，真正权利人请求认定财产权利未发生变动或者请求返还财产的，人民法院应予支持。但是，受让人依据民法典第三百一十一条等规定善意取得财产权利的除外。	**第三百一十一条**　无处分权人将不动产或者动产转让给受让人的，所有权人有权追回；除法律另有规定外，符合下列情形的，受让人取得该不动产或者动产的所有权： （一）受让人受让该不动产或者动产时是善意； （二）以合理的价格转让； （三）转让的不动产或者动产依照法律规定应当登记的已经登记，不需要登记的已经交付给受让人。 受让人依据前款规定取得不动产或者动产的所有权的，原所有权人有权向无处分权人请求损害赔偿。 当事人善意取得其他物权的，参照适用前两款规定。 **第五百九十七条**　因出卖人未取得处分权致使标的物所有权不能转移的，买受人可以解除合同并请求出卖人承担违约责任。 法律、行政法规禁止或者限制转让的标的物，依照其规定。 **第六百四十六条**　法律对其他有偿合同有规定的，依照其规定；没有规定的，参照适用买卖合同的有关规定。

【条文释义】

本条司法解释是关于无权处分合同的效力规定。

本条司法解释共分为两款。第1款规定了无权处分合同为有效合同，合同本身是成立并有效的。依据民法理论，法律上的处分包括负担行为和处分行为。出卖他人之物的合同属于负担行为，该合同之效力，不以处分人对标的物享有所有权或处分权为要件，也不当然地受双方主观上是否善意之影响，该处分合同是确定有效的①。至于合同有效产生保护善意相对人与物权人的问题，在之后条款中给出了答案。第1款同时规定了该无权处分合同的履行问题，也正好衔接《民法典》第597条之规定，由于该合同系无权处分合同，除非处分人从无权处分变为有权处分，否则合同相对方请求继续履行合同就缺乏了请求权基础，合同继续履行的基础是转让人拥有处分权利，可以实现合同的目的即变动物权。但在无权处分的大背景下，转让人显然不具有此等权利，因此该合同无法继续履行。相对人可以主张解除合同并要求转让人承担违约责任，或者因合同目的不能实现也可直接主张转让人承担涉案合同的违约责任②。

本条第2款规定了善意取得的问题。无权处分合同虽然有效，但其实际履行并不能成就，一般情况下，物权人可以要求返还原物，恢复原状，使自己对物的物权恢复到无权处分合同订立生效履行之前的状态。但此种请求权不能对抗善意第三人。若善意第三人已经完成物权变动的法定条件，那么涉案的物已经发生了物权变动，相关权属转移，原物权人有权向无处分权人请求损害赔偿，而不能向善意第三人再次主张权利。

需要注意的是，司法实践中不能援引此解释直接认定用益物权、担保物权的无权处分问题。

【条文引申】

无权处分与善意取得历来是物权法上的重要概念，善意取得的构成能够对抗无权处分的认定，产生物权变动的实际后果。因此到底是第三人善意，还是第三人与转让人恶意串通损害物权人利益，是司法实务中需要重点证明

---

① 参见韩世远：《无权处分与合同效力》，载《人民法院报》1999年11月23日。

② 参见黄薇主编：《中华人民共和国民法典合同编解读》，中国法制出版社2020年版，第495页。

的关键问题。《合同法》第51条规定，无处分权的人处分他人财产，经权利人追认或者无处分权的人订立合同后取得处分权的，该合同有效。在标的物为动产且已交付于相对人之情形，若相对人为善意，则即使权利人没有追认或者处分人嗣后未能取得处分权，相对人也可以根据善意取得制度而取得标的物的所有权。在标的物为不动产且已经变更物权登记的场合，在相对人善意的情形下，即便处分人没有处分权，鉴于不动产登记的公信效力，相对人也可以取得标的物的所有权[①]。由此引发一个问题，原《合同法》第51条中的处分，究竟是处分行为还是包含负担行为？

负担行为，是指“直接发生财产权移转或消灭效果的行为”，处分行为，是指“发生债法上给付义务效果的财产行为”。负担行为表现为债权行为，而处分行为表现为物权行为和准物权行为[②]。无权处分中的“处分”应当是处分行为，而不包括负担行为。司法实务中，司法解释规定“出卖人就同一标的物订立多重买卖合同，合同均不具有《合同法》第52条规定的无效情形，买受人因不能按照合同约定取得标的物所有权，请求追究出卖人违约责任的，人民法院应予支持”。[③]由于违约责任是以存在有效合同为前提，该条规定实际上已经承认出卖他人之物的合同有效性，亦即承认了买卖等合同的效力不受处分权有无之影响。

【审判实务】

一、本条司法解释可适用于《民法典》关于买卖合同的条文规定，那么可否适用于处分他人债权或者赠与他人财产以及无权出资等情形

《民法典》第646条规定，法律对其他有偿合同有规定的，依照其规定；没有规定的，参照适用买卖合同的有关规定。因此其他情形可以适用《民法

① 参见王闯：《试论出卖他人之物与无权处分——兼释合同法第132条与第51条之间的关系》，载《人民司法》2000年第11期。

② 参见张俊浩主编：《民法学原理》，中国政法大学出版社1997年版，第215~216页。

③ 原《最高人民法院关于适用〈中华人民共和国合同法〉若干问题的解释（二）》第15条之规定，现已被废止。

典》第597条关于无权处分的规定。根据本条司法解释对征求意见稿的变更，用益物权、担保物权问题不适用本解释。

二、如何理解本条司法解释第2款规定的无权处分订立的合同被认定有效的前提

本条司法解释规定了无权处分合同有效，但此处的有效意为无权处分合同本身不违反法律、行政法规的强制性规定，不违背公序良俗，合同转移物符合法律的准许性规定，只是因为处分权有瑕疵才引发合同效力的讨论，也即放在合同原本应当正常有效的大前提下去讨论的，若合同本身因违反法律、行政法规的强制性规定而宣告无效，那么依照《民法典》第597条第2款的规定，法律、行政法规禁止或者限制转让的标的物，依照其规定。那么该合同本身就因违法而无效，自然不发生物权变动的法律效力。同样地，依据《最高人民法院关于适用〈中华人民共和国民法典〉物权编的解释（一）》第20条的规定，转让合同本身无效的，受让人不能以善意取得为由进行抗辩，该物权变动本身就是无效的。因此无法再适用本司法解释的规定，直接认定该合同无效即可，不再讨论物权变动问题。无效合同自始无效，相关物权状态自然必须回归到合同订立之前的状态。

【关联指引】

《最高人民法院关于适用〈中华人民共和国民法典〉有关担保制度的解释》(2020年12月31日)

第三十七条 当事人以所有权、使用权不明或者有争议的财产抵押，经审查构成无权处分的，人民法院应当依照民法典第三百一十一条的规定处理。

当事人以依法被查封或者扣押的财产抵押，抵押权人请求行使抵押权，经审查查封或者扣押措施已经解除的，人民法院应予支持。抵押人以抵押权设立时财产被查封或者扣押为由主张抵押合同无效的，人民法院不予支持。

以依法被监管的财产抵押的，适用前款规定。

第四十三条 当事人约定禁止或者限制转让抵押财产但是未将约定登记，抵押人违反约定转让抵押财产，抵押权人请求确认转让合同无效的，人民法院不予支持；抵押财产已经交付或者登记，抵押权人请求确认转让不发生物权效力的，人民法院不予支持，但是抵押权人有证据证明受让人知道的除外；抵押权人请求抵押人承担违约责任的，人民法院依法予以支持。

当事人约定禁止或者限制转让抵押财产且已经将约定登记，抵押人违反约定转让抵押财产，抵押权人请求确认转让合同无效的，人民法院不予支持；抵押财产已经交付或者登记，抵押权人主张转让不发生物权效力的，人民法院应予支持，但是因受让人代替债务人清偿债务导致抵押权消灭的除外。

《最高人民法院关于适用〈中华人民共和国民法典〉物权编的解释（一）》（2020年12月29日）

第十四条 受让人受让不动产或者动产时，不知道转让人无处分权，且无重大过失的，应当认定受让人为善意。

真实权利人主张受让人不构成善意的，应当承担举证证明责任。

第十五条 具有下列情形之一的，应当认定不动产受让人知道转让人无处分权：

（一）登记簿上存在有效的异议登记；

（二）预告登记有效期内，未经预告登记的权利人同意；

（三）登记簿上已经记载司法机关或者行政机关依法裁定、决定查封或者以其他形式限制不动产权利的有关事项；

（四）受让人知道登记簿上记载的权利主体错误；

（五）受让人知道他人已经依法享有不动产物权。

真实权利人有证据证明不动产受让人应当知道转让人无处分权的，应当认定受让人具有重大过失。

第二十条 具有下列情形之一，受让人主张依据民法典第三百一十一条规定取得所有权的，不予支持：

（一）转让合同被认定无效；

（二）转让合同被撤销。

第二十条 【越权代表的合同效力】

《最高人民法院关于适用〈中华人民共和国民法典〉合同编通则若干问题的解释》	《中华人民共和国民法典》
第二十条 【越权代表的合同效力】 法律、行政法规为限制法人的法定代表人或者非法人组织的负责人的代表权，规定合同所涉事项应当由法人、非法人组织的权力机构或者决策机构决议，或者应当由法人、非法人组织的执行机构决定，法定代表人、负责人未取得授权而以法人、非法人组织的名义订立合同，未尽到合理审查义务的相对人主张该合同对法人、非法人组织发生效力并由其承担违约责任的，人民法院不予支持，但是法人、非法人组织有过错的，可以参照民法典第一百五十七条的规定判决其承担相应的赔偿责任。相对人已尽到合理审查义务，构成表见代表的，人民法院应当依据民法典第五百零四条的规定处理。 合同所涉事项未超越法律、行政法规规定的法定代表人或者负责人的代表权限，但是超越法人、非法人组织的章程或者权力机构等对代表权的限制，相对人主张该合同对法人、非法人组织发生效力并由其承担违约责任的，人民法院依法予以支持。但是，法人、非法人组织举证证明相对人知道或者应当知道该限制的除外。 法人、非法人组织承担民事责任后，向有过错的法定代表人、负责人追偿因越权代表行为造成的损失的，人民法院依法予以支持。法律、司法解释对法定代表人、负责人的民事责任另有规定的，依照其规定。	**第六十一条** 依照法律或者法人章程的规定，代表法人从事民事活动的负责人，为法人的法定代表人。 法定代表人以法人名义从事的民事活动，其法律后果由法人承受。 法人章程或者法人权力机构对法定代表人代表权的限制，不得对抗善意相对人。 **第六十二条** 法定代表人因执行职务造成他人损害的，由法人承担民事责任。 法人承担民事责任后，依照法律或者法人章程的规定，可以向有过错的法定代表人追偿。 **第一百零八条** 非法人组织除适用本章规定外，参照适用本编第三章第一节的有关规定。 **第五百零四条** 法人的法定代表人或者非法人组织的负责人超越权限订立的合同，除相对人知道或者应当知道其超越权限外，该代表行为有效，订立的合同对法人或者非法人组织发生效力。

【条文释义】

本条司法解释规定的是越权代表的合同效力及越权代表后涉及造成损失的追偿问题。

本条司法解释共分为三款。第1款规定了越权代表签订合同的效力，越权代表合同原则上应为有效，越权代表是否构成表见代理关键是看相对人是否善意。若是法律、行政法规明确规定某类事项必须由法人、非法人组织的权力机构或者决策机构决议，或者应当由法人、非法人组织的执行机构决定，意味着法人的法定代表人或者非法人组织的法定负责人不能订立相关合同，如订立合同实际上违反了法律、行政法规的强制性规定。法律、行政法规的出台，推定社会公众都应了解、知悉，故相对人理应知道此类合同的订立中，作出决策的主体不能是法人的法定代表人或者非法人组织的负责人。相对人仍订立合同的，视为其明知或应知，不能构成善意，该越权代表订立的合同不能对法人、非法人组织产生法律上的约束力。但相对人能证明其已尽到合理审查义务，而法人的法定代表人或者非法人组织的负责人钻了法律漏洞或者以合法形式掩盖非法目的，通过了相对人的合理审查义务程序的，视为本条司法解释本款规定的但书规定，相对人可以证明自身善意，该越权代表合同就应对法人或非法人组织产生效力。需要注意的是，从本条司法解释“法人、非法人组织有过错的，可以参照民法典第一百五十七条的规定判决其承担相应的赔偿责任”的内容可以看出，司法解释旨在加大对相对人的保护力度。

第2款则规定了法人、非法人组织章程或其他内部规定的法律效力以及能否对抗合同相对人的问题。同第1款规定背后的立法逻辑相同，越权代表合同的效力还是要看合同相对人是否善意。法人、非法人组织的内部文件规定对其内部组织运转具有效力，但一般不得对抗第三人，除非其能有证据证明相对人明知法人的法定代表人或者非法人组织的负责人因内部规定不具有签订某类合同的权限，仍故意缔约，即证明相对人并非善意，从而阻却越权代表订立合同的法律约束力的限制。

第3款则规定了责任追偿规则。该条款遵从《民法典》第62条的有关规定，即法人的法定代表人或者非法人组织的负责人越权代表签订的合同对法人或非法人组织发生效力后，造成损失的，法人或非法人组织有权利向法人的法定代表人或者非法人组织的负责人进行追偿。生效法律文书已经确定合同发生效力且法人或非法人组织是实际的合同履行主体，其财产不足以履行合同或者赔偿损失的，因《公司法》《合伙企业法》等法律关于法人和非法人组织的财产归属和责任承担的有关规定，以其现有资产无法履行合同内容及相关责任的，若法人、非法人组织不起诉有过错的法定代表人、负责人要求赔偿，视为法人、非法人组织及其背后的实际控制人想要以牺牲法人、非法人组织全部财产来保全有过错的法定代表人、负责人的财产权益。为保障合同相对人的权益，需要“刺破公司的面纱”，以类似于“公司人格否认制度”，赋予其可以起诉有过错的法定代表人、负责人直接承担责任的权利，以其个人财产来赔偿合同相对人的损失。

本条司法解释选择用概括性语言阐明责任追究规定，与其他部门法并不冲突，是立法技术上的进步，避免直接在此部司法解释中详细阐述责任承担的具体形式，也便于更好适配其他法律。

【条文引申】

本条司法解释的核心问题是越权代表中如何区分“越权”中的权利本体范围，以及“越”权如何具体理解。法人和非法人组织虽然具有缔约能力，但受其自然属性的限制，法人和非法人组织缔约能力的行使必须假借自然人的代表，由此便引发了一个问题：代表法人和非法人组织所订立的合同其效力应当如何归属①。法定代表人以法人名义对外所实施法律行为的效力应当归属于法人。除非相对人知道或应当知道法定代表人或负责人超越代理权限，

① 参见朱广新：《法定代表人的越权代表行为》，载《中外法学》2012年第3期。

否则，法定代表人或负责人超越权限而与相对人订立的合同，均为有效。

对法定代表人、负责人的代表权的限制有两种情形：一是意定限制，包括公司章程对代表权事先所作的一般性限制，以及股东会、股东大会等公司权力机构对代表权所作的个别限制。二是法定限制，即法律对代表权所作的限制。根据《公司法》第15条第1款和第2款、第59条、第112条的规定，涉及公司向其他企业投资或者为他人提供担保，公司为其股东或者实际控制人提供担保，公司增减资本，发行债券，分立、合并、解散、清算或变更公司形式等事项，应当由股东（大）会决议。这些条款均属于法律对代表权所作的限制，区别于意定限制。根据《民法典》第61条第3款有关“法人章程或者法人权力机构对法定代表人代表权的限制，不得对抗善意相对人”的规定，意定限制仅具有内部效力，不得对抗善意相对人。①

【审判实务】

如何在越权代表订立合同中确认合同相对人是否善意。

所谓善意，是指债权人不知道或者不应当知道法定代表人超越权限订立担保合同。2019年最高人民法院出台《全国法院民商事审判工作会议纪要》，对越权代表的认定和责任承担进行了详细规定。

判断合同相对人是否善意的关键在于举证质证的证明责任分配问题。对于合同相对人而言，其需要证明自己已经履行了形式审查的必要义务，已经审查了公司章程或其他文件，即可证明自己尽到了相关审慎义务，对于法人或非法人组织的内部文件不知情也不应当知情，自己系善意。对于法人或者非法人组织，想要证明合同相对人不是善意，就要证明其明知或者应知法人或非法人组织关于法定代表人或负责人代表权限的内部规定，从而证明其并非善意。

---

① 参见最高人民法院民法典贯彻实施工作领导小组主编:《中华人民共和国民法典合同编理解与适用》，人民法院出版社2020年版，第313~316页。原文中对于《公司法》所引条文序号根据2023年修订后的新法有变动，笔者引用时已进行核对、修改。该法自2024年7月1日起施行。

【关联指引】

《中华人民共和国公司法》（2023年12月29日）

第十五条 公司向其他企业投资或者为他人提供担保，按照公司章程的规定，由董事会或者股东会决议；公司章程对投资或者担保的总额及单项投资或者担保的数额有限额规定的，不得超过规定的限额。

公司为公司股东或者实际控制人提供担保的，应当经股东会决议。

前款规定的股东或者受前款规定的实际控制人支配的股东，不得参加前款规定事项的表决。该项表决由出席会议的其他股东所持表决权的过半数通过。

第五十三条 公司成立后，股东不得抽逃出资。

违反前款规定的，股东应当返还抽逃的出资；给公司造成损失的，负有责任的董事、监事、高级管理人员应当与该股东承担连带赔偿责任。

第五十九条 股东会行使下列职权：

（一）选举和更换董事、监事，决定有关董事、监事的报酬事项；

（二）审议批准董事会的报告；

（三）审议批准监事会的报告；

（四）审议批准公司的利润分配方案和弥补亏损方案；

（五）对公司增加或者减少注册资本作出决议；

（六）对发行公司债券作出决议；

（七）对公司合并、分立、解散、清算或者变更公司形式作出决议；

（八）修改公司章程；

（九）公司章程规定的其他职权。

股东会可以授权董事会对发行公司债券作出决议。

对本条第一款所列事项股东以书面形式一致表示同意的，可以不召开股东会会议，直接作出决定，并由全体股东在决定文件上签名或者盖章。

第一百一十二条 本法第五十九条第一款、第二款关于有限责任公司股东会职权的规定，适用于股份有限公司股东会。

本法第六十条关于只有一个股东的有限责任公司不设股东会的规定，适用于只有一个股东的股份有限公司。

第一百八十一条 董事、监事、高级管理人员不得有下列行为：

（一）侵占公司财产、挪用公司资金；

（二）将公司资金以其个人名义或者以其他个人名义开立账户存储；

（三）利用职权贿赂或者收受其他非法收入；

（四）接受他人与公司交易的佣金归为己有；

（五）擅自披露公司秘密；

（六）违反对公司忠实义务的其他行为。

《最高人民法院关于适用〈中华人民共和国民法典〉有关担保制度的解释》（2020年12月31日）

第七条 公司的法定代表人违反公司法关于公司对外担保决议程序的规定，超越权限代表公司与相对人订立担保合同，人民法院应当依照民法典第六十一条和第五百零四条等规定处理：

（一）相对人善意的，担保合同对公司发生效力；相对人请求公司承担担保责任的，人民法院应予支持。

（二）相对人非善意的，担保合同对公司不发生效力；相对人请求公司承担赔偿责任的，参照适用本解释第十七条的有关规定。

法定代表人超越权限提供担保造成公司损失，公司请求法定代表人承担赔偿责任的，人民法院应予支持。

第一款所称善意，是指相对人在订立担保合同时不知道且不应当知道法定代表人超越权限。相对人有证据证明已对公司决议进行了合理审查，人民法院应当认定其构成善意，但是公司有证据证明相对人知道或者应当知道决议系伪造、变造的除外。

第九条 相对人根据上市公司公开披露的关于担保事项已经董事会或者股东大会决议通过的信息，与上市公司订立担保合同，相对人主张担保合同对上市公司发生效力，并由上市公司承担担保责任的，人民法院应予支持。

相对人未根据上市公司公开披露的关于担保事项已经董事会或者股东大

会决议通过的信息，与上市公司订立担保合同，上市公司主张担保合同对其不发生效力，且不承担担保责任或者赔偿责任的，人民法院应予支持。

相对人与上市公司已公开披露的控股子公司订立的担保合同，或者相对人与股票在国务院批准的其他全国性证券交易场所交易的公司订立的担保合同，适用前两款规定。

《全国法院民商事审判工作会议纪要》（2019年11月8日）①

17.【违反《公司法》第16条构成越权代表】为防止法定代表人随意代表公司为他人提供担保给公司造成损失，损害中小股东利益，《公司法》第16条对法定代表人的代表权进行了限制。根据该条规定，担保行为不是法定代表人所能单独决定的事项，而必须以公司股东（大）会、董事会等公司机关的决议作为授权的基础和来源。法定代表人未经授权擅自为他人提供担保的，构成越权代表，人民法院应当根据《合同法》第50条关于法定代表人越权代表的规定，区分订立合同时债权人是否善意分别认定合同效力：债权人善意的，合同有效；反之，合同无效。

18.【善意的认定】前条所称的善意，是指债权人不知道或者不应当知道法定代表人超越权限订立担保合同。《公司法》第16条对关联担保和非关联担保的决议机关作出了区别规定，相应地，在善意的判断标准上也应当有所区别。一种情形是，为公司股东或者实际控制人提供关联担保，《公司法》第16条明确规定必须由股东（大）会决议，未经股东（大）会决议，构成越权代表。在此情况下，债权人主张担保合同有效，应当提供证据证明其在订立合同时对股东（大）会决议进行了审查，决议的表决程序符合《公司法》第16条的规定，即在排除被担保股东表决权的情况下，该项表决由出席会议的其他股东所持表决权的过半数通过，签字人员也符合公司章程的规定。另一种情形是，公司为公司股东或者实际控制人以外的人提供非关联担保，根据《公司法》第16条的规定，此时由公司章程规定是由董事会决议还是股东（大）会决议。无论章程是否对决议机关作出规定，也无论章程规定决议机关为董事会还是股东（大）

① 本规定所涉《公司法》为2018年版，分别对应2023年《公司法》第15条和第189条。

会，根据《民法总则》第61条第3款关于“法人章程或者法人权力机构对法定代表人代表权的限制，不得对抗善意相对人”的规定，只要债权人能够证明其在订立担保合同时对董事会决议或者股东（大）会决议进行了审查，同意决议的人数及签字人员符合公司章程的规定，就应当认定其构成善意，但公司能够证明债权人明知公司章程对决议机关有明确规定的除外。

债权人对公司机关决议内容的审查一般限于形式审查，只要求尽到必要的注意义务即可，标准不宜太过严苛。公司以机关决议系法定代表人伪造或者变造、决议程序违法、签章（名）不实、担保金额超过法定限额等事由抗辩债权人非善意的，人民法院一般不予支持。但是，公司有证据证明债权人明知决议系伪造或者变造的除外。

19.【无须机关决议的例外情况】存在下列情形的，即便债权人知道或者应当知道没有公司机关决议，也应当认定担保合同符合公司的真实意思表示，合同有效：

（1）公司是以为他人提供担保为主营业务的担保公司，或者是开展保函业务的银行或者非银行金融机构；

（2）公司为其直接或者间接控制的公司开展经营活动向债权人提供担保；

（3）公司与主债务人之间存在相互担保等商业合作关系；

（4）担保合同系由单独或者共同持有公司三分之二以上有表决权的股东签字同意。

20.【越权担保的民事责任】依据前述3条规定，担保合同有效，债权人请求公司承担担保责任的，人民法院依法予以支持；担保合同无效，债权人请求公司承担担保责任的，人民法院不予支持，但可以按照担保法及有关司法解释关于担保无效的规定处理。公司举证证明债权人明知法定代表人超越权限或者机关决议系伪造或者变造，债权人请求公司承担合同无效后的民事责任的，人民法院不予支持。

21.【权利救济】法定代表人的越权担保行为给公司造成损失，公司请求法定代表人承担赔偿责任的，人民法院依法予以支持。公司没有提起诉讼，股东依据《公司法》第151条的规定请求法定代表人承担赔偿责任的，人民法院依法予以支持。

第二十一条 【职务代理与合同效力】

《最高人民法院关于适用〈中华人民共和国民法典〉合同编通则若干问题的解释》	《中华人民共和国民法典》
第二十一条 【职务代理与合同效力】法人、非法人组织的工作人员就超越其职权范围的事项以法人、非法人组织的名义订立合同，相对人主张该合同对法人、非法人组织发生效力并由其承担违约责任的，人民法院不予支持。但是，法人、非法人组织有过错的，人民法院可以参照民法典第一百五十七条的规定判决其承担相应的赔偿责任。前述情形，构成表见代理的，人民法院应当依据民法典第一百七十二条的规定处理。 合同所涉事项有下列情形之一的，人民法院应当认定法人、非法人组织的工作人员在订立合同时超越其职权范围： （一）依法应当由法人、非法人组织的权力机构或者决策机构决议的事项； （二）依法应当由法人、非法人组织的执行机构决定的事项； （三）依法应当由法定代表人、负责人代表法人、非法人组织实施的事项； （四）不属于通常情形下依其职权可以处理的事项。 合同所涉事项未超越依据前款确定的职权范围，但是超越法人、非法人组织对工作人员职权范围的限制，相对人主张该合同对法人、非法人组织发生效力并由其承担违约责任的，人民法院应予支持。但是，法人、非法人组织举证证明相对人知道或者应当知道该限制的除外。	**第八十条** 营利法人应当设权力机构。 权力机构行使修改法人章程，选举或者更换执行机构、监督机构成员，以及法人章程规定的其他职权。 **第八十一条** 营利法人应当设执行机构。 执行机构行使召集权力机构会议，决定法人的经营计划和投资方案，决定法人内部管理机构的设置，以及法人章程规定的其他职权。 执行机构为董事会或者执行董事的，董事长、执行董事或者经理按照法人章程的规定担任法定代表人；未设董事会或者执行董事的，法人章程规定的主要负责人为其执行机构和法定代表人。 **第八十五条** 营利法人的权力机构、执行机构作出决议的会议召集程序、表决方式违反法律、行政法规、法人章程，或者决议内容违反法人章程的，营利法人的出资人可以请求人民法院撤销该决议。但是，营利法人依据该决议与善意相对人形成的民事法律关系不受影响。 **第八十九条** 事业单位法人设理事会的，除法律另有规定外，理事会为其决策机构。事业单位法人的法定代表人依照法律、行政法规或者法人章程的规定产生。 **第九十一条** 设立社会团体法人应当依法制定法人章程。

法人、非法人组织承担民事责任后，向故意或者有重大过失的工作人员追偿的，人民法院依法予以支持。	社会团体法人应当设会员大会或者会员代表大会等权力机构。 社会团体法人应当设理事会等执行机构。理事长或者会长等负责人按照法人章程的规定担任法定代表人。 **第九十三条** 设立捐助法人应当依法制定法人章程。 捐助法人应当设理事会、民主管理组织等决策机构，并设执行机构。理事长等负责人按照法人章程的规定担任法定代表人。 捐助法人应当设监事会等监督机构。 **第九十五条** 为公益目的成立的非营利法人终止时，不得向出资人、设立人或者会员分配剩余财产。剩余财产应当按照法人章程的规定或者权力机构的决议用于公益目的；无法按照法人章程的规定或者权力机构的决议处理的，由主管机关主持转给宗旨相同或者相近的法人，并向社会公告。 **第一百七十一条** 行为人没有代理权、超越代理权或者代理权终止后，仍然实施代理行为，未经被代理人追认的，对被代理人不发生效力。 相对人可以催告被代理人自收到通知之日起三十日内予以追认。被代理人未作表示的，视为拒绝追认。行为人实施的行为被追认前，善意相对人有撤销的权利。撤销应当以通知的方式作出。 行为人实施的行为未被追认的，善意相对人有权请求行为人履行债务或者就其受到的损害请求行为人赔偿。但是，赔偿的范围不得超过被代理人追认时相对人所能获得的利益。 相对人知道或者应当知道行为人无权代理的，相对人和行为人按照各自的过错承担责任。

	第一百七十二条 行为人没有代理权、超越代理权或者代理权终止后，仍然实施代理行为，相对人有理由相信行为人有代理权的，代理行为有效。 **第五百零三条** 无权代理人以被代理人的名义订立合同，被代理人已经开始履行合同义务或者接受相对人履行的，视为对合同的追认。

【条文释义】

本条司法解释是关于职务代理超越权限产生纠纷的合同效力问题。

本条司法解释共分为四款。第1款规定了职务代理中超越代理权限订立的合同效力问题，根据合同相对性的原则，缔约主体为代理人和相对人，与被代理人无关，不应产生约束被代理人的法律效力，这与《民法典》第171条第1款的规定有异曲同工之妙。代理人超越代理权限所为的民事法律行为，未经被代理人追认的，对被代理人不发生效力。需要注意的是，此条司法解释的表述为“相对人主张该合同对法人、非法人组织发生效力并由其承担违约责任的，人民法院不予支持”。随后补充说明了责任承担问题，即如果法人、非法人组织存在过错的，人民法院可以依照过错原则要求其对相对人承担责任，此外才是表见代理的问题，构成表见代理的，按照表见代理的规定进行处理。从中可以看出，司法解释更强调的是对于相对人的损失赔偿，避免法人、非法人组织滥用相关制度为自己谋取不正当利益。但是，《民法典》第172条紧跟着作出了关于表见代理的规定，代理人超越代理权限所为的民事法律行为，相对人有理由相信行为人有代理权的，代理行为有效。

第2款规定了四种人民法院可以认定代理人超越代理权限的情形：分别包含依法应当由法人、非法人组织的权力机构或者决策机构决议的事项；依法应当由法人、非法人组织的执行机构决定的事项；依法应当由法定代表人负责代表法人、非法人组织实施的事项；以及不属于通常情形下依其职权可以处理的事项。

第3款则规定了被代理人内部规定能否对抗合同相对人的问题。除第2款规定的四种法定情形外，若被代理人内部有规定限制代理人的权限，除非被代理人能够证明合同相对人知道或者应当知道该限制规定，也即能证明代理人与合同相对人系恶意串通损害被代理人利益，否则被代理人依然要受到合同的法律约束。

第4款则规定了被代理人承担合同的法律后果之后，可以追究代理人的相关责任，可以追偿相关损失。需要注意的是，本条表述为“承担民事责任”，其实际上也是对法人、非法人组织追究其工作人员的权利范围的扩大，从立法意义上也是为了规范其工作人员尽量不要发生表见代理及其他过错行为。

【条文引申】

本条司法解释可追溯至《民法通则》第66条第1款及《合同法》第48条之规定：行为人没有代理权、超越代理权或者代理权终止后以被代理人名义订立的合同，未经被代理人追认，对被代理人不发生效力，由行为人承担责任。相对人可以催告被代理人在一个月内予以追认。被代理人未作表示的，视为拒绝追认。合同被追认之前，善意相对人有撤销的权利。撤销应当以通知的方式作出。《民法总则》在此基础上，总结理论研究成果和实务经验并借鉴域外先进做法，对无权代理及其法律后果作了规定，《民法典》总则编对此予以了沿用。[①]

一、关于无权代理

以有无代理权为标准可以将代理分为有权代理与无权代理。无权代理，

---

① 参见最高人民法院民法典贯彻实施工作领导小组主编：《中华人民共和国民法典总则编理解与适用》，人民法院出版社2020年版，第853页。

是指代理人不具有代理权而实施的代理行为。无权代理具有一般代理行为的形式特征，但不具有代理行为的实质特征，因而不是真正意义的代理。

所谓无权代理的特征如下：

一是行为人实施的法律行为符合代理行为的形式特征，而非实质特征。形式特征，即代理人以被代理人的名义作出意思表示，但代理行为的法律后果因为无权代理而不能直接归属于被代理人，需要等待追认。

二是行为人对所实施的代理行为不具有代理权，此处的不具有代理权可能是自始就未被授权，也可能是超越代理权或者代理权终止后，仍然实施代理行为造成的无权代理。

无权代理发生的法律后果根据被代理人是否追认，发生截然不同的后果。代理人为意思表示或受意思表示须在其代理权限之内，逾越代理权的范围时，成立无权代理。又代理权须于代理人所为意思表示生效时存在，否则不产生代理的效力[①]。对于没有代理权、超越代理权或者代理权终止后的代理行为，经过被代理人追认，该代理行为的法律后果由被代理人承担。即经过追认，无权代理变为有权代理，此时的代理法律后果与有权代理完全相同。若被代理人拒绝追认，善意相对人有权请求行为人履行债务或者就其受到的损害请求行为人赔偿，但注意该赔偿中，履行债务或赔偿损失应当采用“填平”原则，即不能使受损失的一方当事人双重获益[②]。

二、关于表见代理

表见代理本属于无权代理，“但因本人与无权代理人之间的关系，具有授予代理权的外观致相对人信无权代理人有权而与其为法律行为，法律使发生与有权代理同样的法律效果”[③]。广义的无权代理，是指包含表见代理在内的所有没有代理权限的代理行为，狭义的无权代理则指排除表见代理后的其他无

---

① 参见王泽鉴：《民法总则》，中国政法大学出版社2001年版，第449页。

② 参见最高人民法院民法典贯彻实施工作领导小组主编：《中华人民共和国民法典总则编理解与适用》，人民法院出版社2020年版，第859页。

③ 参见梁慧星：《民法总论》，法律出版社2011年版，第237页。

权代理行为。

表见代理制度设立的初衷是维护交易安全，推进交易进行，同时保护善意第三人的合法权益。从权利与义务的角度来看，表见代理使个人权利的静态安全与社会交易的动态安全得到合理的协调，使得有限社会资源得到更加合理的配置，在交易上有必要通过牺牲个人权利的静态安全，来保护财产交易的动态安全，从而在政策导向上促进市场经济的发展，维护安全的市场交易秩序①。

表见代理的法律后果分为两部分，一是因为相对人有理由相信代理人是有代理权限的，其与代理人签订合同的行为本质上是想与代理人所代表的被代理人缔约合同，故在相对人善意的前提下，所缔结合同生效，同时对被代理人产生法律上的约束力。二是被代理人可以就自身损失向无权代理人主张损害赔偿责任。

【审判实务】

司法实务中应当允许合同相对人选择适用表见代理制度还是无权代理制度，不应“一刀切”。

表见代理是无权代理的一种形式，相对人可以自由选择适用其中一种制度的法律后果。法律允许善意相对人有权选择涉案合同系无权代理或表见代理。在相对人选择主张无权代理时，代理人无权主张表见代理；被代理人无权主张表见代理②。即合同是否对被代理人发生效力的决定权在相对人，此规定可以避免代理人与被代理人假借表见代理名义强行要求合同继续履行，掩盖非法目的，换言之，法律制度是为了保护、维系交易安全和公平，而不能出于恶意和非法目的利用法律条文挑战民法中的诚实信用原则。

---

① 参见最高人民法院民法典贯彻实施工作领导小组主编：《中华人民共和国民法典总则编理解与适用》，人民法院出版社2020年版，第863页。

② 参见马骏驹、余延满：《民法原论》，法律出版社2010年版，第239页。

因此本条司法解释适用时，应充分考虑合同相对人的选择权，法官应当向其作适当释明，避免善意相对人反被无权处分人所利用，钻了法律的空子。

【关联指引】

《中华人民共和国公司法》（2023年12月29日）

第十条 公司的法定代表人按照公司章程的规定，由代表公司执行公司事务的董事或者经理担任。

担任法定代表人的董事或者经理辞任的，视为同时辞去法定代表人。

法定代表人辞任的，公司应当在法定代表人辞任之日起三十日内确定新的法定代表人。

第五十八条 有限责任公司股东会由全体股东组成。股东会是公司的权力机构，依照本法行使职权。

第一百一十一条 股份有限公司股东会由全体股东组成。股东会是公司的权力机构，依照本法行使职权。

《中华人民共和国保险法》（2015年4月24日）

第一百二十七条 保险代理人根据保险人的授权代为办理保险业务的行为，由保险人承担责任。

保险代理人没有代理权、超越代理权或者代理权终止后以保险人名义订立合同，使投保人有理由相信其有代理权的，该代理行为有效。保险人可以依法追究越权的保险代理人的责任。

《最高人民法院关于适用〈中华人民共和国民法典〉总则编若干问题的解释》（2022年2月24日）

第二十五条 数个委托代理人共同行使代理权，其中一人或者数人未与其他委托代理人协商，擅自行使代理权的，依据民法典第一百七十一条、第一百七十二条等规定处理。

第二十七条 无权代理行为未被追认，相对人请求行为人履行债务或者赔偿损失的，由行为人就相对人知道或者应当知道行为人无权代理承担举证责任。行为人不能证明的，人民法院依法支持相对人的相应诉讼请求；行为人能够证明的，人民法院应当按照各自的过错认定行为人与相对人的责任。

第二十八条 同时符合下列条件的，人民法院可以认定为民法典第一百七十二条规定的相对人有理由相信行为人有代理权：

（一）存在代理权的外观；

（二）相对人不知道行为人行为时没有代理权，且无过失。

因是否构成表见代理发生争议的，相对人应当就无权代理符合前款第一项规定的条件承担举证责任；被代理人应当就相对人不符合前款第二项规定的条件承担举证责任。

第二十九条 法定代理人、被代理人依据民法典第一百四十五条、第一百七十一条的规定向相对人作出追认的意思表示的，人民法院应当依据民法典第一百三十七条的规定确认其追认意思表示的生效时间。

《最高人民法院关于适用〈中华人民共和国公司法〉若干问题的规定（三）》（2020年12月29日）

第三条 发起人以设立中公司名义对外签订合同，公司成立后合同相对人请求公司承担合同责任的，人民法院应予支持。

公司成立后有证据证明发起人利用设立中公司的名义为自己的利益与相对人签订合同，公司以此为由主张不承担合同责任的，人民法院应予支持，但相对人为善意的除外。

《最高人民法院关于审理期货纠纷案件若干问题的规定》（2020年12月29日）

第九条 期货公司授权非本公司人员以本公司的名义从事期货交易行为的，期货公司应当承担由此产生的民事责任；非期货公司人员以期货公司名义从事期货交易行为，具备民法典第一百七十二条所规定的表见代理条件的，期货公司应当承担由此产生的民事责任。

第五十四条 期货公司擅自以客户的名义进行交易，客户对交易结果不予追认的，所造成的损失由期货公司承担。

《最高人民法院关于审理海上货运代理纠纷案件若干问题的规定》（2020年12月29日）

第六条　一方当事人根据双方的交易习惯，有理由相信行为人有权代表对方当事人订立海上货运代理合同，该方当事人依据民法典第一百七十二条的规定主张合同成立的，人民法院应予支持。

第二十二条 【印章与合同效力】

《最高人民法院关于适用〈中华人民共和国民法典〉合同编通则若干问题的解释》	《中华人民共和国民法典》
第二十二条 【印章与合同效力】法定代表人、负责人或者工作人员以法人、非法人组织的名义订立合同且未超越权限，法人、非法人组织仅以合同加盖的印章不是备案印章或者系伪造的印章为由主张该合同对其不发生效力的，人民法院不予支持。 合同系以法人、非法人组织的名义订立，但是仅有法定代表人、负责人或者工作人员签名或者按指印而未加盖法人、非法人组织的印章，相对人能够证明法定代表人、负责人或者工作人员在订立合同时未超越权限的，人民法院应当认定合同对法人、非法人组织发生效力。但是，当事人约定以加盖印章作为合同成立条件的除外。 合同仅加盖法人、非法人组织的印章而无人员签名或者按指印，相对人能够证明合同系法定代表人、负责人或者工作人员在其权限范围内订立的，人民法院应当认定该合同对法人、非法人组织发生效力。 在前三款规定的情形下，法定代表人、负责人或者工作人员在订立合同时虽然超越代表或者代理权限，但是依据民法典第五百零四条的规定构成表见代表，或者依据民法典第一百七十二条的规定构成表见代理的，人民法院应当认定合同对法人、非法人组织发生效力。	**第一百七十条** 执行法人或者非法人组织工作任务的人员，就其职权范围内的事项，以法人或者非法人组织的名义实施的民事法律行为，对法人或者非法人组织发生效力。 法人或者非法人组织对执行其工作任务的人员职权范围的限制，不得对抗善意相对人。 **第四百九十条** 当事人采用合同书形式订立合同的，自当事人均签名、盖章或者按指印时合同成立。在签名、盖章或者按指印之前，当事人一方已经履行主要义务，对方接受时，该合同成立。 法律、行政法规规定或者当事人约定合同应当采用书面形式订立，当事人未采用书面形式但是一方已经履行主要义务，对方接受时，该合同成立。 **第四百九十三条** 当事人采用合同书形式订立合同的，最后签名、盖章或者按指印的地点为合同成立的地点，但是当事人另有约定的除外。

【条文释义】

本条司法解释规定的是法人、非法人组织公章与合同效力的问题。

第1款是一项一般规定。法定代表人、负责人或者工作人员作为法人和非法人组织法律意义上的代言人，法人和非法人的意思表达必须通过一个特定的自然人来进行。所谓职务代理，是指代理人根据其在法人或者非法人组织中所担任职务，依据其职权对外实施民事法律行为的代理。因此若法定代表人、负责人或者工作人员以法人、非法人组织的名义订立合同且未超越权限，就应当依据《民法典》第170条的规定，认定其行为系职务代理行为，其实施的民事法律行为，对法人或者非法人组织发生效力。公章只是证明法人或非法人身份的一种形式，并非绝对且排他。职务代理行为已经被依法认定后，法人或非法人组织仅以公章瑕疵为由主张合同无效的，因合同相对人没有理由也没有能力在订立合同时对法人或非法人组织提供的印章进行即刻辨别，合同相对人面对适格的法定代表人或法人代表，有理由相信其具有职务代理权限，对于“代表人”的信任度显然高于对于由代表人持有的“印章”的信任度，因此人民法院不予支持法人或非法人组织仅以印章进行抗辩的诉求。

第2款则规定了仅有法定代表人、负责人或者工作人员签名或者按指印而未加盖法人、非法人组织的印章的情况。如前所述，公章只是证明法人或非法人身份的一种形式，并非绝对且排他。只要合同相对人能够证明法定代表人、负责人或者工作人员在订立合同时未超越权限的，人民法院应当认定合同对法人、非法人组织发生效力，从司法解释制定的角度看，还是倾向于保障交易的顺利进行，但本款中也有但书规定，即“当事人约定以加盖印章作为合同成立条件的除外”，因为民法是私法，保障意思自治，若当事人明确约定了印章作为合同成立的一个重要条件，该合同应理解为附条件成立的民事法律行为，既然附加了不违反法律、行政法规强制性规定的合同条件，缔约双方均应遵守相关条件。若条件未能成就，自然不能认定为合同成立。

第3款则恰好与第2款介绍的情形相反，是合同仅加盖法人、非法人组织的印章而无人员签名或者按指印的情况，同理，只要相对人能够证明合同系法定代表人、负责人或者工作人员在其权限范围内订立的，人民法院应当认定该合同对法人、非法人组织发生效力。与前款相比，明显印章的效力要大于签字按指印的效力，所以对于印章作为合同条件达成的附加性规定此处并没有出现在关于签字按指印的条款中。

第4款则是一个总结性规定，即法定代表人、负责人或者工作人员在订立合同时虽然超越代表或者代理权限，但依据民法典中关于表见代表和表见代理的规定，人民法院应当认定合同对法人、非法人组织发生效力，此举也是为了保护善意第三人的合法权益。至于法人、非法人组织如何向法定代表人、负责人或者工作人员追责的问题，自是无须赘述，按照相关法律和司法解释进行追责即可。

【条文引申】

在司法实践中，有些公司有意刻制两套甚至多套公章，有的法定代表人或者代理人甚至私刻公章，订立合同时恶意加盖非备案的公章或者假公章，发生纠纷后法人以加盖的是假公章为由来抗辩合同效力，由此引发了本条司法解释对于该问题的研究探讨。

在有代表权或者代理权的人加盖假公章，即“真人假章”和无代表权或者代理权的人加盖真公章即“假人真章”等“人章不一致”情况下，究竟如何认定合同效力，存在不同观点。第一种观点认为，应当以盖章人有无代表权或者代理权来认定合同效力，有代表权或者代理权的人即便加盖假公章，也应认定其构成有权代表或者有权代理。第二种观点则认为，合同上加盖公章，表示缔约行为系公章显示的主体所为。假公章意味着该意思表示并非法人真实意思表示，依法应当认定合同无效。反之，只要加盖的是真公章，即便盖章之人没有代表权或者代理权，也应由公章显示的主体承担民事责任。司法解释目前采用了第一种观点，即确立了“看人不看章”的基本原则。

究其原因，公司是个组织体，需要通过特定自然人的签字或盖章才能实现其意志。而该自然人本身同时也是独立的法律主体，在此情况下，确定该自然人的行为是其自身的行为还是代表公司从事的行为就至关重要。从事职务行为的前提是，该自然人不仅须是公司的工作人员，而且还需要享有代表权或代理权。然而，仅凭法定代表人的签字，尚不足以区别某一行为是其个人行为还是公司行为。因此，只能通过加盖公章来区别。自然人在合同书上加盖公章的行为表明，该行为是职务行为而非个人行为，若是个人行为签字即可，何必再加盖代表法人的公章，因此，相关行为应由公司承担法律后果。

人民法院在审理案件时，应当主要审查签约人于盖章之时有无代表权或者代理权，从而根据代表或者代理的相关规则来确定合同的效力。法定代表人或者其授权之人在合同上加盖法人公章的行为，表明其是以法人名义签订合同，除《公司法》第15条等法律对其职权有特别规定的情形外，应当由法人承担相应的法律后果。法人以法定代表人事后已无代表权、加盖的是假章、所盖之章与备案公章不一致等为由否定合同效力的，人民法院不予支持。

对合同相对人来说，在合同书加盖公章的情况下，其可以信赖公章显示的主体为合同当事人，并推定合同记载的条款系该主体作出的意思表示。至于该意思表示是否自愿真实，盖章之人有无代表权或代理权等问题，均不能通过盖章行为本身直接得到确认。可见，公章之于合同的效力，关键不在于公章的真假，而在盖章之人有无代表权或代理权。盖章之人为法定代表人或有权代理人的，即便其未在合同上盖章甚至盖的是假章，只要其在合同书上的签字是真实的，或能够证明该假章是其自己加盖或同意他人加盖的，仍应作为公司行为，由公司承担法律后果。反之，盖章之人如无代表权或超越代理权的，则即便加盖的是真公章，该合同仍然可能会因为无权代表或无权代理而最终归于无效。

【审判实务】

一、直贴行加盖伪造公章不影响在后转贴现合同或者转贴现行为的效力

在司法实践中，存在直贴行加盖伪造的公章申请转贴现的情形。在该情

形下，案涉汇票是出票人签发的印章真实、绝对记载事项齐备的真实有效的票据，转贴现合同的标的物合法，故不应因此认定转贴现合同无效。此外，直贴行并非转贴现合同的当事人，直贴行印章虚假、在先签订转贴现协议的效力瑕疵并不影响在后转贴现合同的效力。如果转贴现行进行了背书，则根据《票据法》第14条第2款关于“票据上有伪造、变造的签章的，不影响票据上其他真实签章的效力”的规定，在转贴现行不知道或者不应当知道直贴行印章为假的情形下，应认定其善意取得票据，是合法持票人，应享有票据权利①。

二、没有加盖单位的公章但有法定代表人的签名的合同一般应认定为有效

合同没有加盖单位的公章但有法定代表人的签名，只要法人的法定代表人、非法人组织的负责人在订立合同时未超越权限，一般应该认定合同有效，但也有例外情形②。

法定代表人作为当事人的法定代表，当然有权在合同上签名以示对合同内容的确认。合同缔约，强调的是双方合意，而不是形式上的盖章，只要双方缔约满足合同生效所要满足的要件，不存在法定无效的情形，就应认定为合同有效。但根据《民法典》第504条的规定，法人的法定代表人或者非法人组织的负责人超越权限订立的合同，除相对人知道或者应当知道其超越权限外，该代表行为有效，订立的合同对法人或者非法人组织发生效力。因此，在合同一方当事人明知对方的法定代表人超越权限而仍与其签订合同的情况下，即在“越权代表且合同相对方明知越权”的法律模型下，只有法定代表人签名而没有盖章的合同对该法人代表的单位没有约束力。③

① 参见最高人民法院民事审判第二庭编：《〈全国法院民商事审判工作会议纪要〉理解与适用》，人民法院出版社2019年版，第529~530页。

② 参见刘德权、王松编：《最高人民法院司法观点集成·民事卷》（第二版），人民法院出版社2014年版，第7~8页。

③ 参见最高人民法院编写组编：《买卖合同司法解释适用解答》，人民法院出版社2012年版，第71~72页。

从本条司法解释第2款、第3款规定中也同样可以看出，仅有法定代表人、负责人或者工作人员签名或者按指印而未加盖法人、非法人组织的印章，除非合同成立条件要求必须见到印章，否则还是可以认定合同成立生效，合同仅加盖法人、非法人组织的印章而无人员签名或者按指印，一般可以认定合同生效。综上可以看出，判定合同是否真实有效，还是要看是否系法人、非法人组织的意思表示，只要其法定代表人、负责人或者工作人员未超出其权限订立合同，合同就应认定为真实有效。此外，根据本条司法解释第4款的规定，若法定代表人、负责人或者工作人员超越权限订立合同，但是构成表见代表或表见代理的，合同内容对合同双方依然有效。

三、人章分离状态下法人的诉讼代表人原则上应以法定代表人为诉讼代表人

公司法定代表人和公章控制人或持有人非同一人时，谁是公司诉讼代表人呢？关于该问题，根据本条司法解释确定的“看人不看章”的原则来推论，原则上应以法定代表人为诉讼代表人。理由有三个：第一，从代表权来源看，法定代表人代表公司对外作出意思表示法定的权限，但公章持有人以加盖公章形式代表公司对外作出意思表示的权限则来自授权。第二，从识别唯一性上看，公章持有人可变，而法定代表人唯一。虽然实践中有些公司以加盖公章的形式对外作出意思表示，但是法律并未赋予公章持有人与法定代表人相同的代表权限，产生争议时应考量公章持有人的授权。第三，对公司而言，诉讼属于外部纠纷，根据内外有别原则，法院在确定公司诉讼代表人时，推定法定代表人有权作为诉讼代表人。公章持有人对法定代表人的诉讼代表权限提出异议的，应承担法定代表人已丧失对外代表权限的举证责任。[①]

---

① 参见张嘉军：《公司纠纷裁判精要与裁判规则》，人民法院出版社2020年版，第415页。

【关联指引】

《全国法院民商事审判工作会议纪要》（2019年11月8日）

41.【盖章行为的法律效力】司法实践中，有些公司有意刻制两套甚至多套公章，有的法定代表人或者代理人甚至私刻公章，订立合同时恶意加盖非备案的公章或者假公章，发生纠纷后法人以加盖的是假公章为由否定合同效力的情形并不鲜见。人民法院在审理案件时，应当主要审查签约人于盖章之时有无代表权或者代理权，从而根据代表或者代理的相关规则来确定合同的效力。

法定代表人或者其授权之人在合同上加盖法人公章的行为，表明其是以法人名义签订合同，除《公司法》第16条等法律对其职权有特别规定的情形外，应当由法人承担相应的法律后果。法人以法定代表人事后已无代表权、加盖的是假章、所盖之章与备案公章不一致等为由否定合同效力的，人民法院不予支持。

代理人以被代理人名义签订合同，要取得合法授权。代理人取得合法授权后，以被代理人名义签订的合同，应当由被代理人承担责任。被代理人以代理人事后已无代理权、加盖的是假章、所盖之章与备案公章不一致等为由否定合同效力的，人民法院不予支持。

第二十三条 【代表人或者代理人与相对人恶意串通】

《最高人民法院关于适用〈中华人民共和国民法典〉合同编通则若干问题的解释》	《中华人民共和国民法典》
第二十三条 【代表人或者代理人与相对人恶意串通】法定代表人、负责人或者代理人与相对人恶意串通，以法人、非法人组织的名义订立合同，损害法人、非法人组织的合法权益，法人、非法人组织主张不承担民事责任的，人民法院应予支持。法人、非法人组织请求法定代表人、负责人或者代理人与相对人对因此受到的损失承担连带赔偿责任的，人民法院应予支持。 根据法人、非法人组织的举证，综合考虑当事人之间的交易习惯、合同在订立时是否显失公平、相关人员是否获取了不正当利益、合同的履行情况等因素，人民法院能够认定法定代表人、负责人或者代理人与相对人存在恶意串通的高度可能性的，可以要求前述人员就合同订立、履行的过程等相关事实作出陈述或者提供相应的证据。其无正当理由拒绝作出陈述，或者所作陈述不具合理性又不能提供相应证据的，人民法院可以认定恶意串通的事实成立。	**第六十二条** 法定代表人因执行职务造成他人损害的，由法人承担民事责任。 法人承担民事责任后，依照法律或者法人章程的规定，可以向有过错的法定代表人追偿。 **第一百五十一条** 一方利用对方处于危困状态、缺乏判断能力等情形，致使民事法律行为成立时显失公平的，受损害方有权请求人民法院或者仲裁机构予以撤销。 **第一百五十四条** 行为人与相对人恶意串通，损害他人合法权益的民事法律行为无效。 **第一百六十四条** 代理人不履行或者不完全履行职责，造成被代理人损害的，应当承担民事责任。 代理人和相对人恶意串通，损害被代理人合法权益的，代理人和相对人应当承担连带责任。 **第一百七十八条** 二人以上依法承担连带责任的，权利人有权请求部分或者全部连带责任人承担责任。 连带责任人的责任份额根据各自责任大小确定；难以确定责任大小的，平均承担责任。实际承担责任超过自己责任份额的连带责任人，有权向其他连带责任人追偿。 连带责任，由法律规定或者当事人约定。

	第五百一十八条 债权人为二人以上，部分或者全部债权人均可以请求债务人履行债务的，为连带债权；债务人为二人以上，债权人可以请求部分或者全部债务人履行全部债务的，为连带债务。 连带债权或者连带债务，由法律规定或者当事人约定。

【条文释义】

本条司法解释是关于代表人或者代理人与相对人恶意串通的合同效力认定问题的探讨。

本条司法解释共分为两款。第1款规定了代表人或者代理人与相对人恶意串通的法律后果与责任承担问题。《民法典》第154条规定，行为人与相对人恶意串通，损害他人合法权益的民事法律行为无效。结合到代表人或者代理人的情形下，法人的法定代表人、非法人组织的负责人或者法人、非法人组织的代理人与相对人恶意串通，以订立合同的民事法律行为的形式，损害法人、非法人组织的合法权益，法人、非法人组织自然可以依据《民法典》第154条主张相关合同无效，合同内容对其不发生效力，并可就自身损失向合同的缔约主体请求赔偿，同样可以主张法定代表人、负责人或者代理人与合同相对人承担连带责任。

第2款则规定了恶意串通的举证责任、证明标准和证明方法。能够有迹象表明合同缔约主体间恶意串通且无法排除合理怀疑的，人民法院依职权或者依相关主体的申请，可以要求缔约主体就相关问题给出合理解释说明，完成相关举证责任，无法完成举证的，应当承担举证不能的不利后果。

【条文引申】

恶意串通作为非善意的缔约主体之间的内部行为，司法证明的过程，需要从外部进行证成，也即从合同缔约以来的各种外部表现来推论缔约主体间是否系恶意串通，不同于刑法中的从犯罪的客观方面推论犯罪主体主观方面的难度，民事诉讼证明中，讲究的是法官的内心确信，以及依照诚实信用和公序良俗原则能够为社会一般大众所能认知认可的证明标准即可，强调民法的普适性。法人、非法人组织的法定代表人或者负责人、代理人与相对人订立合同存在不符合常理的现象时，可以依据申请或者依职权要求相对人就订立、履行合同的过程等相关事实作出陈述或者提供其持有的相关证据，这相当于侵权责任中的过错推定原则，是为了保护法人或非法人组织的合法权益。相对人无法证明自身没有过错的，应推定其存在过错，即承担恶意串通的法律负面评价的后果。

【审判实务】

一、如何理解无权代理、表见代理与本条司法解释中恶意串通的关系

《最高人民法院关于适用〈中华人民共和国民法典〉合同编通则若干问题的解释》分别规定了无权处分、职务代理、越权代表、表见代理与恶意串通订立合同等关于代理与代表法律关系下订立合同的问题。区分相关合同是否有效，主要是看合同缔约主体之间的缔约行为是否善意，与善意相对人订立合同，为保证善意相对人的合法权益，才产生了对于无权处分的追认问题，才产生了对于越权代表、表见代理的认定合同有效但赋予被代表人、被代理人向相关人员追偿的问题。但若合同订立本身系恶意串通，也即不存在善意相对人的问题，那自然要保护法人、非法人组织本身的合法权益，不能认定合同对其产生法律上的约束力，同时对于给其造成损失的相对人，法人、非法人组织有权要求其赔偿损失。

二、法人、非法人组织主张其代表人或代理人与他人虚构债务的，人民法院应如何认定

所谓虚构债务，是指在对他人债务并不存在的情况下，通过伪造借条、

合同等各种证据以证明并不存在的债务存在的行为。虚构债务的行为，既可以是虚构债务主体，编造债权债务关系，也可以是对于真实存在的主体，编造虚假交易。既可以与他人恶意串通，在双方之间并不存在债权债务关系的情况下，通过伪造合同、侵权等事实来证明并不存在的虚假债务存在；也可以不与他人串通，如在他人并不知情的情况下，对于他人并不存在的债权债务，债权人或者其工作人员通过伪造虚假的合同、侵权等事实来进行虚构。[①]

虚构债务的方式可谓五花八门。法人、非法人组织主张代表人或代理人与他人虚构债务的，可依法申请在诉讼中由人民法院调取相关证据，人民法院也可依职权要求法人的法定代表人、非法人组织的负责人或者法人、非法人组织的代理人就相关交易进行合理性说明，以排除是否构成恶意串通的合理怀疑，无法排除合理怀疑且相对人无正当理由拒绝作出陈述或者拒绝提交相关证据的，人民法院可以认定恶意串通的事实成立。恶意串通的民事法律关系，应为无效，法院可据此认定其虚构的债务无效。

【关联指引】

《中华人民共和国民事诉讼法》(2023年9月1日)

第六十七条 当事人对自己提出的主张，有责任提供证据。

当事人及其诉讼代理人因客观原因不能自行收集的证据，或者人民法院认为审理案件需要的证据，人民法院应当调查收集。

人民法院应当按照法定程序，全面地、客观地审查核实证据。

第七十条 人民法院有权向有关单位和个人调查取证，有关单位和个人不得拒绝。

人民法院对有关单位和个人提出的证明文书，应当辨别真伪，审查确定其效力。

第七十八条 人民法院对当事人的陈述，应当结合本案的其他证据，审

① 参见贺小电：《破产法原理与适用》(第二版)，人民法院出版社2020年版，第341页。

查确定能否作为认定事实的根据。

当事人拒绝陈述的，不影响人民法院根据证据认定案件事实。

《最高人民法院关于适用〈中华人民共和国民事诉讼法〉的解释》(2022年4月1日)

第九十条 当事人对自己提出的诉讼请求所依据的事实或者反驳对方诉讼请求所依据的事实，应当提供证据加以证明，但法律另有规定的除外。

在作出判决前，当事人未能提供证据或者证据不足以证明其事实主张的，由负有举证证明责任的当事人承担不利的后果。

第九十六条 民事诉讼法第六十七条第二款规定的人民法院认为审理案件需要的证据包括：

(一)涉及可能损害国家利益、社会公共利益的；

(二)涉及身份关系的；

(三)涉及民事诉讼法第五十八条规定诉讼的；

(四)当事人有恶意串通损害他人合法权益可能的；

(五)涉及依职权追加当事人、中止诉讼、终结诉讼、回避等程序性事项的。

除前款规定外，人民法院调查收集证据，应当依照当事人的申请进行。

第一百零九条 当事人对欺诈、胁迫、恶意串通事实的证明，以及对口头遗嘱或者赠与事实的证明，人民法院确信该待证事实存在的可能性能够排除合理怀疑的，应当认定该事实存在。

第二十四条 【合同不成立、无效、被撤销或者确定不发生效力的法律后果】

《最高人民法院关于适用〈中华人民共和国民法典〉合同编通则若干问题的解释》	《中华人民共和国民法典》
第二十四条 【合同不成立、无效、被撤销或者确定不发生效力的法律后果】 合同不成立、无效、被撤销或者确定不发生效力，当事人请求返还财产，经审查财产能够返还的，人民法院应当根据案件具体情况，单独或者合并适用返还占有的标的物、更正登记簿册记载等方式；经审查财产不能返还或者没有必要返还的，人民法院应当以认定合同不成立、无效、被撤销或者确定不发生效力之日该财产的市场价值或者以其他合理方式计算的价值为基准判决折价补偿。 除前款规定的情形外，当事人还请求赔偿损失的，人民法院应当结合财产返还或者折价补偿的情况，综合考虑财产增值收益和贬值损失、交易成本的支出等事实，按照双方当事人的过错程度及原因力大小，根据诚信原则和公平原则，合理确定损失赔偿额。 合同不成立、无效、被撤销或者确定不发生效力，当事人的行为涉嫌违法且未经处理，可能导致一方或者双方通过违法行为获得不当利益的，人民法院应当向有关行政管理部门提出司法建议。当事人的行为涉嫌犯罪的，应当将案件线索移送刑事侦查机关；属于刑事自诉案件的，应当告知当事人可以向有管辖权的人民法院另行提起诉讼。	**第一百五十七条** 民事法律行为无效、被撤销或者确定不发生效力后，行为人因该行为取得的财产，应当予以返还；不能返还或者没有必要返还的，应当折价补偿。有过错的一方应当赔偿对方由此所受到的损失；各方都有过错的，应当各自承担相应的责任。法律另有规定的，依照其规定。 **第七百六十条** 融资租赁合同无效，当事人就该情形下租赁物的归属有约定的，按照其约定；没有约定或者约定不明确的，租赁物应当返还出租人。但是，因承租人原因致使合同无效，出租人不请求返还或者返还后会显著降低租赁物效用的，租赁物的所有权归承租人，由承租人给予出租人合理补偿。 **第八百三十五条** 货物在运输过程中因不可抗力灭失，未收取运费的，承运人不得请求支付运费；已经收取运费的，托运人可以请求返还。法律另有规定的，依照其规定。

【条文释义】

本条司法解释讨论的是合同不成立、无效、被撤销或者确定不发生效力的法律后果。

本条司法解释共分为三款。第1款规定了合同不成立、无效、被撤销或者确定不发生效力后，有请求权的合同主体请求对方返还财产时，应如何处理。经人民法院审查财产能够返还的，应当予以返还，不能返还财产或者无返还必要的，应当以认定合同不成立、无效、被撤销或者确定不发生效力之日该财产的市场价值或者以其他合理方式计算的价值为基准判决折价补偿。

第2款则规定了财产补偿金额不足以弥补当事人损失的情况下如何确定赔偿数额的问题。人民法院应当结合财产价值和当事人在合同订立、履行等过程中是否存在过错、过错大小、原因力大小等因素进行合理酌定赔偿数额。

第3款还规定了有过错的一方当事人其行为是否需要行政法规或刑法来进行评价，涉及民行衔接、民刑衔接的问题，人民法院可以采取的方式包括向行政机关发送司法建议或者依据可能触犯罪名的侦查权归属机关，移送有关刑事侦查机关等。同时对自诉刑事案件的权利救济方式作出了提示，即属于刑事自诉案件的，应当告知当事人可以向有管辖权的人民法院另行提起诉讼。

【条文引申】

本条司法解释可以追溯到最高人民法院2019年出台的《全国法院民商事审判工作会议纪要》，该纪要第33条对财产返还与折价补偿问题作出了明确规定：合同不成立、无效或者被撤销后，在确定财产返还时，要充分考虑财产增值或者贬值的因素。双务合同不成立、无效或者被撤销后，双方因该合同取得财产的，应当相互返还。应予返还的股权、房屋等财产相对于合同约定价款出现增值或者贬值的，人民法院要综合考虑市场因素、受让人的经营或者添附等行为与财产增值或者贬值之间的关联性，在当事人之间合理分配或者分担，避免一方因合同不成立、无效或者被撤销而获益。在标的物已经灭失、转售他人或者其他无法返还的情况下，当事人主张返还原物的，人民法院不予支持，但其主张折价补偿的，人民法院依法予以支持。折价时，应当以当事人交易时约定的价款为基础，同时考虑当事人在标的物灭失或者转售时的获益情况综合确定补偿标准。标的物灭失时当事人获得的保险金或者其他赔偿金，转售时取得的对价，均属于当事人因标的物而获得的利益。对获益高于或者低于价款的部分，也应当在当事人之间合理分配或者分担。

《全国法院民商事审判工作会议纪要》第35条则对损害赔偿问题进行了规定：合同不成立、无效或者被撤销时，仅返还财产或者折价补偿不足以弥补损失，一方还可以向有过错的另一方请求损害赔偿。在确定损害赔偿范围时，既要根据当事人的过错程度合理确定责任，又要考虑在确定财产返还范围时已经考虑过的财产增值或者贬值因素，避免双重获利或者双重受损的现象发生。

【审判实务】

一、如何确定财产返还请求权的法律性质

合同无效或者被撤销后，基于合同发生的物权变动也丧失了基础，自然产生物权回转的效果，转让人享有的是物权请求权性质的返还原物请求权。只有在原物不能返还或者没有必要返还的情况下，返还原物请求权才转变为不当得利请求权[①]。在返还义务人破产的情况下，如果是物权请求权，权利人享有取回权，优先于一般债权人受偿。反之，如果认为是不当得利请求权，则只能与其他债权人一起平等受偿。

---

① 参见最高人民法院民法典贯彻实施工作领导小组主编：《中华人民共和国民法典总则编理解与适用》，人民法院出版社2020年版，第785~786页。

二、如何理解损害赔偿与返还财产的关系

返还财产后当事人仍有损失的，当事人可以同时请求损害赔偿，但要避免双重受偿的现象发生。在财产增值的情况下，一般不存在损害赔偿问题。而在财产贬值的情况下，当事人可以通过损害赔偿制度弥补其损失。

【关联指引】

《最高人民法院关于适用〈中华人民共和国民法典〉总则编若干问题的解释》（2022年2月24日）

第二十三条 民事法律行为不成立，当事人请求返还财产、折价补偿或者赔偿损失的，参照适用民法典第一百五十七条的规定。

《全国法院民商事审判工作会议纪要》（2019年11月8日）

32.【合同不成立、无效或者被撤销的法律后果】《合同法》第58条就合同无效或者被撤销时的财产返还责任和损害赔偿责任作了规定，但未规定合同不成立的法律后果。考虑到合同不成立时也可能发生财产返还和损害赔偿责任问题，故应当参照适用该条的规定。

在确定合同不成立、无效或者被撤销后财产返还或者折价补偿范围时，要根据诚实信用原则的要求，在当事人之间合理分配，不能使不诚信的当事人因合同不成立、无效或者被撤销而获益。合同不成立、无效或者被撤销情况下，当事人所承担的缔约过失责任不应超过合同履行利益。比如，依据《最高人民法院关于审理建设工程施工合同纠纷案件适用法律问题的解释》第2条规定，建设工程施工合同无效，在建设工程经竣工验收合格情况下，可以参照合同约定支付工程款，但除非增加了合同约定之外新的工程项目，一般不应超出合同约定支付工程款。

87.【合同无效的责任承担】场外配资合同被确认无效后，配资方依场外配资合同的约定，请求用资人向其支付约定的利息和费用的，人民法院不予支持。

配资方依场外配资合同的约定，请求分享用资人因使用配资所产生的收益的，人民法院不予支持。

用资人以其因使用配资导致投资损失为由请求配资方予以赔偿的，人民法院不予支持。用资人能够证明因配资方采取更改密码等方式控制账户使得用资人无法及时平仓止损，并据此请求配资方赔偿其因此遭受的损失的，人民法院依法予以支持。

用资人能够证明配资合同是因配资方招揽、劝诱而订立，请求配资方赔偿其全部或者部分损失的，人民法院应当综合考虑配资方招揽、劝诱行为的方式、对用资人的实际影响、用资人自身的投资经历、风险判断和承受能力等因素，判决配资方承担与其过错相适应的赔偿责任。

《最高人民法院关于审理城镇房屋租赁合同纠纷案件具体应用法律若干问题的解释》(2020年12月29日)

第四条 房屋租赁合同无效，当事人请求参照合同约定的租金标准支付房屋占有使用费的，人民法院一般应予支持。

当事人请求赔偿因合同无效受到的损失，人民法院依照民法典第一百五十七条和本解释第七条、第十一条、第十二条的规定处理。

第七条 承租人经出租人同意装饰装修，租赁合同无效时，未形成附合的装饰装修物，出租人同意利用的，可折价归出租人所有；不同意利用的，可由承租人拆除。因拆除造成房屋毁损的，承租人应当恢复原状。

已形成附合的装饰装修物，出租人同意利用的，可折价归出租人所有；不同意利用的，由双方各自按照导致合同无效的过错分担现值损失。

《最高人民法院关于适用〈中华人民共和国保险法〉若干问题的解释(二)》(2020年12月29日)

第二条 人身保险中，因投保人对被保险人不具有保险利益导致保险合同无效，投保人主张保险人退还扣减相应手续费后的保险费的，人民法院应予支持。

《最高人民法院关于审理商品房买卖合同纠纷案件适用法律若干问题的解释》（2020年12月29日）

第二十一条 以担保贷款为付款方式的商品房买卖合同的当事人一方请求确认商品房买卖合同无效或者撤销、解除合同的，如果担保权人作为有独立请求权第三人提出诉讼请求，应当与商品房担保贷款合同纠纷合并审理；未提出诉讼请求的，仅处理商品房买卖合同纠纷。担保权人就商品房担保贷款合同纠纷另行起诉的，可以与商品房买卖合同纠纷合并审理。

商品房买卖合同被确认无效或者被撤销、解除后，商品房担保贷款合同也被解除的，出卖人应当将收受的购房贷款和购房款的本金及利息分别返还担保权人和买受人。

《最高人民法院关于审理技术合同纠纷案件适用法律若干问题的解释》（2020年12月29日）

第十一条 技术合同无效或者被撤销后，技术开发合同研究开发人、技术转让合同让与人、技术许可合同许可人、技术咨询合同和技术服务合同的受托人已经履行或者部分履行了约定的义务，并且造成合同无效或者被撤销的过错在对方的，对其已履行部分应当收取的研究开发经费、技术使用费、提供咨询服务的报酬，人民法院可以认定为因对方原因导致合同无效或者被撤销给其造成的损失。

技术合同无效或者被撤销后，因履行合同所完成新的技术成果或者在他人技术成果基础上完成后续改进技术成果的权利归属和利益分享，当事人不能重新协议确定的，人民法院可以判决由完成技术成果的一方享有。

第二十五条 【价款返还及其利息计算】

《最高人民法院关于适用〈中华人民共和国民法典〉合同编通则若干问题的解释》	《中华人民共和国民法典》
第二十五条 【价款返还及其利息计算】合同不成立、无效、被撤销或者确定不发生效力，有权请求返还价款或者报酬的当事人一方请求对方支付资金占用费的，人民法院应当在当事人请求的范围内按照中国人民银行授权全国银行间同业拆借中心公布的一年期贷款市场报价利率（LPR）计算。但是，占用资金的当事人对于合同不成立、无效、被撤销或者确定不发生效力没有过错的，应当以中国人民银行公布的同期同类存款基准利率计算。 双方互负返还义务，当事人主张同时履行的，人民法院应予支持；占有标的物的一方对标的物存在使用或者依法可以使用的情形，对方请求将其应支付的资金占用费与应收取的标的物使用费相互抵销的，人民法院应予支持，但是法律另有规定的除外。	**第一百五十七条** 民事法律行为无效、被撤销或者确定不发生效力后，行为人因该行为取得的财产，应当予以返还；不能返还或者没有必要返还的，应当折价补偿。有过错的一方应当赔偿对方由此所受到的损失；各方都有过错的，应当各自承担相应的责任。法律另有规定的，依照其规定。 **第五百二十五条** 当事人互负债务，没有先后履行顺序的，应当同时履行。一方在对方履行之前有权拒绝其履行请求。一方在对方履行债务不符合约定时，有权拒绝其相应的履行请求。 **第六百七十六条** 借款人未按照约定的期限返还借款的，应当按照约定或者国家有关规定支付逾期利息。 **第九百八十六条** 得利人不知道且不应当知道取得的利益没有法律根据，取得的利益已经不存在的，不承担返还该利益的义务。 **第九百八十七条** 得利人知道或者应当知道取得的利益没有法律根据的，受损失的人可以请求得利人返还其取得的利益并依法赔偿损失。 **第九百八十八条** 得利人已经将取得的利益无偿转让给第三人的，受损失的人可以请求第三人在相应范围内承担返还义务。

【条文释义】

本条司法解释规定的是合同不成立、无效、被撤销或者确定不发生效力，有权请求返还价款或者报酬的一方主张价款返还时的认定情形及其利息计算的方法。

本条司法解释规定了资金占用费的利息计算方法。对于合同不成立、无效、被撤销或者确定不发生效力的法律后果负有过错的一方，应当按照中国人民银行授权全国银行间同业拆借中心公布的一年期贷款市场报价利率（LPR）计算，对于不负有过错的一方应当按照中国人民银行公布的同期同类存款基准利率计算。贷款利率远高于存款利率，这也与双方是否有过错紧密相关，是相互适配、合理的。

【条文引申】

目前，贷款市场报价利率已经代替了贷款基准利率。为深化利率市场化改革，提高利率传导效率，推动降低实体经济融资成本，中国人民银行于2019年8月16日就改革完善贷款市场报价利率形成机制发布2019年第15号公告。公告指出，自2019年8月20日起，中国人民银行授权全国银行间同业拆借中心于每月20日（遇节假日顺延）9时30分公布贷款市场报价利率，公众可在全国银行间同业拆借中心和中国人民银行网站查询。

目前中国人民银行贷款基准利率这一标准已经取消。因此，自此之后人民法院裁判贷款利息的基本标准应改为全国银行间同业拆借中心公布的贷款市场报价利率。应予注意的是，贷款利率标准尽管发生了变化，但存款基准利率并未发生相应变化，相关标准仍可适用。[①]

① 参见最高人民法院民法典贯彻实施工作领导小组主编：《中华人民共和国民法典合同编理解与适用（二）》，人民法院出版社2020年版，第1268页。

【审判实务】

一、双方互负返还义务，同时返还的，应注意利息计算问题

在双务合同无效的情况下，标的物返还与价款返还互为对待给付，双方应当同时返还，在一方未返还标的物之前，另一方有权拒绝返还价款。只有在一方已经返还标的物的情况下，另一方才可以请求返还价款。另应注意，在双务合同中，只要一方对标的物有使用情形的，就应当支付使用费，该笔费用可与占有资金一方应当支付的资金占用费相互抵销，故在一方返还原物前，另一方仅须支付本金，而无须支付利息。①

二、有权请求返还价款或者报酬的一方请求对方支付资金占用费的，应注意区分其是否为职业放贷人

《最高人民法院关于审理民间借贷案件适用法律若干问题的规定》第13条第2款规定，以向其他营利法人借贷、向本单位职工集资，或者以向公众非法吸收存款等方式取得的资金转贷的，人民法院应当认定民间借贷合同无效。

依照本节所述司法解释第1款的规定，此种情况同样符合合同无效后价款返还的问题，且涉及资金占用费的问题。因此应着重区分合同缔约主体是否为“职业放贷人”。对于职业放贷行为，法律此前并无明确规定②。把握职业放

① 参见最新法律文件解读丛书编选组编:《民事法律文件解读》，人民法院出版社2020年第4辑，第94~96页。

② 最高人民法院、最高人民检察院、公安部、司法部出台的《关于办理非法放贷刑事案件若干问题的意见》中规定，一、违反国家规定，未经监管部门批准，或者超越经营范围，以营利为目的，经常性地向社会不特定对象发放贷款，扰乱金融市场秩序的行为属于职业放贷，并规定“经常性地向社会不特定对象发放贷款”，是指2年内向不特定多人（包括单位和个人）以借款或其他名义出借资金10次以上。《全国法院民商事审判工作会议纪要》则规定，未依法取得放贷资格的以民间借贷为业的法人，以及以民间借贷为业的非法人组织或者自然人从事的民间借贷行为，应当依法认定无效。同一出借人在一定期间内多次反复从事有偿民间借贷行为的，一般可以认定为职业放贷人。民间借贷比较活跃的地方的高级人民法院或者经其授权的中级人民法院，可以根据本地区的实际情况制定具体的认定标准。

贷的要点主要有三：一是职业放贷人既可以是法人、非法人组织，也可以是自然人；二是借贷行为以营利为目的，并不以高息为必要的认定条件；三是在一段时期内多次向不特定的多人出借款项并收取利息或资金占用费等费用的行为，即可认定为职业放贷行为[①]。

因此人民法院在面对自然人、法人或非法人组织以返还资金占用费等主张的诉讼请求，应重点考虑相关民事主体是否为职业放贷人，对于合同效力和相关诉求应作全面审查。

【关联指引】

《全国法院民商事审判工作会议纪要》（2019年11月8日）

34.【价款返还】双务合同不成立、无效或者被撤销时，标的物返还与价款返还互为对待给付，双方应当同时返还。关于应否支付利息问题，只要一方对标的物有使用情形的，一般应当支付使用费，该费用可与占有价款一方应当支付的资金占用费相互抵销，故在一方返还原物前，另一方仅须支付本金，而无须支付利息。

《最高人民法院关于审理买卖合同纠纷案件适用法律问题的解释》（2020年12月29日）

第十八条　买卖合同对付款期限作出的变更，不影响当事人关于逾期付款违约金的约定，但该违约金的起算点应当随之变更。

买卖合同约定逾期付款违约金，买受人以出卖人接受价款时未主张逾期付款违约金为由拒绝支付该违约金的，人民法院不予支持。

买卖合同约定逾期付款违约金，但对账单、还款协议等未涉及逾期付款责任，出卖人根据对账单、还款协议等主张欠款时请求买受人依约支付逾期付款违约金的，人民法院应予支持，但对账单、还款协议等明确载有本金及

---

① 参见最高人民法院民事审判第一庭编：《最高人民法院新民间借贷司法解释理解与适用》，人民法院出版社2021年版，第234~235页。

逾期付款利息数额或者已经变更买卖合同中关于本金、利息等约定内容的除外。

买卖合同没有约定逾期付款违约金或者该违约金的计算方法，出卖人以买受人违约为由主张赔偿逾期付款损失，违约行为发生在2019年8月19日之前的，人民法院可以中国人民银行同期同类人民币贷款基准利率为基础，参照逾期罚息利率标准计算；违约行为发生在2019年8月20日之后的，人民法院可以违约行为发生时中国人民银行授权全国银行间同业拆借中心公布的一年期贷款市场报价利率（LPR）标准为基础，加计30—50%计算逾期付款损失。

《最高人民法院关于审理民事、行政诉讼中司法赔偿案件适用法律若干问题的解释》（2016年9月7日）

第十五条 国家赔偿法第三十六条第七项规定的银行同期存款利息，以作出生效赔偿决定时中国人民银行公布的一年期人民币整存整取定期存款基准利率计算，不计算复利。

应当返还的财产属于金融机构合法存款的，对存款合同存续期间的利息按照合同约定利率计算。

应当返还的财产系现金的，比照本条第一款规定支付利息。

《最高人民法院关于审理民间借贷案件适用法律若干问题的规定》（2020年12月29日）

第二十八条 借贷双方对逾期利率有约定的，从其约定，但是以不超过合同成立时一年期贷款市场报价利率四倍为限。

未约定逾期利率或者约定不明的，人民法院可以区分不同情况处理：

（一）既未约定借期内利率，也未约定逾期利率，出借人主张借款人自逾期还款之日起参照当时一年期贷款市场报价利率标准计算的利息承担逾期还款违约责任的，人民法院应予支持；

（二）约定了借期内利率但是未约定逾期利率，出借人主张借款人自逾期还款之日起按照借期内利率支付资金占用期间利息的，人民法院应予支持。

四、合同的履行

第二十六条 【从给付义务的履行与救济】

《最高人民法院关于适用〈中华人民共和国民法典〉合同编通则若干问题的解释》	《中华人民共和国民法典》
第二十六条 【从给付义务的履行与救济】当事人一方未根据法律规定或者合同约定履行开具发票、提供证明文件等非主要债务，对方请求继续履行该债务并赔偿因怠于履行该债务造成的损失的，人民法院依法予以支持；对方请求解除合同的，人民法院不予支持，但是不履行该债务致使不能实现合同目的或者当事人另有约定的除外。	**第五百零九条** 当事人应当按照约定全面履行自己的义务。 当事人应当遵循诚信原则，根据合同的性质、目的和交易习惯履行通知、协助、保密等义务。 当事人在履行合同过程中，应当避免浪费资源、污染环境和破坏生态。 **第五百六十三条** 有下列情形之一的，当事人可以解除合同： （一）因不可抗力致使不能实现合同目的； （二）在履行期限届满前，当事人一方明确表示或者以自己的行为表明不履行主要债务； （三）当事人一方迟延履行主要债务，经催告后在合理期限内仍未履行； （四）当事人一方迟延履行债务或者有其他违约行为致使不能实现合同目的； （五）法律规定的其他情形。 以持续履行的债务为内容的不定期合同，当事人可以随时解除合同，但是应当在合理期限之前通知对方。

【条文释义】

此条司法解释是关于合同履行中一方违反从给付义务而进行救济的规定。合同的履行，是指债务人依据合同约定和法律规定作出给付的行为，是实现合同订立目的的最基本途径。合同必须得到履行是“合同严守”原则的题中应有之义。为了保证合同的健康履行，民事法律规定了违约责任制度、合同担保制度等内容，以确保债权人债权的实现。因而，合同履行是合同关系从产生到消亡一整个过程中的核心环节，合同履行制度亦是整个合同制度中最为核心的一项制度。①

合同的解除分为法定解除与约定解除。合同法定解除，是指合同生效后未履行或者未履行完毕前，当事人在法律规定的解除事由出现时，通过行使解除权而使合同关系归于消灭。而约定解除是指当事人之间就解除合同的具体事项达成一致，当约定事项发生时，各方当事人即可申请解除合同。与合同约定解除相比，合同的法定解除的具体事由由法律直接规定，只要发生法律规定的情形，当事人即可直接申请解除合同而无须征得对方当事人同意。与约定解除相比，法定解除赋予当事人单方消灭合同的权利，故需由法律明确规定接触的具体事由以示慎重。②

本条规定对于合同一方不履行从给付义务所产生的法律后果予以明晰，明确在何种情况下违约方不履行从给付义务会产生解除合同之效果。根据本条所述，当事人一方未根据法律规定或者合同约定履行开具发票、提供证明文件等非主要债务，人民法院依法应当支持对方请求继续履行该债务并赔偿因怠于履行该债务造成的损失的请求。同时，除不履行该债务致使不能实现合同目的或者当事人另有约定的情形外，对方请求解除合同的，人民法院不予支持。

---

① 参见王利明:《合同法研究》，中国人民大学出版社2015年版，第3~5页。

② 最高人民法院民法典贯彻实施工作领导小组主编:《中华人民共和国民法典合同编理解与适用（一）》，人民法院出版社2021年版，第639页。

《合同法》第94条中明确了当事人可以申请解除合同的具体情形，其中包括当事人一方迟延履行债务或者有其他违约行为致使不能实现合同目的之类型。《民法典》在第563条中沿用了此规定。而《最高人民法院关于审理买卖合同纠纷案件适用法律问题的解释》第19条对在买卖合同中一方不履行从给付义务的救济方式进行了解读："出卖人没有履行或者不当履行从给付义务，致使买受人不能实现合同目的，买受人主张解除合同的，人民法院应当根据民法典第五百六十三条第一款第四项的规定，予以支持。"本条文在《最高人民法院关于审理买卖合同纠纷案件适用法律问题的解释》第19条的基础上列举了若干在买卖合同中的从给付义务类型，起到了进一步的明确作用。

【条文引申】

从此条司法解释关于从给付义务的履行与救济的角度出发，可发现《民法典》中对法定解除合同的规定主要有以下六种：

一是因不可抗力致使合同目的不能实现的解除。不可抗力是指不能预见、不能避免且不能克服的客观状况。当事人以不可抗力不履行合同属于违约行为，但可因不可抗力事由部分或全部免责。在司法实践中，因不可抗力致使不能实现合同目的导致合同解除的关键并不在于"不可抗力"，而是"无法实现合同目的"。不可抗力可能会暂时阻碍合同的履行，或对合同部分内容的履行产生影响，但只有该不可抗力事由达到足以导致合同目的无法实现的情形下当事人才能以此为由解除合同。因不可抗力导致合同目的无法实现的表现方式并不单一，既可能是因不可抗力导致债务人不能依约定履行合同进而无法实现债权人订立合同之目的；也可以表现为不可抗力的发生虽未对债务人的履行行为产生严重影响，但同样使得债权人订立合同目的落空。①

在司法裁判中，对于不可抗力认定的关键在于不可抗力事由与合同履行不能之间是否存在因果关系。首先，不可抗力应为导致合同不能履行的主要原因，换

---

① 参见朱广新：《合同法总则研究》（下册），中国人民大学出版社2018年版，第614页。

言之，若无该不可抗力，合同不会出现履行障碍。其次，不可抗力与履约障碍之间存在阻断事由。若当事人在订立合同时能够或应当预见可能会发生不可避免、不可克服的客观情形时，则该事由一般不会构成合同履行中的不可抗力。

二是因预期违约造成的合同解除。所谓预期违约，是指在履行期限尚未届满之前，当事人一方明确表示或者以自己的行为表明不履行主要债务的情形。预期违约又可分为明示违约和默示违约，表现分别为债务人明确表示不履行主要债务以及债务人虽未明确表示，但以自己的行为表明不履行主要债务。

在预期违约情况下，赋予守约方合同解除权的正当性基础在于忠实义务的违反。申言之，当事人一方的预期违约行为，直接破坏了债务人会履行合同主要债务的合理期待，如果债权人无法采取应对措施，不仅会进一步加重其损失，同时也会失去其他的交易机会，显然对债权人极不公平。但是，若一方当事人仅拒绝履行从给付义务或附随义务，且并未对合同目的不能实现造成实质性影响，则不属于因逾期造成合同解除之情形。

三是因迟延履行债务造成的合同解除。《民法典》中规定的因迟延履行债务导致合同解除的具体情形共有两种，分别为合同履行期限对实现合同目的具有实质性影响之情形以及合同的履行期限对合同目的实现不具有实质性影响之情形。

在履行过程中，如果债权人的利益与合同的履行期限存在密切关系，合同的期限对合同目的的实现至关重要，若债务人不在约定的期限内履行合同将导致债权人的合同目的难以实现。在此种情况下，只要债务人迟延履行，即可认为构成根本违约，债权人即可不用进行催告立即解除合同。在考量因迟延履行对合同目的实现的影响程度时，主要应考虑债务人迟延履行时间的长短以及债权人因迟延履行所产生的实际损失等问题。此外，债权人还负有“已经发生迟延后，即使债务人开始履行也无法为其带来任何意义，或继续履行只会使其蒙受更大损失”之举证责任。如迟延履行产生与按时履行基本相同的效果，则不能认为迟延履行导致合同目的的落空。

在部分情形下，合同的履行期限对合同目的的实现不具有实质性影响。当合同的履行期限不会对合同的目的产生根本性影响时，债务人即使在履行期限届满后履行，并不会直接造成合同目的落空之结果，仅会使债权人遭受有限损失。此时，若债权人可以主张解除合同，必然会增大合同解除的任意性，极易导致交易成本增加或者产生不必要的财产损失。因此，在此种情况下，即使债务人迟延履行合同主要债务，债权人也无权立即解除合同，而是应先向债务人发起催告，要求其在宽限期内履行合同。债务人在宽限期满后仍未履行的，债权人有权解除合同。催告一般在合同履行期限届满后发出，目的在于尽快确定宽限期以及明确解除权行使条件。宽限期可通过当事人之间的约定产生，也可以根据债务人主动提出的延展期确定。若不存在上述两种情况，则应根据合同类型、交易习惯、案件实际情况等因素来认定宽限期的合理性。一般而言，债务履行期限较短的，相应合理的宽限期就越短。履行期限对债权人合同目的实现有较大影响的，合理的宽限期就越短。

四是因其他违约行为不能实现合同目的造成的合同解除。所谓“其他违约行为导致合同目的不能实现”，是指只要债务人不履行非合同主要债务的行为被认定为根本违约，给债权人在订立合同时所期望的经济利益带来严重影响的，则可产生合同解除之后果。此处的其他违约行为是指除预期违约、延迟履行之外的其他违反法定或约定义务或诚实信用原则所产生的义务，不仅包括合同的瑕疵履行、拒绝履行、部分履行以及加害履行，也包括当事人因诚实信用原则而承担注意、照顾、忠实等附随义务。

五是因法律规定的其他情形造成的合同解除。所谓“法律规定的其他情形”，是指除上述规定的一般法定解除权之情形外的其他情况。其中，不仅包含《民法典》合同编其他章节所规定法定解除情形，还包含其他民事特别法以及司法解释所规定的法定解除情形。

六是不定期持续性合同的法定解除。对于不定期持续性合同的法定解除是《民法典》合同编在《合同法》之基础上的新增条款。不定期持续性合同的主要特点在于，合同债务是持续实现的债务，债务人不能仅凭一次履行将其消灭，且双方当事人均享有随时终止权。随时终止权的行使，能够有效地帮助不定期继续合同的当事人在丧失信赖关系等情况下，摆脱继续受到合同长期束缚之禁锢，即允许各方当事人随时终止合同。但是，根据维护合同关系稳定性的限制，当事人单方结束合同应提前通知相对人，以便其进行必要准备。可见，不定期持续性与一般性的严守原则合同在性质上存在较大差异，合同解除权的产生事由亦与一次性合同解除权的产生事由截然不同，在立法层面却又将两者区分对待。

【审判实务】

人民法院应重视对“不能实现合同目的”的判断。

在交易活动中，当事人以他人未履行从给付义务要求解除合同时，人民法院需主要考量违约方的行为是否造成合同目的不能实现，以及当事人是否有相关约定。合同目的是当事人通过订立和履行合同想要达到的目标和结果，其既可以是物质利益，也可以是非物质利益。

判定违约后果是否重大、是否导致合同目的不能实现一般可以综合考察以下因素[①]：（1）违约部分的价值或金额与整个合同金额之间的比例；（2）违约部分对合同目标实现的影响程度；（3）在迟延履行中，时间因素对合同目的实现的影响程度；（4）违约的后果及损害能否得到修补；（5）在分批交货合同中，某一批交货义务的违反对整个合同的影响程度；（6）在合同不能继续履行的情形下，当事人期待通过合同而达到的交易目的往往无法实现。

【关联指引】

《最高人民法院关于审理买卖合同纠纷案件适用法律问题的解释》（2020年12月29日）

第十九条 出卖人没有履行或者不当履行从给付义务，致使买受人不能实现合同目的，买受人主张解除合同的，人民法院应当根据民法典第五百六十三条第一款第四项的规定，予以支持。

① 参见冯大同：《国际货物买卖法》，对外经济贸易大学出版社1993年版，第175~177页。

第二十七条 【债务履行期限届满后达成的以物抵债协议】

《最高人民法院关于适用〈中华人民共和国民法典〉合同编通则若干问题的解释》	《中华人民共和国民法典》
第二十七条 【债务履行期限届满后达成的以物抵债协议】债务人或者第三人与债权人在债务履行期限届满后达成以物抵债协议，不存在影响合同效力情形的，人民法院应当认定该协议自当事人意思表示一致时生效。 债务人或者第三人履行以物抵债协议后，人民法院应当认定相应的原债务同时消灭；债务人或者第三人未按照约定履行以物抵债协议，经催告后在合理期限内仍不履行，债权人选择请求履行原债务或者以物抵债协议的，人民法院应予支持，但是法律另有规定或者当事人另有约定的除外。 前款规定的以物抵债协议经人民法院确认或者人民法院根据当事人达成的以物抵债协议制作成调解书，债权人主张财产权利自确认书、调解书生效时发生变动或者具有对抗善意第三人效力的，人民法院不予支持。 债务人或者第三人以自己不享有所有权或者处分权的财产权利订立以物抵债协议的，依据本解释第十九条的规定处理。	**第一百四十六条** 行为人与相对人以虚假的意思表示实施的民事法律行为无效。 以虚假的意思表示隐藏的民事法律行为的效力，依照有关法律规定处理。 **第四百零一条** 抵押权人在债务履行期限届满前，与抵押人约定债务人不履行到期债务时抵押财产归债权人所有的，只能依法就抵押财产优先受偿。 **第四百二十八条** 质权人在债务履行期限届满前，与出质人约定债务人不履行到期债务时质押财产归债权人所有的，只能依法就质押财产优先受偿。 **第四百五十四条** 债务人可以请求留置权人在债务履行期限届满后行使留置权；留置权人不行使的，债务人可以请求人民法院拍卖、变卖留置财产。 **第五百三十八条** 债务人以放弃其债权、放弃债权担保、无偿转让财产等方式无偿处分财产权益，或者恶意延长其到期债权的履行期限，影响债权人的债权实现的，债权人可以请求人民法院撤销债务人的行为。 **第五百三十九条** 债务人以明显不合理的低价转让财产、以明显不合理的高价受让他人财产或者为他人的债务提供担保，影响债权人的债权实现，债务人的相对人知道或者应当知道该情形的，债权人可以请求人民法院撤销债务人的行为。

	第五百四十条 撤销权的行使范围以债权人的债权为限。债权人行使撤销权的必要费用，由债务人负担。

【条文释义】

本条规定的是清偿型以物抵债的法律适用方式。

以物抵债，也称代物清偿，是指债务人以其他给付代替其所负担之给付，从而发生债权债务消灭的结果。以物抵债，可分为债务清偿期届满前达成的以物抵债协议和债务清偿期届满后达成的以物抵债协议。人民法院对以物抵债协议的效力、履行等问题的认定，应以尊重当事人的意思自治为基本原则。一般而言，除当事人有明确约定外，当事人于债务清偿期届满后签订的以物抵债协议，并不以债权人现实地受领抵债物，或取得抵债物所有权、使用权等财产权利为成立或生效要件。只要双方当事人的意思表示真实，合同内容不违反法律、行政法规的强制性规定，合同即为有效。

《全国法院民商事审判工作会议纪要》第44条规定："当事人在债务履行期限届满后达成以物抵债协议，抵债物尚未交付债权人，债权人请求债务人交付的，人民法院要着重审查以物抵债协议是否存在恶意损害第三人合法权益等情形，避免虚假诉讼的发生。经审查，不存在以上情况，且无其他无效事由的，人民法院依法予以支持。当事人在一审程序中因达成以物抵债协议申请撤回起诉的，人民法院可予准许。当事人在二审程序中申请撤回上诉的，人民法院应当告知其申请撤回起诉。当事人申请撤回起诉，经审查不损害国家利益、社会公共利益、他人合法权益的，人民法院可予准许。当事人不申请撤回起诉，请求人民法院出具调解书对以物抵债协议予以确认的，因债务人完全可以立即履行该协议，没有必要由人民法院出具调解书，故人民法院不应准许，同时应当继续对原债权债务关系进行审理。"

就履行期届满后达成的以物抵债协议之生效而言，《民法典》第229条规定："因人民法院、仲裁机构的法律文书或者人民政府的征收决定等，导致物权设立、变更、转让或者消灭的，自法律文书或者征收决定等生效时发生效力。"该款规定了一个例外，即以物抵债型协议产生的人民法院确认书、调解书，不具有立即产生物权变动的效力。

最后，就债务人或第三人以自己不享有所有权或者处分权的财产权利订立以物抵债协议时，应认定为无权处分。此时根据本解释第20条规定，当事人或者真正权利人仅以让与人在订立合同时对标的物没有所有权或者处分权为由主张合同无效的，人民法院不予支持。但是，除真正权利人事后同意或者让与人事后取得处分权外，受让人请求让与人履行合同的，人民法院不予支持；受让人主张解除合同并请求让与人赔偿损失的，人民法院依法予以支持。

【条文引申】

第一，关于以物抵债协议的性质。所谓代物清偿协议，是指双方约定债权人受领"他种给付"代替原来的给付，债务关系归于消灭的制度，通说认为，代物清偿协议属于实践性合同。但是从成立条件上看，实践合同的成立除需要当事人意思表示一致外，还需要将标的物进行实际交付。因而，最高人民法院认为，以物抵债协议的构建不应完全依据传统的代物清偿理论，具体理由如下：

首先，一般情况下，实践性合同的成立要件为交付标的物，但代物清偿是债务人交付"他种给付"以代替原来给付进而导致债权债务关系消灭的行为。此处所谓的"他种给付"既可能是动产，也可能是不动产，还可能是特定的作为或不作为。然而，债权人以消灭债务为目的所为的受领，必须要有所有权的转移，而物的交付并不必然意味着所有权的转移。仅有动产的所有权是在交付后即发生转移的，不动产的交付并不足以实现债务清偿之目的，特定行为的履行甚至不存在交付环节。

其次，在一般的实践合同中，合同成立的必要条件之一便是标的物的交付。合同有效成立后，在双方当事人之间产生债的关系，该债的关系因履行等原因而消灭。可见，在一般实践合同中，交付标的物是合同成立之要件，合同的履行是债权债务关系消灭之原因，二者并不相同。而在代物清偿合同中，代物清偿协议因物的交付而成立，同时也因物的交付（因其同时构成清偿）而消灭，并无债的效力存续问题。

再次，代物清偿协议之所以具有约束力，是因为替代物的给付，而非当事人的意思。若将代物清偿合同认定为实践性合同，则会发生在当事人仅达成协议但尚未交付替代物之时，代物清偿协议并不成立之后果。此时，该协议对双方不具有约束力。因而，若将代物清偿协议认作实践性合同，不仅会在一定程度上降低当事人意思自治之效力，同时也有碍于国家鼓励建设诚信社会之目标。

最后，我国法律并无有关代物清偿制度的明文规定，代物清偿合同在我国属于无名合同。最高人民法院认为，考虑到与以物抵债性质最相类似的买卖合同亦属于诺成合同，因此，在我国，只要当事人没有约定将物的交付作为以物抵债协议的成立要件，就应当认定代物清偿协议为诺成合同，自双方达成合意时成立。

第二，履行期限对于以物抵债协议的意义。我国法律之所以将履行期限是否已经届满作为标准划分以物抵债协议之类型，主要是考虑到我国法律对流质（或流押）的禁止。《民法典》保持了《物权法》禁止流押的精神，规定担保物权人在债务履行期限届满前，与债务人或担保人约定债务人不履行到期债务时担保财产归债权人所有的，只能依法就抵押财产优先受偿。即若当事人事前进行了流押约定的，约定流押的内容无效，但是抵押权仍旧成立有效，权利人可以依法就抵押财产优先受偿。同时，在履行期届满前约定以物抵债，标的物的价值在合同订立时与实现时可能会发生较大变化，若直接认可以物抵债协议之效力，可能会导致双方利益显著失衡。而履行期限届满后签订的以物抵债协议，此时抵债物的价值和债权的数额都是确定的，一般不会存在利益失衡问题。

【审判实务】

一、人民法院需要注意对以物抵债协议的审查问题

人民法院在对以物抵债协议进行审查时需要着重注意两点因素。第一，人民法院需以债务人是否交付抵押物为关键，进一步区分履行期限届满后达成的以物抵债协议。第二，人民法院需对以物抵债协议之内容与签订目的进行着重审查，判断是否存在当事人恶意串通，假借订立合同逃避债务之可能，避免产生虚假诉讼。当债务人尚未交付抵债物时，债权人有权请求债务人履行以物抵债协议，而无权直接请求确认其对该抵债物享有所有权。鉴于以物抵债协议系双方事后达成，一般不会对债务人造成不公平，故无须履行清算程序，债权人可以直接请求履行以物抵债协议。当然，如果该抵债行为存在损害第三人利益情形的，第三人可依照《民法典》物权编第410条之规定主张撤销。若债务人已将抵押物交付，则该抵债物的所有权直接归属于债权人。但是，为预防一方当事人利用以物抵债损害对方的合法权益，当出现上述情形时，债权人、债务人均可请求变更或撤销以物抵债协议。若当事人之间假借订立以物抵债协议恶意逃避债务损害第三人合法权益，第三人有权依据《民法典》合同编第538条、第539条及第540条之规定行使撤销权，或依据《民法典》合同编第154条之规定主张以物抵债协议无效。

二、人民法院应明确当事人间达成以物抵债协议的效力

首先，人民法院应以尊重当事人的意思自治为基本原则，对以物抵债协议的效力、履行等问题进行认定。在一般情况下，若当事人间无明确约定，人民法院应当考察当事人之间的意思表示是否真实，而不是将债权人现实地受领抵债物，或取得抵债物的所有权、使用权等财产权利作为债务清偿期届满后签订的以物抵债协议之成立或生效要件。换言之，若各方当事人出于真实的意思表示签订以物抵债协议，且协议内容不违反法律、行政法规的强制

性规定，该以物抵债协议即为有效。

其次，当事人于债务清偿期届满后达成的以物抵债协议可能会发生两种效果。其一，该协议可能构成债的更改，即在消灭旧债务的同时生成新债务。其二，该协议可能属于新债清偿，即旧债务并未消失，而是与新债务共存。人民法院在考察协议效果时应基于债权保护之理念，在不存在明确消灭旧债务的合意时，当事人于债务清偿期届满后达成的以物抵债协议之性质一般应为新债清偿，而非债的更改。此时，在新债务履行之前旧债务并不消灭，而是处于与新债务衔接并存之状态；在新债务合法有效并得以履行完毕后，旧债务才归于消灭。

最后，在审判实务中，当出现当事人达成以物抵债协议、新债务与旧债务并存时，人民法院应以债务人是否按照约定全面履行自己的义务为依据确定债权是否得以实现。若新债务届期不履行，致使以物抵债协议目的不能实现的，债权人有权请求债务人履行旧债务，且该请求权的行使，并不以以物抵债协议无效、被撤销或者被解除为前提。

三、人民法院需注意旧债的诉讼时效是否中断问题

当事人在债务履行期限届满后达成以物抵债协议，如抵债物顺利履行完毕，旧债便相应消灭，自不存疑。如新债务不能履行，债权人请求债务人履行旧债，此时涉及旧债的诉讼时效问题。对此存在不同观点：一种观点认为，以物抵债协议达成即产生对旧债时效的中断；另一种观点认为，以物抵债协议达成产生对旧债时效的中止。应当认为，一方面，以物抵债约定的新债作为履行旧债的一种方式，达成以物抵债的约定，应视为对旧债的一次主张，故旧债的诉讼时效可从此时重新计算；另一方面，产生新债不意味着债务问题已经解决，依然要积极主张权利，新债源于旧债，新债只是履行旧债的一种途径，对新债的催告也是对旧债的主张，故以物抵债协议达成产生对旧债中断的效果并不会因新债履行期限过长而损害债权人追诉旧债的时效利益，恰恰符合诉讼时效督促及时行权的制度价值。因此，达成以物抵债协议产生对旧债时效的中断。此外，在新债系多次履行的情况下，只有在彻底履行完

毕时旧债才消灭，故每一次的履行均应产生时效中断的效果。

【关联指引】

《全国法院民商事审判工作会议纪要》（2019年11月8日）

44.【履行期届满后达成的以物抵债协议】当事人在债务履行期限届满后达成以物抵债协议，抵债物尚未交付债权人，债权人请求债务人交付的，人民法院要着重审查以物抵债协议是否存在恶意损害第三人合法权益等情形，避免虚假诉讼的发生。经审查，不存在以上情况，且无其他无效事由的，人民法院依法予以支持。

当事人在一审程序中因达成以物抵债协议申请撤回起诉的，人民法院可予准许。当事人在二审程序中申请撤回上诉的，人民法院应当告知其申请撤回起诉。当事人申请撤回起诉，经审查不损害国家利益、社会公共利益、他人合法权益的，人民法院可予准许。当事人不申请撤回起诉，请求人民法院出具调解书对以物抵债协议予以确认的，因债务人完全可以立即履行该协议，没有必要由人民法院出具调解书，故人民法院不应准许，同时应当继续对原债权债务关系进行审理。

45.【履行期届满前达成的以物抵债协议】当事人在债务履行期届满前达成以物抵债协议，抵债物尚未交付债权人，债权人请求债务人交付的，因此种情况不同于本纪要第71条规定的让与担保，人民法院应当向其释明，其应当根据原债权债务关系提起诉讼。经释明后当事人仍拒绝变更诉讼请求的，应当驳回其诉讼请求，但不影响其根据原债权债务关系另行提起诉讼。

71.【让与担保】债务人或者第三人与债权人订立合同，约定将财产形式上转让至债权人名下，债务人到期清偿债务，债权人将该财产返还给债务人或第三人，债务人到期没有清偿债务，债权人可以对财产拍卖、变卖、折价偿还债权的，人民法院应当认定合同有效。合同如果约定债务人到期没有清偿债务，财产归债权人所有的，人民法院应当认定该部分约定无效，但不影响合同其他部分的效力。

当事人根据上述合同约定，已经完成财产权利变动的公示方式转让至债权人名下，债务人到期没有清偿债务，债权人请求确认财产归其所有的，人民法院不予支持，但债权人请求参照法律关于担保物权的规定对财产拍卖、变卖、折价优先偿还其债权的，人民法院依法予以支持。债务人因到期没有清偿债务，请求对该财产拍卖、变卖、折价偿还所欠债权人合同项下债务的，人民法院亦应依法予以支持。

《最高人民法院关于适用〈中华人民共和国民法典〉有关担保制度的解释》(2020年12月31日)

第六十八条 债务人或者第三人与债权人约定将财产形式上转移至债权人名下，债务人不履行到期债务，债权人有权对财产折价或者以拍卖、变卖该财产所得价款偿还债务的，人民法院应当认定该约定有效。当事人已经完成财产权利变动的公示，债务人不履行到期债务，债权人请求参照民法典关于担保物权的有关规定就该财产优先受偿的，人民法院应予支持。

债务人或者第三人与债权人约定将财产形式上转移至债权人名下，债务人不履行到期债务，财产归债权人所有的，人民法院应当认定该约定无效，但是不影响当事人有关提供担保的意思表示的效力。当事人已经完成财产权利变动的公示，债务人不履行到期债务，债权人请求对该财产享有所有权的，人民法院不予支持；债权人请求参照民法典关于担保物权的规定对财产折价或者以拍卖、变卖该财产所得的价款优先受偿的，人民法院应予支持；债务人履行债务后请求返还财产，或者请求对财产折价或者以拍卖、变卖所得的价款清偿债务的，人民法院应予支持。

债务人与债权人约定将财产转移至债权人名下，在一定期间后再由债务人或者其指定的第三人以交易本金加上溢价款回购，债务人到期不履行回购义务，财产归债权人所有的，人民法院应当参照第二款规定处理。回购对象自始不存在的，人民法院应当依照民法典第一百四十六条第二款的规定，按照其实际构成的法律关系处理。

第二十八条 【债务履行期限届满前达成的以物抵债协议】

《最高人民法院关于适用〈中华人民共和国民法典〉合同编通则若干问题的解释》	《中华人民共和国民法典》
第二十八条 【债务履行期限届满前达成的以物抵债协议】债务人或者第三人与债权人在债务履行期限届满前达成以物抵债协议的，人民法院应当在审理债权债务关系的基础上认定该协议的效力。 当事人约定债务人到期没有清偿债务，债权人可以对抵债财产拍卖、变卖、折价以实现债权的，人民法院应当认定该约定有效。当事人约定债务人到期没有清偿债务，抵债财产归债权人所有的，人民法院应当认定该约定无效，但是不影响其他部分的效力；债权人请求对抵债财产拍卖、变卖、折价以实现债权的，人民法院应予支持。 当事人订立前款规定的以物抵债协议后，债务人或者第三人未将财产权利转移至债权人名下，债权人主张优先受偿的，人民法院不予支持；债务人或者第三人已将财产权利转移至债权人名下的，依据《最高人民法院关于适用〈中华人民共和国民法典〉有关担保制度的解释》第六十八条的规定处理。	**第一百六十四条** 代理人不履行或者不完全履行职责，造成被代理人损害的，应当承担民事责任。 代理人和相对人恶意串通，损害被代理人合法权益的，代理人和相对人应当承担连带责任。 **第三百八十八条** 设立担保物权，应当依照本法和其他法律的规定订立担保合同。担保合同包括抵押合同、质押合同和其他具有担保功能的合同。担保合同是主债权债务合同的从合同。主债权债务合同无效的，担保合同无效，但是法律另有规定的除外。 担保合同被确认无效后，债务人、担保人、债权人有过错的，应当根据其过错各自承担相应的民事责任。 **第四百零一条** 抵押权人在债务履行期限届满前，与抵押人约定债务人不履行到期债务时抵押财产归债权人所有的，只能依法就抵押财产优先受偿。

【条文释义】

此条司法解释是有关债务履行期届满前达成的担保型以物抵债协议的规定。所谓担保型以物抵债行为，是指当事人之间在债务履行期届满前达成以物抵债协议，约定当债务人不履行到期债务抵债物所有权归债权人所有之行为。《民法典》第401条对担保型以物抵债行为的效力进行了规定："抵押权人在债务履行期限届满前，与抵押人约定债务人不履行到期债务时抵押财产归债权人所有的，只能依法就抵押财产优先受偿。"

对于在法律实务中如何处理担保型以物抵债行为，《最高人民法院关于适用〈中华人民共和国民法典〉有关担保制度的解释》第68条规定："债务人或者第三人与债权人约定将财产形式上转移至债权人名下，债务人不履行到期债务，债权人有权对财产折价或者以拍卖、变卖该财产所得价款偿还债务的，人民法院应当认定该约定有效。当事人已经完成财产权利变动的公示，债务人不履行到期债务，债权人请求参照民法典关于担保物权的有关规定就该财产优先受偿的，人民法院应予支持。债务人或者第三人与债权人约定将财产形式上转移至债权人名下，债务人不履行到期债务，财产归债权人所有的，人民法院应当认定该约定无效，但是不影响当事人有关提供担保的意思表示的效力。当事人已经完成财产权利变动的公示，债务人不履行到期债务，债权人请求对该财产享有所有权的，人民法院不予支持；债权人请求参照民法典关于担保物权的规定对财产折价或者以拍卖、变卖该财产所得的价款优先受偿的，人民法院应予支持；债务人履行债务后请求返还财产，或者请求对财产折价或者以拍卖、变卖所得的价款清偿债务的，人民法院应予支持。债务人与债权人约定将财产转移至债权人名下，在一定期间后再由债务人或者其指定的第三人以交易本金加上溢价款回购，债务人到期不履行回购义务，财产归债权人所有的，人民法院应当参照第二款规定处理。回购对象自始不存在的，人民法院应当依照民法典第一百四十六条第二款的规定，按照其实际构成的法律关系处理。"由此可见，对于担保型以物抵债行为的效力认定以及债权人权利实现程序在该条文中得到初步落实。

【条文引申】

从此条司法解释关于担保型以物抵债的法律适用角度出发，可以引申出以下几个问题：

一、关于禁止流质以及流押的问题

为避免出现债权人乘债务人之急迫而滥用其优势地位，通过压低担保物价值的方式获取暴利之情况，《民法典》第401条、第428条采用部分有效，部分无效的原则，分别对流押、流质条款的效力作出了明确规定。申言之，根据上述条款之规定，若担保合同中存在流质、流押条款，该条款本身无效。但流质、流押条款的无效并不影响整个担保合同的效力。《民法典》关于禁止流押或流质的规定，就意味着当事人在协议中所约定的担保型以物抵债条款因违反禁止流质或流押的规定而无效。此时，债权人物权直接请求债务人履行交付或者权属变更义务，否则，其就可以基于合同的履行取得物权，从而架空了物权法关于禁止流质或流押的规定。但流押或流质条款无效，并不意味着整个以物抵债协议都无效。事实上，以物抵债协议仍然是有效的，其效力表现在，当债务人不履行债务时，债权人可以通过折价、拍卖、变卖抵债物等方式偿还债务。至于对拍卖所得的价款是否享有优先权，则因抵债物是否完成了相应的公示而异其效力。从这一意义上说，本条实际上是将此种以物抵债作为履行原债权债务关系的担保来对待的。

二、让与担保是否违反流押、流质的问题

所谓让与担保，是指债务人或者第三人为担保债务的履行，将标的物转移给他人，于债务不履行时，该他人可就标的物受偿的一种非典型担保。将标的物转移给他人的债务人或第三人形式上是转让人，实质上是担保人；受领标的物的他人形式上是受让人，实质上是担保权人。根据标的物的不同，让与担保包括动产让与担保、不动产让与担保以及股权让与担保等类型。由于让与担保具有融资灵活、交易成本较低、第三人阻碍债权实现的可能性小等实际优势，因此一直在担保实践中扮演着重要角色。

对于让与担保是否违反流质流押的问题，基于《民法典》对流质、流押的明令禁止，因此，若当事人在让与担保合同中存在“债务人到期不能清偿债

务，财产归债权人所有的”之约定，该约定本身则因违反禁止流质、流押的强制性规定而无效。但是，根据无效法律行为的转化理论，因违反流质、流押条款无效的部分，应当转化为清算型担保，从而不影响合同中其他条款的效力。

【审判实务】

一、人民法院应当注意担保型以物抵债的审理程序问题

根据本条规定，当人民法院审理担保型以物抵债协议时，抵债物尚未交付债权人，债权人请求交付的，应直接按照原债权债务关系审理，而非依照《全国法院民商事审判工作会议纪要》之规定向其释明应当根据原债权债务关系提起诉讼。经释明后当事人仍拒绝变更诉讼请求的，驳回其诉讼请求。同时，若当事人根据审理情况提出变更诉讼请求的，人民法院应当准许。

二、人民法院应当注重把握让与担保合同效力的认定问题

人民法院在审判过程中，不应简单地认定让与担保形式无效，尤其不应依据有关流押或流质之禁止规定认定担保合同全部无效。但是因让与担保本质上属于非典型担保，债权人签订让与担保合同的目的在于支配财产的交换价值而使债权获得清偿，而不是取得财产的所有权，如果承认该约定的效力，债务人届期不履行债务时，债权人不经过任何清算过程即可获得财产所有权，则与担保制度之本质相违背。因此，人民法院应否认当事人事先约定有关债权人可以取得财产所有权条款之效力，避免出现债权人滥用其优势地位乘人之危，通过压低担保物价值的方式获取暴利。

【关联指引】

《全国法院民商事审判工作会议纪要》(2019年11月8日)

44.【履行期届满后达成的以物抵债协议】当事人在债务履行期限届满后

达成以物抵债协议，抵债物尚未交付债权人，债权人请求债务人交付的，人民法院要着重审查以物抵债协议是否存在恶意损害第三人合法权益等情形，避免虚假诉讼的发生。经审查，不存在以上情况，且无其他无效事由的，人民法院依法予以支持。

当事人在一审程序中因达成以物抵债协议申请撤回起诉的，人民法院可予准许。当事人在二审程序中申请撤回上诉的，人民法院应当告知其申请撤回起诉。当事人申请撤回起诉，经审查不损害国家利益、社会公共利益、他人合法权益的，人民法院可予准许。当事人不申请撤回起诉，请求人民法院出具调解书对以物抵债协议予以确认的，因债务人完全可以立即履行该协议，没有必要由人民法院出具调解书，故人民法院不应准许，同时应当继续对原债权债务关系进行审理。

45.【履行期届满前达成的以物抵债协议】当事人在债务履行期届满前达成以物抵债协议，抵债物尚未交付债权人，债权人请求债务人交付的，因此种情况不同于本纪要第71条规定的让与担保，人民法院应当向其释明，其应当根据原债权债务关系提起诉讼。经释明后当事人仍拒绝变更诉讼请求的，应当驳回其诉讼请求，但不影响其根据原债权债务关系另行提起诉讼。

71.【让与担保】债务人或者第三人与债权人订立合同，约定将财产形式上转让至债权人名下，债务人到期清偿债务，债权人将该财产返还给债务人或第三人，债务人到期没有清偿债务，债权人可以对财产拍卖、变卖、折价偿还债权的，人民法院应当认定合同有效。合同如果约定债务人到期没有清偿债务，财产归债权人所有的，人民法院应当认定该部分约定无效，但不影响合同其他部分的效力。

当事人根据上述合同约定，已经完成财产权利变动的公示方式转让至债权人名下，债务人到期没有清偿债务，债权人请求确认财产归其所有的，人民法院不予支持，但债权人请求参照法律关于担保物权的规定对财产拍卖、变卖、折价优先偿还其债权的，人民法院依法予以支持。债务人因到期没有清偿债务，请求对该财产拍卖、变卖、折价偿还所欠债权人合同项下债务的，人民法院亦应依法予以支持。

《最高人民法院关于适用〈中华人民共和国民法典〉有关担保制度的解释》（2020年12月31日）

第六十八条 债务人或者第三人与债权人约定将财产形式上转移至债权人名下，债务人不履行到期债务，债权人有权对财产折价或者以拍卖、变卖该财产所得价款偿还债务的，人民法院应当认定该约定有效。当事人已经完成财产权利变动的公示，债务人不履行到期债务，债权人请求参照民法典关于担保物权的有关规定就该财产优先受偿的，人民法院应予支持。

债务人或者第三人与债权人约定将财产形式上转移至债权人名下，债务人不履行到期债务，财产归债权人所有的，人民法院应当认定该约定无效，但是不影响当事人有关提供担保的意思表示的效力。当事人已经完成财产权利变动的公示，债务人不履行到期债务，债权人请求对该财产享有所有权的，人民法院不予支持；债权人请求参照民法典关于担保物权的规定对财产折价或者以拍卖、变卖该财产所得的价款优先受偿的，人民法院应予支持；债务人履行债务后请求返还财产，或者请求对财产折价或者以拍卖、变卖所得的价款清偿债务的，人民法院应予支持。

债务人与债权人约定将财产转移至债权人名下，在一定期间后再由债务人或者其指定的第三人以交易本金加上溢价款回购，债务人到期不履行回购义务，财产归债权人所有的，人民法院应当参照第二款规定处理。回购对象自始不存在的，人民法院应当依照民法典第一百四十六条第二款的规定，按照其实际构成的法律关系处理。

第二十九条 【向第三人履行的合同】

《最高人民法院关于适用〈中华人民共和国民法典〉合同编通则若干问题的解释》	《中华人民共和国民法典》
第二十九条 【向第三人履行的合同】 民法典第五百二十二条第二款规定的第三人请求债务人向自己履行债务的，人民法院应予支持；请求行使撤销权、解除权等民事权利的，人民法院不予支持，但是法律另有规定的除外。 合同依法被撤销或者被解除，债务人请求债权人返还财产的，人民法院应予支持。 债务人按照约定向第三人履行债务，第三人拒绝受领，债权人请求债务人向自己履行债务的，人民法院应予支持，但是债务人已经采取提存等方式消灭债务的除外。第三人拒绝受领或者受领迟延，债务人请求债权人赔偿因此造成的损失的，人民法院依法予以支持。	**第五百二十二条** 当事人约定由债务人向第三人履行债务，债务人未向第三人履行债务或者履行债务不符合约定的，应当向债权人承担违约责任。 法律规定或者当事人约定第三人可以直接请求债务人向其履行债务，第三人未在合理期限内明确拒绝，债务人未向第三人履行债务或者履行债务不符合约定的，第三人可以请求债务人承担违约责任；债务人对债权人的抗辩，可以向第三人主张。

【条文释义】

本条司法解释是对债务人向第三人履行合同的规定。向第三人履行的合同，又称第三人利益合同，是指合同双方当事人为第三人设定了合同权利，由第三人取得利益的合同。在此种合同中，第三人并非合同的缔约方，无须在合同上盖章或签字，也无须通过代理的方式参与缔约。合同当事人的约定不得为第三人增加负担，且双方当事人的约定不约束该第三人。

向第三人履行的合同是一种典型的涉他合同，此类合同在一定程度上突破了合同相对性原则。就合同的本质而言，合同是当事人意思自治的产物。

因而，在一般情况下，合同可依据当事人之间的合意产生法律效力，其效力范围仅限于参与合意的当事人，不包括未参与合意的第三人。

然而，随着社会经济的高速发展，商业行为的复杂与频繁，合同的相对性原则也受到了极大的挑战。效力涉及第三人之合同逐渐被社会需要以及认可。《民法典》第522条也对涉及第三人的合同作出了相应规定："当事人约定由债务人向第三人履行债务，债务人未向第三人履行债务或者履行债务不符合约定的，应当向债权人承担违约责任。法律规定或者当事人约定第三人可以直接请求债务人向其履行债务，第三人未在合理期限内明确拒绝，债务人未向第三人履行债务或者履行债务不符合约定的，第三人可以请求债务人承担违约责任；债务人对债权人的抗辩，可以向第三人主张。"

【条文引申】

在类别划分上，根据第三人有无履行请求权，可将向第三人履行之合同分为真正的利他合同与不真正的利他合同。

真正的利他合同，亦称真正利益第三人的合同，是指债务人根据合同当事人之约定向第三人履行债务，第三人有权依照法律的规定或者合同的约定直接请求债务人履行债务的合同。利他合同的特点在于第三人虽然不是合同当事人，但可以取得履行请求权。简言之，即非合同当事人的第三人被包含在合同的效力范围之内。

真正的利他合同一般具备以下要件：首先，合同中存在由债务人向第三人履行债务之约定。其次，第三人有权根据法律之规定或者合同之约定直接请求债务人向其履行债务。再次，第三人权利源于法律的直接规定或合同直接之约定，而非由债权人继受取得。最后，在真正的利他合同中，债权人亦有请求债务人向第三人履行之权利。

在真正的利他合同中，第三人并非合同当事人，虽然利他合同通常是纯粹为当事人之利益，不会增加第三人的负担，但是私人自治的其中一层含义即可以不受他人干预，即使这种干预是一种法律上的权利，但第三人享有拒绝的权利。同时，第三人应自合同当事人约定时即取得履行请求权，无须特别作出接受的意思表示。换言之，只要第三人未在合理期限内明确拒绝履行请求权，即享有相关权利。在第三人享有直接履行请求权的情况下，第三人实际上享有独立的法律利益，在债务人未向第三人履行债务或者履行债务不符合约定的，第三人可以请求债务人承担违约责任。

对于债务人而言，第三人直接负担债务时，债务人对第三人是否享有抗辩权的问题，各国立法例均认可债务人对债权人的抗辩可以对第三人主张。我国《民法典》亦认可这种思路，规定债务人对债权人的抗辩，可以向第三人主张。

与真正的利他合同相对，不真正利他合同在本质上属于一种合同履行的特殊形式。与真正的利他合同不同，第三人在不真正利他合同中的身份为纯粹的履行受领人。此时，第三人并不享有直接的针对债务人的履行请求权，债务人未向第三人履行债务或者履行债务不符合约定的，应当向债权人承担违约责任。

在利他合同中，债务人向第三人的履行来源是当事人之间的合意，故债务人向第三人履行是一种受到合同约束的、应当作出的行为。与一般的合同履行恪守相对人不同，不真正利他合同中的向第三人履行基础是当事人间的自主约定。对不真正利他合同而言，当债务人未向第三人履行全部或者部分债务时，仅债权人有权请求债务人履行债务，第三人不能作为直接权利人，亦不无权直接要求债务人履行。此外，在不真正利他合同中，第三人以自己的名义，为了债权人的利益来受领履行，第三人对履行不具有自己独立的法律利益，履行之中所包含的法律利益，仍是债权人的利益。受领履行的第三人所获得的只是一种纯粹事实性质的经济利益，故债务人不履行或者履行债务不符合合同约定的，应当向债权人承担违约责任。

另外，在不真正利他合同中，虽然第三人无权直接要求债务人履行债务，但是向第三人履行债务是合同既有之约定内容，债务人理应受到该约定之约束，负有向第三人履行之义务。当债务人不履行合同义务，或者履行合同义务不符合约定时，理应向债权人承担相应的违约责任。在不真正利他合同的履行过程中，若债务人违反约定，未向第三人履行债务而是直接向债权人履行的，其行为属于履行不当。此时，债权人有权拒绝债务人之履行，且该拒绝行为并不构成受领迟延。在不真正利他合同中，债权人与债务人可以随时变更债务履行对象，第三人无权干涉。

在不真正利他合同中，第三人作为履行受领人，并不享有直接请求债务人履行的权利，仅能消极地接受债务人的履行。此时，若债务人不履行债务或未按约定履行债务，第三人无权行使相应权利，而是仍应由债权人行使。在履行过程中，若第三人拒绝受领给付，债务人应向债权人告知第三人拒绝受领的真实情况。此时，债权人可以亲自受领给付。若债权人同样拒绝受领或联系不到，债务人可以通过提存的方式终止债权、债务关系。

【审判实务】

人民法院应注意区分真正利他合同与不真正利他合同。

在司法实践中，人民法院应当准确区分不真正利他合同和真正的利他合同，进而保证相应条款的准确适用。作为广义上向第三人履行合同的不同类型，真正利他合同与不真正利他合同的核心区别在于第三人是否享有法律规定或者合同约定直接向债务人请求履行的权利。在具体适用上，人民法院需主要考察当事人在合同中对第三人权利的约定内容，如是否约定第三人可以直接要求债务人履行债务或者在债务人未履行或者履行不符合合同约定时，债权人可以直接要求债务人承担违约责任。若在合同中并不存在相关约定，人民法院需进一步考察是否存在相应的法律规定赋予第三人直接履行请求权。如果亦不存在相应的法律规定，则应当将合同视为不真正的利他合同；如果存在相应的法律规定，则应当将合同认定为真正的利他合同。

【关联指引】

《最高人民法院关于适用〈中华人民共和国民法典〉时间效力的若干规定》（2020年12月29日）

第二十条 民法典施行前成立的合同，依照法律规定或者当事人约定该合同的履行持续至民法典施行后，因民法典施行前履行合同发生争议的，适用当时的法律、司法解释的规定；因民法典施行后履行合同发生争议的，适用民法典第三编第四章和第五章的相关规定。

《最高人民法院关于审理买卖合同纠纷案件适用法律问题的解释》（2020年12月29日）

第十六条 买受人在检验期限、质量保证期、合理期限内提出质量异议，出卖人未按要求予以修理或者因情况紧急，买受人自行或者通过第三人修理标的物后，主张出卖人负担因此发生的合理费用的，人民法院应予支持。

第三十条 【第三人代为清偿规则的适用】

《最高人民法院关于适用〈中华人民共和国民法典〉合同编通则若干问题的解释》	《中华人民共和国民法典》
第三十条 【第三人代为清偿规则的适用】下列民事主体，人民法院可以认定为民法典第五百二十四条第一款规定的对履行债务具有合法利益的第三人： （一）保证人或者提供物的担保的第三人； （二）担保财产的受让人、用益物权人、合法占有人； （三）担保财产上的后顺位担保权人； （四）对债务人的财产享有合法权益且该权益将因财产被强制执行而丧失的第三人； （五）债务人为法人或者非法人组织的，其出资人或者设立人； （六）债务人为自然人的，其近亲属； （七）其他对履行债务具有合法利益的第三人。 第三人在其已经代为履行的范围内取得对债务人的债权，但是不得损害债权人的利益。 担保人代为履行债务取得债权后，向其他担保人主张担保权利的，依据《最高人民法院关于适用〈中华人民共和国民法典〉有关担保制度的解释》第十三条、第十四条、第十八条第二款等规定处理。	**第一百七十八条** 二人以上依法承担连带责任的，权利人有权请求部分或者全部连带责任人承担责任。 连带责任人的责任份额根据各自责任大小确定；难以确定责任大小的，平均承担责任。实际承担责任超过自己责任份额的连带责任人，有权向其他连带责任人追偿。 连带责任，由法律规定或者当事人约定。 **第五百二十四条** 债务人不履行债务，第三人对履行该债务具有合法利益的，第三人有权向债权人代为履行；但是，根据债务性质、按照当事人约定或者依照法律规定只能由债务人履行的除外。 债权人接受第三人履行后，其对债务人的债权转让给第三人，但是债务人和第三人另有约定的除外。

【条文释义】

此条司法解释是关于第三人代为清偿规则的适用。

《民法典》第524条规定："债务人不履行债务，第三人对履行该债务具有合法利益的，第三人有权向债权人代为履行；但是，根据债务性质、按照当事人约定或者依照法律规定只能由债务人履行的除外。债权人接受第三人履行后，其对债务人的债权转让给第三人，但是债务人和第三人另有约定的除外。"据此可知，第三方自愿代为清偿合同需要具备以下要件：

第一，合同中并未约定第三人具有履行义务。该要件作为第三人自愿履行的核心要件，主要包括两部分内容：首先，第三人并非原合同中的当事人。申言之，第三人不能是债务人、连带债务人、不可分债务人、保证人、物上保证人、担保物之第三取得人、后次序之担保权人、无担保权之债权人以及共有人，这是将其称之为合同第三人的应有之义。其次，如果合同已约定债务由第三人履行，则应适用《民法典》第523条"由第三人履行债务"之相关规定。

第二，债务人不履行债务。此处的债务人不履行债务行为应包括以下四种：一是债务人已明确作出拒绝履行债务的意思表示；二是债务人虽未明确表示拒绝履行，但在约定的债务履行期限内或未约定履行期限时在合理的期限内无实际履行行为；三是债务人明显丧失履行能力，如经营状况严重恶化等；四是债务人亲自履行或委托他人履行已不具有可能性，如债务人在最后履行期限临近前因病昏迷或被逮捕等。

第三，第三人对履行该债务具有合法利益。此处的"具有合法利益"之判断标准应为两点。首先，第三人履行该债务的目的合法；其次，第三人履行该债务并不违反法律、法规或规章的禁止性规定。只要第三人履行目的符合以上两点，即可认定为其对履行该债务具有合法利益。

第四，根据债务性质、合同约定或法律规定，未明确将第三人代履行排除在外。合同债务的性质特殊，不允许第三人参与；或合同双方对第三人代为清偿规则进行了排除性约定；以及法律明确规定某些合同中不允许第三人代为清偿的前提下，第三人被排斥在合同之外，无权履行自愿清偿行为。

本条司法解释对履行债务具有合法利益的第三人进行了列举式规定。在第三人代为清偿规则中，对履行债务具有合法利益的第三人主要包括以下几类：（一）保证人或者提供物的担保的第三人；（二）担保财产的受让人、用益物权人、合法占有人；（三）担保财产上的后顺位担保权人；（四）对债务人的财产享有合法权益且该权益将因财产被强制执行而丧失的第三人；（五）债务人为法人或者非法人组织的，其出资人或者设立人；（六）债务人为自然人的，其近亲属；（七）其他对履行债务具有合法利益的第三人。

在第三人代债务人履行全部或部分债务后，即取得其代为履行范围之债权，但不得实施债权人利益之行为。当存在多个担保人对同一债务进行担保时，若一个担保人代为履行债务后，有权依《最高人民法院关于适用〈中华人民共和国民法典〉有关担保制度的解释》第13条、第14条、第18条第2款等规定向债务人以及其他担保人追偿。

【条文引申】

从此条司法解释出发，可发现《民法典》对第三人代为清偿行为之规定中有以下几点需要予以重视：

一、第三人单方自愿代为清偿的法律效力问题

第三人单方自愿代为履行后产生两种法律效力，分别为履行的对内效力与履行的对外效力。

对内效力，即指合同当事人之间在第三人代为履行后所发生的效力。对内效力的内容主要有以下几点：首先，在第三人代为履行后，债务人对债权人所负的债务应在第三人履行之范围内作出相应扣减。其次，在第三人代为履行后，第三人不因其代履行行为而成为合同当事人，原合同相对人的地位亦不因此发生改变。最后，当第三人瑕疵履行时，债权人有权直接向债务人

主张由该履行所产生的违约责任，第三人对债权人不承担瑕疵担保责任。

对外效力，是指第三人代为履行后发生的，对象为原合同相对人与第三人的效力。对外效力主要有以下几点内容：首先，在第三人代为履行后，即依法取得原债权人对债务人的相应债权。该债权的取得为自然取得，不以通知债务人为生效条件。其次，债务人有对第三人主张其对原债权人所享有的抗辩，如同时履行抗辩、时效完成的抗辩、债权未发生的抗辩等。其目的在于保护债务人的利益不因转让行为而发生减损。

二、“第三人单方自愿代为履行”与“由第三人履行的合同”的关系

“第三人单方自愿代为履行”与“由第三人履行的合同”是两个相似概念，但存在一定区别。在法律适用中很容易发生混淆之现象。一方面，上述两个概念之间存在以下相同之处：一是第三人地位相同。申言之，无论是在“第三人单方自愿代为履行”的合同，还是在“由第三人履行的合同”中，均不属于合同当事人。第三人均出于自愿履行合同义务，不受任何一方的强制约束。二是第三人履行债务的后果均由债务人承担。另一方面，两者同样存在以下差异：第一，二者性质不同。所谓“由第三人履行的合同”，或称担保第三人履行的合同，是指以担保第三人的履行为合同标的的合同。在此类合同中，若第三人没有按债务人与债权人合意的方式行为，由债务人负赔偿责任。而“第三人单方自愿代为履行”则是一个事实行为，而非重合同类型。第二，构成要件不同。“由第三人履行的合同”成立的前提是债权人和债务人对第三人履行债务作出明确约定，但“第三人单方自愿代为履行”则无此要求。第三，法律效果不同。对债权人而言，在“由第三人履行的合同”中，因其已与债务人达成协议由第三人履行，故在第三人作出履行时，债权人不得拒绝受领；而在“第三人单方自愿代为履行”的情形下，如果该债务在性质上不适合由第三人履行，则在第三人自愿代为清偿时，债权人有权予以拒绝。对债务人而言，在“由第三人履行的合同”中，因债权人与债务人约定由第三人履行，故债务人无权拒绝第三人向债权人的履行；而在“第三人单方自愿代为履行”的情形下，债务人事先提出异议的，第三人则不得代为履

行。此外，在合同约定由第三人履行的情况下，债务人可以依据合同的约定督促第三人作出履行，而在第三人自愿清偿的情形下，债务人无权要求第三人履行债务。“第三人单方自愿代为履行”后，自动发生债权转让的法律效果；而“由第三人履行的合同”中，并不自动发生债权转让的效果。

【审判实务】

一、人民法院应充分考量第三人的主观意愿

在第三人自愿清偿的判定中，人民法院对“自愿”的认定是关键。只有在第三人具有代为履行的主观意愿，对所履行的债务非为自身之债务有清晰的认识时，方可构成“自愿”。同时，在涉及连带债务人时，连带债务人清偿债务其实系履行自己的义务而非在为第三人履行或者清偿。如果第三人纯粹因对债权主体判断错误等而作出给付行为的，并不构成对债务的自愿清偿。此时，人民法院应按不当得利处理。

二、人民法院须明确第三人的诉讼地位

在第三人自愿履行债务所产生的诉讼活动中，若涉及原合同纠纷，人民法院须明确：虽然此时第三人并非合同当事人，但该诉讼直接关系到将来第三人向债务人主张债权，诉讼结果与其具有法律上的利害关系，故其在该诉讼中应为无独立请求权第三人。而在涉及债权转让纠纷即第三人向债务人主张债权的诉讼中，第三人为原告，原债权人应为无独立请求权第三人。

【关联指引】

《最高人民法院关于适用〈中华人民共和国民法典〉有关担保制度的解释》（2020年12月31日）

第十三条　同一债务有两个以上第三人提供担保，担保人之间约定相互

追偿及分担份额，承担了担保责任的担保人请求其他担保人按照约定分担份额的，人民法院应予支持；担保人之间约定承担连带共同担保，或者约定相互追偿但是未约定分担份额的，各担保人按照比例分担向债务人不能追偿的部分。

同一债务有两个以上第三人提供担保，担保人之间未对相互追偿作出约定且未约定承担连带共同担保，但是各担保人在同一份合同书上签字、盖章或者按指印，承担了担保责任的担保人请求其他担保人按照比例分担向债务人不能追偿部分的，人民法院应予支持。

除前两款规定的情形外，承担了担保责任的担保人请求其他担保人分担向债务人不能追偿部分的，人民法院不予支持。

第十四条 同一债务有两个以上第三人提供担保，担保人受让债权的，人民法院应当认定该行为系承担担保责任。受让债权的担保人作为债权人请求其他担保人承担担保责任的，人民法院不予支持；该担保人请求其他担保人分担相应份额的，依照本解释第十三条的规定处理。

第十八条 承担了担保责任或者赔偿责任的担保人，在其承担责任的范围内向债务人追偿的，人民法院应予支持。

同一债权既有债务人自己提供的物的担保，又有第三人提供的担保，承担了担保责任或者赔偿责任的第三人，主张行使债权人对债务人享有的担保物权的，人民法院应予支持。

第三十一条 【同时履行抗辩权与先履行抗辩权】

《最高人民法院关于适用〈中华人民共和国民法典〉合同编通则若干问题的解释》	《中华人民共和国民法典》
第三十一条 【同时履行抗辩权与先履行抗辩权】当事人互负债务，一方以对方没有履行非主要债务为由拒绝履行自己的主要债务的，人民法院不予支持。但是，对方不履行非主要债务致使不能实现合同目的或者当事人另有约定的除外。 当事人一方起诉请求对方履行债务，被告依据民法典第五百二十五条的规定主张双方同时履行的抗辩且抗辩成立，被告未提起反诉的，人民法院应当判决被告在原告履行债务的同时履行自己的债务，并在判项中明确原告申请强制执行的，人民法院应当在原告履行自己的债务后对被告采取执行行为；被告提起反诉的，人民法院应当判决双方同时履行自己的债务，并在判项中明确任何一方申请强制执行的，人民法院应当在该当事人履行自己的债务后对对方采取执行行为。 当事人一方起诉请求对方履行债务，被告依据民法典第五百二十六条的规定主张原告应先履行的抗辩且抗辩成立的，人民法院应当驳回原告的诉讼请求，但是不影响原告履行债务后另行提起诉讼。	**第五百二十五条** 当事人互负债务，没有先后履行顺序的，应当同时履行。一方在对方履行之前有权拒绝其履行请求。一方在对方履行债务不符合约定时，有权拒绝其相应的履行请求。 **第五百二十六条** 当事人互负债务，有先后履行顺序，应当先履行债务一方未履行的，后履行一方有权拒绝其履行请求。先履行一方履行债务不符合约定的，后履行一方有权拒绝其相应的履行请求。

【条文释义】

此条司法解释是关于同时履行抗辩权与先履行抗辩权的相关规定。

同时履行抗辩权，又称为不履行抗辩权，是指在双务合同中，一方当事人在对方未履行对待给付以前，可以拒绝履行自己的债务的权利。[①]《民法典》第525条对同时履行抗辩权进行了规定，即当事人互负债务，没有先后履行顺序的，应当同时履行。一方在对方履行之前有权拒绝其履行请求。一方在对方履行债务不符合约定时，有权拒绝其相应的履行请求。上述规定在于平衡当事人之间的权利，同时有利于维护交易秩序、保障交易安全、增进交易双方互信。

先履行抗辩权，也有人将其称为“后履行抗辩权”或“先违约抗辩权”，是指在存在先后履行顺序的双务合同中，负有先履行义务的一方当事人未依照合同约定履行债务，后履行债务的一方当事人为保护自己的预期利益或为保证自己履行合同的条件而拒绝对方当事人请求履行的权利。《民法典》第526条对先履行抗辩权进行了规定：“当事人互负债务，有先后履行顺序，应当先履行债务一方未履行的，后履行一方有权拒绝其履行请求。先履行一方履行债务不符合约定的，后履行一方有权拒绝其相应的履行请求。”

【条文引申】

从此条司法解释出发，可知《民法典》对同时履行抗辩权以及先履行抗辩权的成立条件与行使方式进行了如下规定：

一、同时履行抗辩权的适用条件

首先，同时履行抗辩权须发生在互为给付的双务有偿合同中。同时履行抗辩权制度产生于双务合同履行机能上的牵连性在公平原则之中的运用。同时履行抗辩权仅适用于双务合同，不适用于各种单务合同以及非真正的或不完全的双务合同等。对于“当事人互负债务”的理解应主要集中在以下两个方面：其一，双方当事人之间债务的产生源于同一合同。如果当事人之间债务的产生并非基于同一合同，而是两个甚或多个合同，那么即使当事人在事

① 参见崔建远：《合同法总论》（中卷），中国人民大学出版社2016年版，第83页。

实上具有密切联系，也不产生同时履行抗辩权。在此种情况下，一方当事人不能以对方违反了某项义务为由拒绝履行其义务。其二，同时履行抗辩权的产生必须是双方当事人互负债务。换言之，在同一合同中当事人双方所负的债务之间具有对价或牵连关系。但这种对价并非客观上的对价，不要求双方所负债务完全等值，当事人取得的财产权与其履行的财产义务之间在价值上大致相当，即可以视为“等价”。

在双务合同中，经常引起争论的问题是主给付义务和附随义务之间是否具有对价和牵连关系，能否适用同时履行抗辩权的问题。对此，最高人民法院认为，当一方不履行主给付义务时，对方当事人有权行使同时履行抗辩权即拒绝履行自己的义务；一方单纯违反附随义务，但已履行了主给付义务，另一方一般不得援用同时履行抗辩权，除非附随义务的履行与合同目的的实现具有密切关系。[①]同时，在当事人具体明确地将某种附随义务约定为主给付义务时，无疑应当尊重当事人的意思而将其认定为主给付义务。

其次，同时履行抗辩权须是双方互负的债务没有先后履行顺序且均已届清偿期。此点原因可以拆分成两项：一是当事人互负的债务履行没有先后顺序。若当事人在合同中没有约定债务的履行顺序，当事人应当同时履行合同义务。若当事人之间在合同中约定了先后履行顺序，则负有先履行义务的当事人应当依约定先履行合同义务，并不享有同时履行抗辩权。二是当事人之间互负的债务已届清偿期。同时履行抗辩权制度的目的在于使合同双方同时实现债权并履行债务。因此，只有在双方的债务同时届期时，才能行使同时履行抗辩权。如果债务依据其性质或约定为非同时到期的情形，即其中一方当事人有先履行的义务，而对方所负债务尚未届履行期，则有先履行义务的一方当事人无权主张同时履行抗辩权。

再次，违约方未履行债务或其履行不符合约定。当事人一方向相对方请求履行债务时，请求方对自己所负有对价关系的债务未履行，相对方可据此主张同时履行抗辩而拒绝履行债务。

---

① 参见林诚二：《民法理论问题研究》，中国政法大学出版社2000年版，第372页。

最后，必须是对方的对待给付是可能履行的。法律设置同时履行抗辩权制度的宗旨，在于促使双务合同双方当事人同时履行其债务。假如对方所负担之债务已经丧失履行的可能性，则同时履行之目的便不可能实现。于此情形下，应当依据法律关于合同解除之规定，径行解除合同，而不发生同时履行抗辩权的问题。所以，同时履行抗辩权只有在对方所负之债务可能履行的情况下，才能行使。据此，如果对方当事人的债务陷于不能履行，如果是因对方过错而使然（如标的物遭到毁损灭失等），则只能适用债务不履行的规定请求救济而不发生同时履行抗辩权的问题；如果是因不可归责于双方当事人的原因诸如不可抗力不能履行，则双方当事人将被免责。在此情况下，如一方提出了履行的请求，对方可以提出否认相对方请求权存在的主张，而不是主张同时履行抗辩权。

二、先履行抗辩权的构成要件

先履行抗辩权的成立须具备下列条件：

首先，当事人因同一双务合同互负债务。与同时履行抗辩权相同，先履行抗辩权只存在于双务合同中，单务合同不发生先履行抗辩权的问题。在双务合同中，当事人互负对待给付义务，一方当事人履行义务的直接目的是换取对方的履行。因此，在先履行一方不履行自己的债务时，后履行一方为了保护自己的履行利益，就可以拒绝对方的履行要求。

其次，当事人双方的合同义务有先后履行顺序。在双务合同中，当事人双方可以不约定履行义务的顺序同时履行义务，也可以约定履行义务的先后顺序。在同时履行合同义务的情况下，如果一方没有履行义务而要求对方履行，对方可以援用同时履行抗辩权。在非同时履行的合同中，当事人履行合同义务是存在先后顺序的。此种顺序可以由双方约定，也可以由法律规定或者按习惯确定。

最后，双方所负债务已届清偿期、先履行一方到期未履行债务或未适当履行债务。在存在履行顺序的合同中，负有先履行义务的一方在其债务已届履行期时应当先履行义务。当先履行一方在债务已届履行期却不履行债务或履行债务不符合合同约定时，则构成违约。对于后履行义务的一方，在先履行义务的一方构成违约并请求其履行的情况下，后履行义务一方的债务必须也已届履行期。此时，后履行一方可以行使先履行抗辩权，拒绝其履行请求或在其不适当履行的范围内拒绝其相应的履行请求。如果先履行义务的一方在后履行义务的一方债务未届履行期时提出履行请求，则后履行义务的一方可以履行期限未到，对方无履行请求权为由提出抗辩，而不是行使先履行抗辩权。

三、先履行抗辩权的效力

先履行抗辩权的行使在本质上是对违约行为的抗辩。当后履行一方行使先履行抗辩权时，即可暂时中止自己的债务履行行为。同时，在行使先履行抗辩权后，后履行一方对自己的逾期履行不承担违约责任，对方当事人的债务亦不消灭。但对于先履行一方履行不当时，后履行一方可拒绝履行的部分应与此相当，不得超出必要的限度。当先履行一方纠正其违约行为，使合同的履行趋于正常，满足或基本满足另一方的履行利益时，先履行抗辩权消灭。行使先履行抗辩权的一方应当及时恢复履行，否则构成违约责任。当事人行使先履行抗辩权无效果时，可根据法定条件通知对方解除合同，合同解除，合同视为自始无履行效力，使依合同产生的先履行抗辩权消灭。合同撤销，履行效力消灭，也无先履行抗辩权可言。合同无效即无履行效力，不产生先履行抗辩权，但可产生权利不成立或消灭的抗辩权。

同时，后履行一方行使先履行抗辩权并不影响其追究先履行一方的违约责任。即使先履行一方在收到抗辩后履行了自己的责任，或者对不完全履行进行了补救，后履行一方在履行自己义务的同时，还可以追究先履行一方的违约责任。

【审判实务】

一、人民法院应注意区分同时履行抗辩权与留置权

在合同中，在对方未为对待给付之前，守约方依据同时履行抗辩权将自

己之给付暂时保留。因此，同时履行抗辩权与留置权有竞合之处，但两者存在明显区别。留置权是担保物权，是为担保债务人履行其合同债务而设立的，留置权人对留置的债务人的财产价值有优先受偿权，既可以对抗债务人，也可以对抗合同之外的其他任何第三人，包括任何第三人对于留置权的物权请求权和债务人的其他债权人的债权请求权。而同时履行抗辩权的效力性质上属于债的效力，仅在于当事人之间，只能对抗对方当事人的请求权，不具有对抗合同以外的第三人的效力，只能就双务合同的对方当事人的债权请求权行使。留置权只能在法定的合同如保管合同、运输合同、加工承揽合同中存在，其行使亦具有法定程序，而同时履行抗辩权可在所有双务合同中存在，其行使只需提出抗辩即可。

二、人民法院须明晰同时履行抗辩权中的举证责任

作为双务合同当事人所享有的一项法定权利，当事人可以行使同时履行抗辩权，也可以不行使同时履行抗辩权。当事人行使同时履行抗辩权时，不负证明对方当事人未履行合同义务的举证责任，对方当事人如主张自己已经按合同要求履行了义务，应当举证证明，但如援用同时履行抗辩权的一方当事人主张对方当事人部分履行或履行不适当，则其应负举证责任。

三、人民法院应对先履行抗辩权的行使方式加以注意

在先履行抗辩权中，当先履行一方履行债务不符合约定时，如何判断后履行一方的拒绝履行与先履行一方不符合约定的履行是否“相适应”？最高人民法院认为，双方当事人的债务均为可分之债时，当先履行一方当事人部分履行时，后履行一方可拒绝其相应的债务履行，此时双方当事人的履行大体上可以计算、比较；对于瑕疵履行和有一方当事人的债务为不可分之债的场合，先履行一方瑕疵履行或不完全履行时，后履行一方在多大程度上可拒绝履行，并不存在明确的可予以计算的标准，此时后履行一方是否可以拒绝对全部义务的履行，需要慎重把握。

第三十二条 【情势变更制度的适用】

《最高人民法院关于适用〈中华人民共和国民法典〉合同编通则若干问题的解释》	《中华人民共和国民法典》
第三十二条 【情势变更制度的适用】 合同成立后，因政策调整或者市场供求关系异常变动等原因导致价格发生当事人在订立合同时无法预见的、不属于商业风险的涨跌，继续履行合同对于当事人一方明显不公平的，人民法院应当认定合同的基础条件发生了民法典第五百三十三条第一款规定的“重大变化”。但是，合同涉及市场属性活跃、长期以来价格波动较大的大宗商品以及股票、期货等风险投资型金融产品的除外。 合同的基础条件发生了民法典第五百三十三条第一款规定的重大变化，当事人请求变更合同的，人民法院不得解除合同；当事人一方请求变更合同，对方请求解除合同的，或者当事人一方请求解除合同，对方请求变更合同的，人民法院应当结合案件的实际情况，根据公平原则判决变更或者解除合同。 人民法院依据民法典第五百三十三条的规定判决变更或者解除合同的，应当综合考虑合同基础条件发生重大变化的时间、当事人重新协商的情况以及因合同变更或者解除给当事人造成的损失等因素，在判项中明确合同变更或者解除的时间。 当事人事先约定排除民法典第五百三十三条适用的，人民法院应当认定该约定无效。	**第一百八十条** 因不可抗力不能履行民事义务的，不承担民事责任。法律另有规定的，依照其规定。 不可抗力是不能预见、不能避免且不能克服的客观情况。 **第五百三十三条** 合同成立后，合同的基础条件发生了当事人在订立合同时无法预见的、不属于商业风险的重大变化，继续履行合同对于当事人一方明显不公平的，受不利影响的当事人可以与对方重新协商；在合理期限内协商不成的，当事人可以请求人民法院或者仲裁机构变更或者解除合同。 人民法院或者仲裁机构应当结合案件的实际情况，根据公平原则变更或者解除合同。

【条文释义】

此条司法解释是合同情势变更制度的适用规则。情势变更制度，是指合同有效成立后，因不可归责于双方当事人原因发生了不可预见的情势变更，致使合同的基础动摇或者丧失，若继续履行合同会显失公平，因此，允许变更合同或解除合同的制度。

《民法典》第533条在吸收《最高人民法院关于适用〈中华人民共和国合同法〉若干问题的解释（二）》第26条之基础上，对情势变更规则进行了如下规定："合同成立后，合同的基础条件发生了当事人在订立合同时无法预见的、不属于商业风险的重大变化，继续履行合同对于当事人一方明显不公平的，受不利影响的当事人可以与对方重新协商；在合理期限内协商不成的，当事人可以请求人民法院或者仲裁机构变更或者解除合同。人民法院或者仲裁机构应当结合案件的实际情况，根据公平原则变更或者解除合同。"与《最高人民法院关于适用〈中华人民共和国合同法〉若干问题的解释（二）》第26条相比，《民法典》第533条规定主要存在四点变化：一是将不可抗力包含在情势变更事由之内；二是将适用情势变更制度的情形由"对于一方当事人明显不公平或不能实现合同目的，"变更为"继续履行合同对于当事人一方明显不公平"；三是规定了再交涉义务；四是增加仲裁机构为裁决机构。

在《民法典》第533条规定之基础上，本条司法解释对情势变更规则在司法裁判中的具体适用加以细化。具体而言，本条司法解释将《民法典》第553条中的"重大变化"的情形之一设定为"因政策调整或者市场供求关系异常变动等原因导致价格发生当事人在订立合同时无法预见的、不属于商业风险的涨跌，继续履行合同对于当事人一方明显不公平"之情形。

同时，本条司法解释强调了人民法院在考量当事人对变更、解除合同的请求出现异议时，应当根据公平原则，结合争议案件的实际情形加以裁决。

【条文引申】

从此条司法解释出发，可发现我国民事法律对情势变更的构成要件进行了如下规定：

一、需要具备情势变更的事实

具备情势变更的事实是情势变更制度得以适用的首要条件。关于该要件的理解，主要存在以下三点内容：

一是对“情势”的认定。所谓“情势”，是指合同赖以订立的客观基础事实，亦称为“合同的基础条件”。在性质上，“情势”必须为具体且客观之事实。当事人主观认识错误不属于客观情势变更。同时，情势是作为合同订立基础条件的客观情况。如果与合同订立无关的客观情况发生变更，不足以影响当事人之间的合同权利义务关系，则不适用情势变更制度。

二是对“变更”之理解。所谓“变更”，是指合同的基础条件发生了当事人在订立合同时不能预见的、不属于商业风险的重大变化。就目前而言，对于重大变化是否构成“变更”的判断标准有二：第一，继续履行合同是否对一方当事人明显不公平；第二，是否为商业风险，如果能归入商业风险范畴，则不属于情势变更。

三是《民法典》第533条规定并未将不可抗力排除在情势变更情形之外。申言之，在一些不可抗力的情形下，也可能适用情势变更制度。不可抗力与情势变更并非互相排斥的两个概念，而是存在很多共同点。比如，不可抗力与情势变更的规范对象均为当事人在订立合同时不能预见、不能承受的其支配领域外的客观风险。但是，情势变更与不可抗力之间同样存在很多差异。不可抗力的构成，需具备不能预见、不能避免且不能克服的“三不”要件，典型情况为自然灾难、政府行为、社会事件等。与之相对，情势变更的构成仅需要存在不能预见、不能承受（对一方而言，如果继续履行将明显不公平）两个要件。正因为不可抗力的构成要件严于情势变更的构成要件，所以，两者存在交叉，不可抗力可以作为情势变更之事由，但情势变更不能或不会直接导致不可抗力。不可抗力为因，情势变更为果，这并不意味着否定情势变更制度的独立性，不能认为情势变更只是作为不可抗力规则的一部分而存在。因为，发生适用情势变更的客观事由，可能是不可抗力，也可能是非不可抗力，情势变更的事由范围广于不可抗力。此外，在法律后果方面两者虽有交叉但存在不同。

二、情势变更发生的时间在合同成立之后、合同义务履行完毕之前

此处的合同成立，应指合同已生效，否则，合同无可履行性，无须谈及继续履行的问题。一般而言，如果情势变更的事实发生在合同订立前，则其应作为合同订立的基础事实，当事人在此基础上设定权利和义务，不允许事后调整，只能令明知当事人自担风险，这样规定并不违反公平原则。如此，不存在适用本条规定的问题。如果情势变更的事实发生在合同义务履行完毕后，则该客观情势的变化并不影响合同的履行，不会导致当事人之间权利失衡，故无须法律介入进行调整。这里的履行完毕之前，是指依照约定的或者法定的履行期限履行完毕之前。如果由于一方迟延履行，在迟延期间发生了情势变更，则不适用情势变更制度。

三、当事人在订立合同时无法预见

当事人“不可预见”的时间节点是当事人订立合同时。如果当事人在订立合同时已预见到会发生情势变更的事实，但仍与对方订立合同，则表明该当事人在主观上甘愿承担情势变更所带来的风险，或者其已经在合同权利义务安排中考虑了情势变更的因素，故不适用情势变更制度。并且，该不可预见性是指当事人在订立合同时未能预见情势变更事实，未将其作为订立合同的基础。

四、发生情势变更具有不可归责性

所谓不可归责性，即指情势变更的发生不可归责于合同主体。在不可规则性的限制下，合同任意一方或双方当事人均不得干扰或自己主动创造一些

情势变更事实，以期适用情势变更制度。当发生情势变更事由时，若该情势变更的发生可归责于当事人，则不适用情势变更制度，由该当事人承担风险或违约责任。

五、继续履行合同对于当事人一方明显不公平

此为适用情势变更制度的核心要件。情势变更涉及合同实质公平问题。发生情势变更以后，若继续履行原合同约定的义务，将导致当事人之间的利益明显失衡，对受损方显失公平，如不依法进行调整，将违背公平原则。

关于该要件的理解，应注意以下几点：一是关于“显失公平”的判断标准，应达到双方的权利义务明显违反公平、等价有偿原则的标准。如果仅为某种程度的背离，对双方当事人之间的利益关系影响甚微，则不属于显失公平。二是显失公平的后果，必须由法律行为当事人承担，如果情势变更引起的显失公平后果由第三人承担，则不适用情势变更制度。三是判断是否显失公平应以债务人履行债务的时间为准。四是情势变更与显失公平结果的发生须有相当的因果关系。

应予明确的是，上述要件构成缺一不可，若虽具备不可预见性的要件，但客观情势发生的变化并未导致继续履行合同产生明显不公平的法律后果的，则不能适用情势变更制度。

【审判实务】

人民法院应该区分情势变更与商业风险。

商业风险不是一个严格的法律概念，学者们对其定义不一。通说认为，商业风险是指在商业活动过程中，由于不确定因素存在而给交易主体带来的遭受损失的可能性。商业风险与情势变更均为客观情势发生变化，两者在发生原因和表现形式等方面存在相同性或近似性，但两者存在本质不同，主要表现在以下几个方面：

一、是否具有可预见性不同

在适用情势变更制度的情形时，客观情势发生变更不具有可预见性。商业风险具有可预见性，是从事商业活动的固有风险。作为合同基础的客观情况的变化未达到异常的程度，并非当事人不可预见且不能承受的，如一般的市场供求变化、价格涨落等。如果当事人从事的商业行为本身便具有高风险性，价格的波动正是当事人的研究对象及利润来源，那么，相关交易中的频繁、较大幅度的价格涨落即属于商业风险，具有可预见性和可承受性。

二、对合同履行的影响程度不同

情势变更是指订立合同时的客观情况发生了重大变化，若继续履行合同，将产生显失公平之后果。商业风险是交易双方在商业活动过程中应当承担的，因市场变化所带来的合理的、正常的损失可能，作为合同基础的客观情况的变化未达到重大异常的程度。

三、所产生的法律后果不同

情势变更导致当事人权益失衡，故根据公平原则，法律规定了当事人的再协商义务以及请求变更或者解除合同权利。商业风险是与市场交易行为相伴而生的。作为市场活动主体，应具有相应的风险识别、防控和承受能力，在其基于自主意志从事商品交易活动、享有收益权的同时也应承担相应风险的责任。风险自负是市场主体从事交易时必须遵循的一项基本准则。因商业风险是市场交易的固有风险，当事人在缔结合同时应当预见到该风险并将其作为设定权利义务的基础，故发生商业风险后，由当事人承担该风险责任并不会产生不公平的后果。

五、合同的保全

第三十三条 【怠于行使权利影响到期债权实现的认定】

《最高人民法院关于适用〈中华人民共和国民法典〉合同编通则若干问题的解释》	《中华人民共和国民法典》
第三十三条 【怠于行使权利影响到期债权实现的认定】债务人不履行其对债权人的到期债务，又不以诉讼或者仲裁方式向相对人主张其享有的债权或者与该债权有关的从权利，致使债权人的到期债权未能实现的，人民法院可以认定为民法典第五百三十五条规定的“债务人怠于行使其债权或者与该债权有关的从权利，影响债权人的到期债权实现”。	**第五百三十五条** 因债务人怠于行使其债权或者与该债权有关的从权利，影响债权人的到期债权实现的，债权人可以向人民法院请求以自己的名义代位行使债务人对相对人的权利，但是该权利专属于债务人自身的除外。 代位权的行使范围以债权人的到期债权为限。债权人行使代位权的必要费用，由债务人负担。 相对人对债务人的抗辩，可以向债权人主张。

【条文释义】

此条司法解释是债务人怠于行使权利影响到期债权实现时，债权人行使代位权的认定规则。债权人行使代位权是合同保全的一种典型形式。合同的保全，是指法律为防止债务人积极的不当行为而减少其财产权益或者增加责任财产负担，或者因其消极地怠于行使权利而危及财产权益，由此影响债权人的债权实现，允许债权人行使代位权或撤销权，以保障债权人债权实现的一项法律制度。

《民法典》第535条规定：“因债务人怠于行使其债权或者与该债权有关

的从权利，影响债权人的到期债权实现的，债权人可以向人民法院请求以自己的名义代位行使债务人对相对人的权利，但是该权利专属于债务人自身的除外。代位权的行使范围以债权人的到期债权为限。债权人行使代位权的必要费用，由债务人负担。相对人对债务人的抗辩，可以向债权人主张。”本条司法解释列举了债权人可以行使代位权的一项典型情况，债务人不履行其对债权人的到期债务，又不以诉讼或者仲裁方式向相对人主张其享有的债权或者与该债权有关的从权利，致使债权人的到期债权未能实现之情形。此时，人民法院可以将上述行为认定为民法典第535条规定的“债务人怠于行使其债权或者与该债权有关的从权利，影响债权人的到期债权实现”。

【条文引申】

从此条司法解释关于债权人代位权行使的典型情况出发，可发现《民法典》中对于债权人行使代位权作出如下规定：

债权人代位权，是指当债务人怠于行使其对相对人享有的权利导致债权人到期债权的实现受到影响时，债权人为保全和实现自身的债权，以自己的名义向人民法院请求相对人将其对债务人的义务向债权人履行的权利。

代位权作为债权人的一项特殊的法定权能，其本身就具有一定的独特性。债权人代位权的设立，突破了单一法律关系下债权相对性的阻碍，更便于处理多重法律关系中的权利义务关系。另外，债权人代位权既是一种实体性权利的特别规定，同时也具有实现债权人权利的程序保障。换言之，债权人代位权是一种复合性权利，兼具形成权、代理权、请求权、管理权、优先权等权利的部分特征。全面认识代位权性质的复合性，关系立法目的的实现和当事人权利的行使与保护，对此可作如下理解：

一、代位权并非代理权，仅具有一定代理性

代位权的行使会直接产生债务人与相对人之间诉讼时效中断等效果，债务人与相对人之间相应权利义务也会在债权人接受相对人履行后终止。上述

内容使债权人行使代位权具有代理债务人行使的某些属性。但债权人并非以债务人名义和代理人身份去行使债务人权利，而是以自己的名义向相对人行使债务人权利，这与纯粹的代理权有明显区别，故不能适用代理权的规定。

二、债权人代位权并非完全形成权，但具有形成性

债权人通过单方代位权的行使，导致其与债务人、债务人与相对人之间的民事法律关系产生变动，这是形成权的特征。但代位权系基于债务人对相对人已有权利而发生，并非单纯为债权人的单方意思表示而产生法律上的效果，如除斥期间等对形成权的限制，亦不应适用于代位权。

三、债权人代位权是一种特殊请求权

当债权人行使代位权时，有权要求相对人直接向自己清偿，法院判决所产生执行力的后果也归属于债权人。但是，债权人代位权与一般请求权仍有较大区别，该区别在于代位权的行使并非仅实现债权人利益，其既判力后果也归属于债务人。因此可以说，债权人代位权是一种特殊请求权，其兼具管理权和请求权的部分特征。

四、债权人代位权并非纯粹管理权

债权人代位权的内容实为行使他人权利，在债权人债权以其他方式得到实现或债务人破产时，权利行使所获利益归属于债务人或其他债权人。从这一角度来讲，代位权有类似管理权的性质。但是，如债权人行使代位权后债务人处分权即受限等特征，就不为纯粹管理权所具备。

五、债权人代位权并非优先权，仅具有优先性

作为债权保全的一种方式，债权人代位权仅在清偿程序上具有优先性，但不具有法定优先权在实体上的排他性。当债权人行使代位权时，法院会判决相对人直接向债权人履行义务，从而使行使代位权的债权人相对于其他债权人具有清偿时的优先性。但在债务人破产时，债务人对相对人的财产权益，

除去已由债权人依代位权判决接受相对人履行部分外，需归入债务人破产财产。此时债权人行使代位权所获得的优先性又将丧失，这有别于建设工程价款优先受偿权、股东优先购买权、担保物优先权等优先权。

【审判实务】

一、人民法院应明确债权人代位权的成立要件

人民法院在司法裁判时，应当依照《民法典》第535条之规定，以下要件判断代位权是否成立：

（一）债权人享有对债务人合法有效的到期债权

代位权行使的首要条件是债权人享有对债务人的合法到期债权。对于债权人债权的审查，应注意以下几点：

1. 区分债权已决与未决

提起代位权诉讼的债权如果已经判决书、裁定书、决定书、支付令、调解书、仲裁裁决、执行证书等生效法律文书确认，自属合法，在代位权诉讼中只需作形式审查；若当事人质疑债权合法性，应另行通过相关法律程序寻求救济。若债权人主张代位权的债权未经生效法律文书确认，则在认定代位权是否成立时首先要对其合法性作出判断。

2. 债权的发生不限原因

代位权的本质是债权的保全与实现，《民法典》第535条并未特别规制代位权人的债权种类，因此对其发生原因在所不问，合同之债、侵权之债、不当得利之债、无因管理之债、担保人追偿之债等均可成为代位权的基础。

3. 债权已届履行期

根据《民法典》第535条第2款之规定，债权人代位权的行使范围应以债权人到期债权为限。上述条文既规定了代位权的行使时间，又规定了代位权的行使范围。即在债权未到履行期时，债权人不得要求相对人履行未到期的债权数额。换言之，若要判决履行的债权，不仅债权本身要合法，而且应已

届履行期限。

4. 债权应当具有确定性

人民法院在审理债权人代位权诉讼时，应先对债权人对债务人的债权债务关系审理认定。若在审理后仍无法确定债权债务关系是否存在或债权人的债权数额，则亦无须审查债务人与相对人的权利义务关系，即可驳回债权人的诉请。即使债权人的债权已经生效法律文书确认，但裁判生效后的履行或执行情况，影响债权人债权数额的确定，人民法院仍需对债权人能够主张代位权的债权余额等进行审查。

（二）债务人对次债务人享有合法有效的到期债权

债权人代位权成立的另一核心要件为债务人对次债务人存在合法有效的到期债权。人民法院审理债权人代位权诉讼的最终目的在于判决次债务人等向债权人履行债务人的债务，因此人民法院既应审查债权人对债务人之债权，亦要判定债务人对次债务人之债权。人民法院在对上述债权进行审查时，其已决和未决、债权发生原因、履行届期、债权确定性等方面的区分标准基本一致。

（三）债务人的怠于行使权利影响债权人债权的实现

债务人怠于行使其到期债权及与债权有关的从权利，影响债权人利益的实现，是代位权成立的实质要件。如何理解债务人怠于行使对相对人的权利对债权人到期债权实现的影响，应注意以下两点：

1. 二重因果关系

债务人怠于行使其债权及与该债权有关的从权利，与债权人的债权实现之间有直接因果关系。这里的因果关系有两层意思：一是债务人怠于行使自身债权与自身清偿能力之间的因果关系；二是债务人清偿能力与债权人的债权实现有因果关系。

2. “怠于”的判断标准

代位权的行使需在债权人债权保护与债务人诉权自由之间找到平衡点，如何认定“怠于”尤为关键。“怠于”不能仅依债务人债权“到期”而简单判断，还要结合具体情况从主观和客观方面进行分析。实践中，次债务人迟延履行债务的时间性标准较为客观，应作为“怠于”认定的主要因素，而债务人“怠于”的主观因素较为模糊，应从严掌握。

（四）债务人怠于行使与其债权有关的从权利

对债务人怠于行使其债权的从权利的理解，应注意以下两点：

一是不管债权人将次债务人、其他相对人单独还是一并提起代位权诉讼，均要求债务人对次债务人的债权系已届清偿期的非专属于债务人自身的现实债权，至于是否为未经诉讼或仲裁处理过的债权，应区分单独诉讼还是一并诉讼，并结合债务人的债权与其从权利法律关系的相应法律规范，进行综合判断。

二是债务人对其他相对人的从权利应具备以下条件：（1）未经诉讼或仲裁裁决，否则违反重复诉讼原则。若该从权利已经生效判决或仲裁裁决确认，则债权人可采取保全措施或经执行程序救济。（2）从权利应为非专属于债务人自身的权利。（3）债权人是否可将次债务人或其他相对人单独或一并提起代位权诉讼，应遵循相关法律规定对债务人与其他相对人权利义务关系的限制。

二、人民法院应明晰债权人代位权的行使方式与抗辩方式

债权人代位权作为债的保全与实现的特别权利，在权利行使与抗辩中有其特殊的实体性和程序性要求。人民法院在进行司法裁判时应当着重把握以下几点：

（一）债权人代位权行使方式

债权人代位权必须由债权人本人以自己的名义代债务人行使。债权人若以债务人名义行使债务人权利，则不属于债权人行使代位权，人民法院应按照代理制度予以处理。

债权人代位权的行使必须通过诉讼程序进行。虽然在理论上代位权行使的方式有诉讼和径行两种，但径行方式若在债权人、债务人及相对人之间达成意思一致，则可用抵销、指示交付等法律规范解释。否则，相对人径行向债权人履行，因缺乏合同依据或法律依据不能产生代位权行使的法律后果。

（二）当事人的诉讼地位

对于代位诉讼中各当事人之地位，人民法院应总体把握以下原则：首先，人民法院应尊重原告即债权人的选择权。在司法审判中，无论债权人是否将债务人、其他相对人单独还是一并作为被告，均系其诉权自由，人民法院不应加以干预。其次，在债权人将相对人中一人或数人作为被告的情况下，其他相对人有权申请作为第三人参加诉讼；其他相对人未申请的，亦应将其他相对人追加为第三人，以查明债务人与其他相对人之间的权利义务关系及债务履行情况。至于其他相对人系有独立请求权的第三人还是无独立请求权的第三人，应根据债权人的诉讼请求和相对人的抗辩或请求内容进行判断。

（三）债权人代位权的抗辩方式

一般而言，按照《民法典》的规定，相对人对债务人的抗辩原则上都可对抗债权人。但是由于债权人代位权抗辩存在一定的特殊性，人民法院在审判过程中还需注意以下几点：

第一，在债务人参加诉讼的情况下，若债务人对债权人的债权放弃诉讼时效或执行期限抗辩的，相对人不得代为行使。

第二，债权人有权在代位权诉讼中对次债务人的财产采取保全措施。本条将代位权标的扩大到与债务人债权有关的从权利后，包括次债务人在内的相对人不得对债权人能否有权采取保全措施进行抗辩，但可对保全措施的适当性进行抗辩。

第三，代位权诉讼中，债权人要证明债务人对相对人是否有权利、是否到期、履行情况等比较困难，如苛求债权人必须逐一提供证据，债权人多力所不逮。故债权人一般只需证明债务人对相对人有权利即可，相对人抗辩反驳的，应当提供相应证据。此外，对于债务人资力真实情况，债权人举证能力也较欠缺，债权人只需证明债务人未清偿到期债务即可，相对人反对的，应当证明债务人有清偿债务的资力。

三、人民法院应明晰债权人代位权行使的效果

基于其债权保全性质，代位权一经行使就会产生相应法律效果，这对债

权的实现至关重要。对此，应作如下理解：

（一）限制债务人对相对人债权权能

最高人民法院认为，债权人行使代位权后，债务人对代位权标的的债权权能应当受到一定限制。申言之，当债务人知晓债权人行使代位权后，债务人对债权人代位行使的权利，不得为抛弃、转让、免除、抵销等处分行为，不得提起未行使权利的诉讼。行使代位权对债务人对相对人的权利具有保全效力，能有效解决代位权人与其他债权人对该权利采取保全、执行措施的冲突，实现代位权制度保障债权实现的立法目的。

（二）限制相对人对债务人的给付

代位权的行使限制了债务人对相对人的债权权能，与之相应，基于代位权诉讼对代位标的的保全性能，债权人提起代位权诉讼后，在债权人请求范围内相对人亦不能再向债务人履行给付，否则将不能对抗债权人。

（三）对两债权发生诉讼时效中断的效力

债权人提起代位权诉讼的，应当认定对债权人的债权和债务人的债权均发生诉讼时效中断的效力。对于债权人的债权或债务人的债权超过债权人代位权诉讼请求的部分，亦应发生诉讼时效中断效力。需注意的是，即使债权人的代位权诉讼因不符合受理条件被裁定驳回，或者其实体请求不具备代位权成立要件而被判决驳回，均应具有诉讼时效中断的效力。

【关联指引】

《全国法院贯彻实施民法典工作会议纪要》（2021年4月6日）

8.民法典第五百三十五条规定的“债务人怠于行使其债权或者与该债权有关的从权利，影响债权人的到期债权实现的”，是指债务人不履行其对债权人的到期债务，又不以诉讼方式或者仲裁方式向相对人主张其享有的债权或者与该债权有关的从权利，致使债权人的到期债权未能实现。相对人不认为债务人有怠于行使其债权或者与该债权有关的从权利情况的，应当承担举证责任。

《最高人民法院关于审理民事案件适用诉讼时效制度若干问题的规定》（2020年12月29日）

第十六条　债权人提起代位权诉讼的，应当认定对债权人的债权和债务人的债权均发生诉讼时效中断的效力。

第三十四条　【专属于债务人自身的权利】

《最高人民法院关于适用〈中华人民共和国民法典〉合同编通则若干问题的解释》	《中华人民共和国民法典》
第三十四条　【专属于债务人自身的权利】下列权利，人民法院可以认定为民法典第五百三十五条第一款规定的专属于债务人自身的权利： （一）抚养费、赡养费或者扶养费请求权； （二）人身损害赔偿请求权； （三）劳动报酬请求权，但是超过债务人及其所扶养家属的生活必需费用的部分除外； （四）请求支付基本养老保险金、失业保险金、最低生活保障金等保障当事人基本生活的权利； （五）其他专属于债务人自身的权利。	**第五百三十五条**　因债务人怠于行使其债权或者与该债权有关的从权利，影响债权人的到期债权实现的，债权人可以向人民法院请求以自己的名义代位行使债务人对相对人的权利，但是该权利专属于债务人自身的除外。 代位权的行使范围以债权人的到期债权为限。债权人行使代位权的必要费用，由债务人负担。 相对人对债务人的抗辩，可以向债权人主张。

【条文释义】

此条司法解释是关于债务人自身专属权利的具体列举。有关债务人专属权利，一般为身份性权利。对于身份性权利，债权人不得对其行使代位权。具体而言，债务人专属权利包括以下几种类型：（1）抚养费、赡养费或者扶养费请求权；（2）人身损害赔偿请求权；（3）劳动报酬请求权，但是超过债务人及其所扶养家属的生活必需费用的部分除外；（4）请求支付基本养老保险金、失业保险金、最低生活保障金等保障当事人基本生活的权利；（5）其他专属于债务人自身的权利。需要注意的是，本条司法解释增加“劳动报酬请求权，但是超过债务人及其所扶养家属的生活必需费用的部分除外”一项，其目的在于法律在优先保障债权人合法权益得以实现的同时，考量债务人的生活必须要求。

【审判实务】

人民法院应明确专属于债务人自身权利的范围。

在司法裁判中，人民法院应当明确何种权利属于债权人自身的专属权利。在明晰债权人专属权利范围的前提下，当债权人对债务人此种类型的权利行使代位权时，人民法院应当予以驳回。

【关联指引】

《全国法院贯彻实施民法典工作会议纪要》（2021年4月6日）

8.民法典第五百三十五条规定的“债务人怠于行使其债权或者与该债权有关的从权利，影响债权人的到期债权实现的”，是指债务人不履行其对债权人的到期债务，又不以诉讼方式或者仲裁方式向相对人主张其享有的债权或者与该债权有关的从权利，致使债权人的到期债权未能实现。相对人不认为债务人有怠于行使其债权或者与该债权有关的从权利情况的，应当承担举证责任。

《最高人民法院关于审理民事案件适用诉讼时效制度若干问题的规定》（2020年12月29日）

第十六条 债权人提起代位权诉讼的，应当认定对债权人的债权和债务人的债权均发生诉讼时效中断的效力。

第三十五条 【代位权诉讼的管辖】

《最高人民法院关于适用〈中华人民共和国民法典〉合同编通则若干问题的解释》	《中华人民共和国民法典》
第三十五条 【代位权诉讼的管辖】 债权人依据民法典第五百三十五条的规定对债务人的相对人提起代位权诉讼的，由被告住所地人民法院管辖，但是依法应当适用专属管辖规定的除外。 债务人或者相对人以双方之间的债权债务关系订有管辖协议为由提出异议的，人民法院不予支持。	**第五百三十五条** 因债务人怠于行使其债权或者与该债权有关的从权利，影响债权人的到期债权实现的，债权人可以向人民法院请求以自己的名义代位行使债务人对相对人的权利，但是该权利专属于债务人自身的除外。 代位权的行使范围以债权人的到期债权为限。债权人行使代位权的必要费用，由债务人负担。 相对人对债务人的抗辩，可以向债权人主张。

【条文释义】

此条司法解释是代位权诉讼的管辖规则。根据本条司法解释的规定，当债权人向相对人提起代位权诉讼时一般由被告所在地人民法院管辖，但是如果存在专属管辖，则适用专属管辖之规定。《民事诉讼法》第272条规定，因合同纠纷或者其他财产权益纠纷，对在中华人民共和国领域内没有住所的被告提起的诉讼，如果合同在中华人民共和国领域内签订或者履行，或者诉讼标的物在中华人民共和国领域内，或者被告在中华人民共和国领域内有可供扣押的财产，或者被告在中华人民共和国领域内设有代表机构，可以由合同签订地、合同履行地、诉讼标的物所在地、可供扣押财产所在地、侵权行为地或者代表机构住所地人民法院管辖。

同时，因合同具有相对性之原因，债务人与相对人之间订立的管辖协议并不对债权人产生法律效力，因而当债权人向人民法院提起代位诉讼时，债务人或者相对人以双方之间的债权债务关系订有管辖协议为由提出异议的，人民法院不予支持。

【条文引申】

从此条司法解释关于债权人代位权诉讼管辖之规定出发，可对专属管辖作出如下分析：

专属管辖是指法律规定某些类型的案件只能由特定的法院管辖，其他法院无管辖权，当事人也不得以协议改变法律确定的管辖。专属管辖是地域管辖的一种。法律规定某些案件必须由特定的法院管理，当事人不能以协议的方式加以变更。专属管辖具有排他性与强制性，与特别管辖不完全相同。世界各国对于专属管辖权的规定，主要表现在家庭、继承和不动产等案件方面。中国民事诉讼的专属管辖有：因不动产提起的诉讼，由不动产所在地人民法院管辖；港口作业中发生的诉讼，由港口所在地人民法院管辖；因登记发生的诉讼，由登记机关所在地人民法院管辖；继承遗产的诉讼，由被继承人生前户籍所在地或主要遗产所在地人民法院管辖；破产诉讼，由破产企业主要办事机构所在地人民法院管辖。中国行政诉讼的专属管辖：因不动产提起的行政诉讼案件，由不动产所在地人民法院管辖。

专属管辖是地域管辖的一种形态，从一些国家或地区的相关规定来看，专属管辖具有如下效力：

一、排他效力

当法律规定某类案件专属于某一法院或者某些法院管辖，便意味着唯有法律规定的法院才有权受理和裁判这类案件，其他法院均无权管辖这类案件，当事人不得向其他法院提起诉讼，其他法院也不得以任何理由来受理这类案件。排他性是相对于法院而言的，是针对法院所产生的效力。

二、排除效力

排除效力是指排除当事人以协议选择管辖法院的权利。排除效力是由排他效力衍生的，是相对于当事人而产生的效力。专属管辖的案件既然只能专属于法律规定的法院管辖，当然也就不允许当事人以协议的方式改变专属管辖。

与专属管辖相对的，是任意管辖，法律在设定任意管辖时，主要考虑的是当事人的私益，以便利当事人进行诉讼和平衡原、被告的利益为出发点。对于任意管辖，法律允许双方当事人通过协议并达成合意予以变更。各国或地区的协议管辖一般均包括明示的协议管辖与默示的协议管辖两种，前者是指当事人在纠纷发生前或纠纷发生后通过书面形式选择某一法院为案件的管辖法院，后者则是指原告向无管辖权的法院起诉，被告不提出无管辖权的抗辩而答辩应诉。协议管辖具有改变法定管辖的效力，使原先没有法定管辖权的法院由于当事人明示或默示的选择而取得了管辖权。

专属管辖往往是基于社会公共利益目的而设定的，因而不允许当事人通过协议管辖来改变专属管辖。排除效力只是意味着排除当事人通过协议管辖来改变专属管辖，而并不意味着一概排除协议管辖，其实即使是专属管辖的案件，亦存在协议管辖的可能性。当案件因法律规定专属两个法院管辖（如继承遗产的案件，专属于被继承人死亡时住所地或主要遗产所在地法院管辖），或者因财产的自然状况（如不动产坐落于不同辖区的法院），当事人可以以协议方式选择管辖法院，只不过当事人的这一选择受到了限制，即只能从有专属管辖权的法院中进行选择。

三、限制效力

专属管辖的效力还表现在对牵连管辖的限制上。牵连管辖又称合并管辖，是指对某一案件有管辖权的法院，因另一案件与该案件存在牵连关系，而对另一案件一并管辖和审理。牵连管辖的实质是对某案件有管辖权的法院基于牵连关系取得了原本不属于自己管辖的案件的管辖权。牵连管辖适用的主要情形是原告增加诉讼请求和被告提出反诉。

【审判实务】

人民法院在司法裁判工作中，应当准确区分适用专属管辖之具体情形。专属管辖又分为国内专属管辖与涉外专属管辖。国内专属管辖的范围如下：（1）因不动产纠纷提起的诉讼，由不动产所在地人民法院管辖。（2）因港口作业发生纠纷提起的诉讼，由港口作业地人民法院管辖。（3）因继承遗产提起的诉讼，由被继承人死亡时住所地或主要遗产所在地（由价值大小来认定）人民法院管辖。

涉外专属管辖的范围如下：根据我国《民事诉讼法》规定，属于我国人民法院专属管辖的涉外民事案件有：（1）在我国履行的中外合资经营企业合同纠纷。（2）在我国履行的中外合作经营企业合同纠纷。（3）在我国履行的中外合作勘探开发自然资源合同纠纷。

此外，根据国际私法的理论和实践，下列情形发生的案件，也应当由专属人民法院管辖：其一，因不动产纠纷提起的诉讼，由不动产所在地人民法院管辖；其二，因港口作业中发生纠纷提起的诉讼，由港口所在地人民法院管辖。而因继承遗产纠纷提起的诉讼，情形比较复杂，一般不作为专属管辖对待。

【关联指引】

《中华人民共和国民事诉讼法》（2023年9月1日）

第二百七十二条 因合同纠纷或者其他财产权益纠纷，对在中华人民共和国领域内没有住所的被告提起的诉讼，如果合同在中华人民共和国领域内签订或者履行，或者诉讼标的物在中华人民共和国领域内，或者被告在中华人民共和国领域内有可供扣押的财产，或者被告在中华人民共和国领域内设有代表机构，可以由合同签订地、合同履行地、诉讼标的物所在地、可供扣押财产所在地、侵权行为地或者代表机构住所地人民法院管辖。

《最高人民法院关于适用〈中华人民共和国民事诉讼法〉的解释》(2022年4月1日)

第五百二十九条 涉外合同或者其他财产权益纠纷的当事人，可以书面协议选择被告住所地、合同履行地、合同签订地、原告住所地、标的物所在地、侵权行为地等与争议有实际联系地点的外国法院管辖。

根据民事诉讼法第三十四条和第二百七十三条规定，属于中华人民共和国法院专属管辖的案件，当事人不得协议选择外国法院管辖，但协议选择仲裁的除外。

第五百三十条 涉外民事案件同时符合下列情形的，人民法院可以裁定驳回原告的起诉，告知其向更方便的外国法院提起诉讼：

（一）被告提出案件应由更方便外国法院管辖的请求，或者提出管辖异议；

（二）当事人之间不存在选择中华人民共和国法院管辖的协议；

（三）案件不属于中华人民共和国法院专属管辖；

（四）案件不涉及中华人民共和国国家、公民、法人或者其他组织的利益；

（五）案件争议的主要事实不是发生在中华人民共和国境内，且案件不适用中华人民共和国法律，人民法院审理案件在认定事实和适用法律方面存在重大困难；

（六）外国法院对案件享有管辖权，且审理该案件更加方便。

第五百三十一条 中华人民共和国法院和外国法院都有管辖权的案件，一方当事人向外国法院起诉，而另一方当事人向中华人民共和国法院起诉的，人民法院可予受理。判决后，外国法院申请或者当事人请求人民法院承认和执行外国法院对本案作出的判决、裁定的，不予准许；但双方共同缔结或者参加的国际条约另有规定的除外。

外国法院判决、裁定已经被人民法院承认，当事人就同一争议向人民法院起诉的，人民法院不予受理。

第三十六条 【代位权诉讼与仲裁协议】

《最高人民法院关于适用〈中华人民共和国民法典〉合同编通则若干问题的解释》	《中华人民共和国民法典》
第三十六条 【代位权诉讼与仲裁协议】债权人提起代位权诉讼后，债务人或者相对人以双方之间的债权债务关系订有仲裁协议为由对法院主管提出异议的，人民法院不予支持。但是，债务人或者相对人在首次开庭前就债务人与相对人之间的债权债务关系申请仲裁的，人民法院可以依法中止代位权诉讼。	**第四百六十五条** 【依法成立的合同效力】依法成立的合同，受法律保护。 依法成立的合同，仅对当事人具有法律约束力，但是法律另有规定的除外。 **第五百三十五条** 【债权人代位权】因债务人怠于行使其债权或者与该债权有关的从权利，影响债权人的到期债权实现的，债权人可以向人民法院请求以自己的名义代位行使债务人对相对人的权利，但是该权利专属于债务人自身的除外。 代位权的行使范围以债权人的到期债权为限。债权人行使代位权的必要费用，由债务人负担。 相对人对债务人的抗辩，可以向债权人主张。 **第五百三十六条** 【保存行为】债权人的债权到期前，债务人的债权或者与该债权有关的从权利存在诉讼时效期间即将届满或者未及时申报破产债权等情形，影响债权人的债权实现的，债权人可以代位向债务人的相对人请求其向债务人履行、向破产管理人申报或者作出其他必要的行为。 **第五百三十七条** 【代位权行使后的法律效果】人民法院认定代位权成立的，由债务人的相对人向债权人履行义务，债权人接受履行后，债权人与债务人、债务人与相对人之间相应的权利义务终止。债

	务人对相对人的债权或者与该债权有关的从权利被采取保全、执行措施，或者债务人破产的，依照相关法律的规定处理。

【条文释义】

此条司法解释是债权人在代位权诉讼时存在由债务人与相对人之间订立的仲裁协议的适用规则。当债权人提起代位权诉讼后，若债务人或者相对人以双方之间的债权债务关系订有仲裁协议为由对法院主管提出异议的，人民法院应不予支持。其理由在于，仲裁条款具有相对性，其约束对象仅为签订仲裁合同的当事人，而债权人并非仲裁协议的签订者，因而仲裁协议的内容不对其产生法律效力，故人民法院不应以债务人与相对人之间存在仲裁协议中所约定的条款为理由，支持债务人或相对人提出的异议。

但是，债务人或者相对人在首次开庭前就债务人与相对人之间的债权债务关系申请仲裁的，人民法院可以依据《民法典》第535条、《民事诉讼法》第153条之规定，中止代位权诉讼。

【条文引申】

从此条司法解释关于债权人在代位权诉讼过时存在由债务人与相对人之间订立的仲裁协议并提出抗辩的规定出发，可发现我国民事法律对人民法院处理该种情况的规定进行了如下理解：

首先，合同具有相对性。依法成立的合同，仅对当事人具有法律约束力，该规定明确确立了合同相对性原则。合同相对性原则是指合同项下的权利与义务只由合同当事人享有或者承担，合同仅对当事人具有法律约束力，对合同当事人之外的第三人不具有法律约束力。具体而言，对于依法成立的合同，只能由合同当事人享有合同上的权利，当事人之外的任何第三人不能向合同债务人主张合同上的权利；合同义务由合同当事人承担，合同债权人不得要求当事人之外的第三人承担合同义务，当事人之外的第三人也不得未经许可代为履行合同义务；合同债务人不履行合同义务或者履行合同义务不符合约定的，应当向债权人承担违约责任，而非向当事人之外的第三人承担违约责任。

合同相对性原则在整个合同制度中具有重要的基础地位，合同编将合同相对性原则在第一章一般规定中予以明确，确立了合同相对性原则在合同编中的基础地位，并在相关制度中得到具体体现。例如，合同编中的第522条第1款关于不真正第三人利益合同的规定即体现了合同相对性原则。根据该款的规定，当事人约定由债务人向第三人履行债务，债务人未向第三人履行债务或者履行债务不符合约定的，应当由债务人向债权人，而不是向第三人承担违约责任。又如，合同编中的第523条关于由第三人履行合同的规定也体现了合同相对性原则。根据该条的规定，当事人约定由第三人向债权人履行债务，第三人不履行债务或者履行债务不符合约定的，由债务人向债权人承担违约责任，而不是由第三人向债权人承担违约责任。另外，合同的相对性原则也存在例外突破。我国合同法中对于合同相对性原则的突破制度主要包括“债的保全制度”“买卖不破租赁”“建设工程合同、融资租赁合同中的索赔权”以及“预告登记制度”

【审判实务】

人民法院应充分明晰代位权诉讼中的抗辩问题。根据《民法典》第535条第3款规定：“相对人对债务人的抗辩，可以向债权人主张。”原《合同法》对此没有规定，该款系吸收司法解释的实践成果，在原《合同法解释（一）》第18条中规定“代位权诉讼中，次债务人对债务人的抗辩，可以向债权人主张”。债权人以自己的名义行使代位权时，对相对人而言仍是基于债务人与相对人之间的权利义务法律关系，相对人享有对债务人的抗辩不得因此而受到减损。因此，所有相对人本应享有对抗债务人的抗辩，均可向债权人主张。

此处法律规定的“抗辩”，实质上是在诉讼程序中的抗辩，在种类上不限于实体法上的抗辩权，即有程序法上的抗辩，如管辖异议、主体资格异议、证据异议等，也包括实体法上的权利不发生或消灭、债权未到期或者抵销、权利存在瑕疵等抗辩。实践中需要注意的是相对人基于其与债务人之间的权利义务提出抗辩，并非代替债务人提出抗辩，如在债务人放弃诉讼时效抗辩时，相对人不得以此为由抗辩。

【关联指引】

《中华人民共和国民事诉讼法》(2023年9月1日)

第一百二十七条 人民法院对下列起诉，分别情形，予以处理：

（一）依照行政诉讼法的规定，属于行政诉讼受案范围的，告知原告提起行政诉讼；

（二）依照法律规定，双方当事人达成书面仲裁协议申请仲裁、不得向人民法院起诉的，告知原告向仲裁机构申请仲裁；

（三）依照法律规定，应当由其他机关处理的争议，告知原告向有关机关申请解决；

（四）对不属于本院管辖的案件，告知原告向有管辖权的人民法院起诉；

（五）对判决、裁定、调解书已经发生法律效力的案件，当事人又起诉的，告知原告申请再审，但人民法院准许撤诉的裁定除外；

（六）依照法律规定，在一定期限内不得起诉的案件，在不得起诉的期限内起诉的，不予受理；

（七）判决不准离婚和调解和好的离婚案件，判决、调解维持收养关系的案件，没有新情况、新理由，原告在六个月内又起诉的，不予受理。

第一百五十三条 有下列情形之一的，中止诉讼：

（一）一方当事人死亡，需要等待继承人表明是否参加诉讼的；

（二）一方当事人丧失诉讼行为能力，尚未确定法定代理人的；

（三）作为一方当事人的法人或者其他组织终止，尚未确定权利义务承受人的；

（四）一方当事人因不可抗拒的事由，不能参加诉讼的；

（五）本案必须以另一案的审理结果为依据，而另一案尚未审结的；

（六）其他应当中止诉讼的情形。

中止诉讼的原因消除后，恢复诉讼。

第三十七条　【代位权诉讼中债务人、相对人的诉讼地位及合并审理】

《最高人民法院关于适用〈中华人民共和国民法典〉合同编通则若干问题的解释》	《中华人民共和国民法典》
第三十七条　【代位权诉讼中债务人、相对人的诉讼地位及合并审理】债权人以债务人的相对人为被告向人民法院提起代位权诉讼，未将债务人列为第三人的，人民法院应当追加债务人为第三人。 两个以上债权人以债务人的同一相对人为被告提起代位权诉讼的，人民法院可以合并审理。债务人对相对人享有的债权不足以清偿其对两个以上债权人负担的债务的，人民法院应当按照债权人享有的债权比例确定相对人的履行份额，但是法律另有规定的除外。	**第五百三十六条**　债权人的债权到期前，债务人的债权或者与该债权有关的从权利存在诉讼时效期间即将届满或者未及时申报破产债权等情形，影响债权人的债权实现的，债权人可以代位向债务人的相对人请求其向债务人履行、向破产管理人申报或者作出其他必要的行为。 **第五百三十七条**　人民法院认定代位权成立的，由债务人的相对人向债权人履行义务，债权人接受履行后，债权人与债务人、债务人与相对人之间相应的权利义务终止。债务人对相对人的债权或者与该债权有关的从权利被采取保全、执行措施，或者债务人破产的，依照相关法律的规定处理。

【条文释义】

此条司法解释是债权人代位权诉讼中债务人、相对人的诉讼地位及代位诉讼合并审理规则。

一般而言，在债权人代位诉讼中，债权人在起诉债务人的相对人时，应将债务人列为第三人。但是，在司法实践中，经常会出现债权人仅以债务人的相对人为被告向人民法院提起代位权诉讼，却未将债务人列为第三人之情形。对此，《最高人民法院关于适用〈中华人民共和国合同法〉若干问题的解释（一）》第16条第1款进行了如下规定："债权人以次债务人为被告向人民法院提起代位权诉讼，未将债务人列为第三人的，人民法院可以追加债务人为第三人。"此时，人民法院将债务人列为第三人之行为为"可以"。而本条解释第1款规定为"债权人以债务人的相对人为被告向人民法院提起代位权诉讼，未将债务人列为第三人的，人民法院应当追加债务人为第三人。"简言之，依照本解释，当债权人仅以债务人的相对人为被告向人民法院提起代位权诉讼，却未将债务人列为第三人之情形时，人民法院"应当"将债务人列为第三人。

同时，对于债权人代位权诉讼合并审理的情况，《最高人民法院关于适用〈中华人民共和国合同法〉若干问题的解释（一）》第16条第2款进行了如下规定："两个或者两个以上债权人以同一次债务人为被告提起代位权诉讼的，人民法院可以合并审理。"此规定被吸收到本条司法解释之中。同时，本条司法解释对债务人对相对人享有的债权不足以清偿其对两个或者两个以上债权人负担的债务之情况也作出了规定，即当出现上述情形时，人民法院应当按照债权人享有的债权比例确定相对人的履行份额，但享有优先受偿权等情形除外。

【条文引申】

从此条司法解释关于代位权诉讼中债务人、相对人的诉讼地位及合并审理的角度出发，可发现我国民事法律对合并审理进行了如下规定：

合并审理，即指人民法院将两个或多个诉讼合并在一个程序中进行审理。民事诉讼法规定合并审理的主要目的有两个：其一，合并审理贯彻"两便"原则，减轻当事人和人民法院不必要的讼累，从而节省人力、物力、财力；其二，合并审理能防止法院在处理有关联的问题中作出相互矛盾的裁判，从而保证法院裁判的正确性和统一性。

根据我国现行法律规定，合并审理的适用条件主要有以下几个：

1.受诉法院对几个合并的案件均具有管辖权，并且必须是适用于同一个诉讼程序。这是合并审理的前提条件，如果受诉法院对几个合并的案件之一不具有管辖权，则不应当合并。受诉法院对合并的几个案件均有选择管辖权，可以进行合并。对于诉讼程序，则是指普通（简易）程序和特别程序，也就是几个合并之案件应当都属于同一人民法院适用普通程序或简易程序审理的案件，才能进行合并审理。

2.几个诉讼标的由同一原告或同一被告在同一诉讼程序中提出。在同一诉讼程序中，同一原告向同一被告提出多个诉讼标的，被告向原告提出诉讼标的的，均可以合并审理。

3.原告或被告的近亲属对原告或被告提出具有相互关联的诉讼标的。在同一诉讼程序中，原告及其近亲属向被告及其近亲属提出与之有关联的诉讼标的，被告及其近亲属向原告及其近亲属提出与之相关联的诉讼标的的，可以合并审理。

4.限制条件。关联纠纷的合并审理是一柄“双刃剑”，如果滥用不仅达不到良好的社会效果，而且会让当事人利用合并审理进行恶意诉讼或拖延诉讼，更有甚者会造成以非对非、消极对待纠纷的处理等新的社会矛盾的产生。因此，对合并审理的条件应作适当的限制。

①案由限制，限制在相邻权纠纷、土地承包合同纠纷、侵权损害赔偿纠纷、追索扶养费纠纷、医疗费用纠纷、劳务报酬纠纷、民间小额借贷纠纷、继承纠纷案件。

②标的额限制，由于诉讼标的大小能够决定当事人是否通过诉讼程序解决纠纷，标的额越大，当事人选择通过诉讼解决纠纷的意愿越强，所花费的单位成本越少，标的额越小，所花费的单位成本越大，当事人选择诉讼解决纠纷的意愿越弱。因此，为了促进社会和谐，让一些标的额小的关联纠纷能够一并处理，应适当限制标的额，标的额可以考虑限制在10000元以下的案件（人身损害赔偿纠纷除外）。

③主体的限制，对于关联纠纷的合并审理，由于主体不同，其诉讼能力不同，诉讼的风险意识也不同，因此应当对诉讼主体进行限制，诉讼主体可以限定为自然人。

就目前来看，根据《民事诉讼法》第55条、第57条和第143条的相关规定，合并审理的情形主要发生在以下情况下：

1.共同诉讼。共同诉讼分为两种：一种是必要的共同诉讼，是指当事人一方或双方为二人以上，诉讼标的是共同的，人民法院必须合并审理的诉讼；另一种是普通共同诉讼，又称为一般共同诉讼，是指当事人一方或双方为二人以上，诉讼标的是同一种类的，人民法院认为可以合并审理并经当事人同意的诉讼。共同诉讼大致有以下六种类型：（1）因对共有财产发生纠纷而提起的诉讼；（2）因连带债权或连带债务而产生的诉讼；（3）因共同侵权致人损害而产生的诉讼；（4）以合伙组织作为当事人发生的诉讼；（5）因共同赡养、扶养、抚养关系而发生的诉讼；（6）因共同继承遗产而发生的诉讼范围。成立普通共同诉讼必须具备以下条件：（1）这些诉讼都属于人民法院受理的民事诉讼，并且本法院都有管辖权；（2）这些诉讼必须都能适用同一种诉讼程序；（3）必须符合合并审理的目的；（4）当事人必须同意合并审理。

2.第三人参加诉讼。第三人是指对他人之间争议的诉讼标的有独立的请求权或者虽然没有独立请求权，但案件的处理结果与其有法律上的利害关系，因而参加到当事人已经开始的民事诉讼中来进行诉讼的人，属于广义的当事人范畴。“法律上的利害关系”是指当事人之间争议的诉讼标的涉及的法律关系与无独立请求权的第三人参加的另一个法律关系有牵连，而在后一个法律关系中，无独立请求权的第三人是否行使权利、履行义务，对另一个法律中当事人行使权利、履行义务有直接影响。也就是说，在诉讼中当事人争议的法律关系中，一方当事人不履行或不适当履行义务从而给对方造成损失的，直接责任固然由不履行或不适当履行的一方当事人承担，但造成这种后果的原因，则是出于无独立请求权的第三人的过错。如果判决一方当事人应承担某种法律义务或责任，该当事人有权请求无独立请求权的第三人赔偿损失或履行相应的义务。

【审判实务】

本条司法解释将《最高人民法院关于适用〈中华人民共和国合同法〉若干问题的解释（一）》第16条第1款进行了实质性更改，即将原来规定的“债权人以次债务人为被告向人民法院提起代位权诉讼，未将债务人列为第三人的，人民法院可以追加债务人为第三人”改为了“债权人以债务人的相对人为被告向人民法院提起代位权诉讼，未将债务人列为第三人的，人民法院应当追加债务人为第三人”。由“可以”转为“应当”体现了人民法院对追加债务人为第三人的态度转变。在司法审判过程中，若发生上述情形，人民法院应当积极主动行使权力，将债务人追加为第三人，并不需要征得债权人的同意。

【关联指引】

《中华人民共和国民事诉讼法》（2023年9月1日）

第五十五条 当事人一方或者双方为二人以上，其诉讼标的是共同的，或者诉讼标的是同一种类、人民法院认为可以合并审理并经当事人同意的，为共同诉讼。

共同诉讼的一方当事人对诉讼标的有共同权利义务的，其中一人的诉讼行为经其他共同诉讼人承认，对其他共同诉讼人发生效力；对诉讼标的没有共同权利义务的，其中一人的诉讼行为对其他共同诉讼人不发生效力。

《最高人民法院关于适用〈中华人民共和国民事诉讼法〉的解释》（2022年4月1日）

第十三条 在国内结婚并定居国外的华侨，如定居国法院以离婚诉讼须由婚姻缔结地法院管辖为由不予受理，当事人向人民法院提出离婚诉讼的，由婚姻缔结地或者一方在国内的最后居住地人民法院管辖。

第七十三条 必须共同进行诉讼的当事人没有参加诉讼的，人民法院应当依照民事诉讼法第一百三十五条的规定，通知其参加；当事人也可以向人民法院申请追加。人民法院对当事人提出的申请，应当进行审查，申请理由不成立的，裁定驳回；申请理由成立的，书面通知被追加的当事人参加诉讼。

第七十四条 人民法院追加共同诉讼的当事人时，应当通知其他当事人。应当追加的原告，已明确表示放弃实体权利的，可不予追加；既不愿意参加诉讼，又不放弃实体权利的，仍应追加为共同原告，其不参加诉讼，不影响人民法院对案件的审理和依法作出判决。

第三十八条 【起诉债务人后又提起代位权诉讼】

《最高人民法院关于适用〈中华人民共和国民法典〉合同编通则若干问题的解释》	《中华人民共和国民法典》
第三十八条 【起诉债务人后又提起代位权诉讼】债权人向人民法院起诉债务人后，又向同一人民法院对债务人的相对人提起代位权诉讼，属于该人民法院管辖的，可以合并审理。不属于该人民法院管辖的，应当告知其向有管辖权的人民法院另行起诉；在起诉债务人的诉讼终结前，代位权诉讼应当中止。	**第五百三十六条** 债权人的债权到期前，债务人的债权或者与该债权有关的从权利存在诉讼时效期间即将届满或者未及时申报破产债权等情形，影响债权人的债权实现的，债权人可以代位向债务人的相对人请求其向债务人履行、向破产管理人申报或者作出其他必要的行为。 **第五百三十七条** 人民法院认定代位权成立的，由债务人的相对人向债权人履行义务，债权人接受履行后，债权人与债务人、债务人与相对人之间相应的权利义务终止。债务人对相对人的债权或者与该债权有关的从权利被采取保全、执行措施，或者债务人破产的，依照相关法律的规定处理。

【条文释义】

此条司法解释是债权人起诉债务人后又提起代位权诉讼的适用规则。关于当出现债权人起诉债务人后，又在同一人民法院向相对人提起代位权诉讼时，《最高人民法院关于适用〈中华人民共和国合同法〉若干问题的解释（一）》第15条规定："债权人向人民法院起诉债务人以后，又向同一人民法院对次债务人提起代位权诉讼，符合本解释第十四条的规定和《中华人民共和国民事诉讼法》第一百零八条规定的起诉条件的，应当立案受理；不符合本解释第十四条规定的，告知债权人向次债务人住所地人民法院另行起诉。

受理代位权诉讼的人民法院在债权人起诉债务人的诉讼裁决发生法律效力以前，应当依照《中华人民共和国民事诉讼法》第一百三十六条第（五）项的规定中止代位权诉讼。”

在《民事诉讼法》进行修改后，原本的第108条变为第122条，但是内容并未发生变化。《民事诉讼法》第122条规定：起诉必须符合下列条件：（一）原告是与本案有直接利害关系的公民、法人和其他组织；（二）有明确的被告；（三）有具体的诉讼请求和事实、理由；（四）属于人民法院受理民事诉讼的范围和受诉人民法院管辖。据此，本司法解释规定了在债权人向人民法院起诉债务人后，又向同一人民法院对债务人的相对人提起代位权诉讼之情形下，若代位权诉讼属于该人民法院管辖的，人民法院可以对其合并审理。若代位权诉讼不属于该人民法院管辖的，应当告知其向有管辖权的人民法院另行起诉；同时，在债权人起诉债务人的诉讼终结前，代位权诉讼应当中止。

【条文引申】

从此条司法解释关于债权人起诉债务人后又提起代位权诉讼的规定出发，可发现我国民事法律对人民法院处理该种情况的规定进行了如下理解：

1.在代位权诉讼中，应当适用原告就被告的原则，债权人向次债务人提起代位权诉讼的，管辖权归属于被告住所地人民法院，而无论债务人与次债务人之间的合同是否约定有协议管辖的内容。但法律规定由专门人民法院专属管辖的除外。

2.当债权人提起代位权诉讼，且债务人与次债务人之间的合同中存在成立且有效的仲裁条款时，次债务人也不能以存在有效的仲裁协议为由对债权人提起的代位权诉讼提出管辖异议。

3.债权人先以债务人为被告提起诉讼（本诉），在人民法院立案后又向受理该本诉的人民法院以次债务人为被告提起代位权诉讼时，本诉的管辖不能吸收代位权诉讼的管辖。申言之，在上述情形下，本诉的管辖法院应依《民事诉讼法》有关管辖之规定确定，而代位权诉讼管辖法院的确定依据应为本条司法解释。若在依照各自规定下，发生本诉的管辖法院与代位权诉讼的管辖法院正好为同一法院之情况，则属于管辖竞合，由同一法院受理。

4.同理，如果出现债权人先提起代位权诉讼，之后又在同一法院以债务人为被告提起本诉的情况时，人民法院亦应依照本条规定作出是否受理的决定。

【审判实务】

人民法院应充分明晰一同受理时的程序问题。

首先，在本诉与代位权诉讼同时存在的情况下，无论哪一个诉讼先提起，受理代位权诉讼的法院都应中止代位权诉讼的审理，因为本诉是否成立、债权人对债务人的债权是否得到法院的确认以及确认的数额、范围等直接决定着代位权诉讼的结果，依照《民事诉讼法》的有关规定，受理代位权诉讼的法院应当中止审理。

其次，债权人在提起代位权诉讼时，如果未将债务人列为第三人，人民法院可以追加债务人为第三人。债务人的加入有助于法院查明案件事实，因为债务人是债权人与债务人之间、债务人与次债务人之间法律关系的联结枢纽，对于查证两个法律关系的事实和代位权诉讼能否成立，均具有重要意义，故法院可以将其追加为第三人。之所以未规定“应当”追加而是规定“可以”追加，一是考虑债务人终究不是代位权诉讼的当事人；二是考虑诉权自由的保障和尊重债权人的选择；三是考虑与《民事诉讼法》的有关规定保持一致。但实践中倾向于将债权人列为第三人，除了上述原因之外，还因为在代位权诉讼成立的情形下，人民法院的裁决会直接影响到债务人与债权人、债务人与次债务人之间的权利义务关系。

【关联指引】

《中华人民共和国民事诉讼法》（2023年9月1日）

第一百二十二条 起诉必须符合下列条件：

（一）原告是与本案有直接利害关系的公民、法人和其他组织；

（二）有明确的被告；

（三）有具体的诉讼请求和事实、理由；

（四）属于人民法院受理民事诉讼的范围和受诉人民法院管辖。

《最高人民法院关于适用〈中华人民共和国民事诉讼法〉的解释》（2022年4月1日）

第二百零九条 原告提供被告的姓名或者名称、住所等信息具体明确，足以使被告与他人相区别的，可以认定为有明确的被告。

起诉状列写被告信息不足以认定明确的被告的，人民法院可以告知原告补正。原告补正后仍不能确定明确的被告的，人民法院裁定不予受理。

第二百七十九条 当事人对按照小额诉讼案件审理有异议的，应当在开庭前提出。人民法院经审查，异议成立的，适用简易程序的其他规定审理或者裁定转为普通程序；异议不成立的，裁定驳回。裁定以口头方式作出的，应当记入笔录。

第二百八十八条 公益诉讼案件的原告在法庭辩论终结后申请撤诉的，人民法院不予准许。

第三十九条 【代位权诉讼中债务人起诉相对人】

《最高人民法院关于适用〈中华人民共和国民法典〉合同编通则若干问题的解释》	《中华人民共和国民法典》
第三十九条 【代位权诉讼中债务人起诉相对人】在代位权诉讼中，债务人对超过债权人代位请求数额的债权部分起诉相对人，属于同一人民法院管辖的，可以合并审理。不属于同一人民法院管辖的，应当告知其向有管辖权的人民法院另行起诉；在代位权诉讼终结前，债务人对相对人的诉讼应当中止。	**第五百三十六条** 债权人的债权到期前，债务人的债权或者与该债权有关的从权利存在诉讼时效期间即将届满或者未及时申报破产债权等情形，影响债权人的债权实现的，债权人可以代位向债务人的相对人请求其向债务人履行、向破产管理人申报或者作出其他必要的行为。 **第五百三十七条** 人民法院认定代位权成立的，由债务人的相对人向债权人履行义务，债权人接受履行后，债权人与债务人、债务人与相对人之间相应的权利义务终止。债务人对相对人的债权或者与该债权有关的从权利被采取保全、执行措施，或者债务人破产的，依照相关法律的规定处理。

【条文释义】

此条司法解释是在债权人代位权诉讼中债务人起诉相对人的相关规则。在债权人代位权诉讼中，可能会出现一种情况：相对人对于债权人所负债务的数额多于债权人对债务人主张债权之数额。此时，债务人对于超过债权人代位请求数额的债权部分仍享有请求权。因此，《最高人民法院关于适用〈中华人民共和国合同法〉若干问题的解释（一）》第22条规定："债务人在代位权诉讼中，对超过债权人代位请求数额的债权部分起诉次债务人的，人民法院应当告知其向有管辖权的人民法院另行起诉。债务人的起诉符合法定条件的，人民法院应当受理；受理债务人起诉的人民法院在代位权诉讼裁决发生法律效力以前，应当依法中止。”该条款肯定了债务人对相对人享有超出债权人代位请求数额的债权部分请求权，并规定了其行使请求权的行使方式，即债务人应当向有管辖权的人民法院另行起诉。若债务人的起诉符合法定条件，人民法院应当受理；受理债务人起诉的人民法院在代位权诉讼裁决发生法律效力以前，应当依法中止。

本条司法解释在《最高人民法院关于适用〈中华人民共和国合同法〉若干问题的解释（一）》第22条之基础上，对债权人代位权诉讼中债务人起诉相对人的相关规则进行了一定的调整。本条司法解释规定：在代位权诉讼中，债务人对超过债权人代位请求数额的债权部分起诉相对人的，属于同一人民法院管辖的，该人民法院可以进行合并审理，不属于同一人民法院管辖的，人民法院应当告知其向有管辖权的人民法院另行起诉。受理债务人起诉的人民法院在代位权诉讼终结前，因尚未判定代位权诉讼虽应偿还的具体金额，因而应当依法中止对债务人超过债权人代位请求数额的债权部分起诉的审理工作。

【条文引申】

从此条司法解释关于债权人代位权诉讼中债务人起诉相对人的相关规则角度出发，可发现我国对于债务人在代位权诉讼中的权利进行了如下讨论：

债权人行使代位权后，债务人对于代位权标的处分权应否受到限制？这一问题在法学界产生了较大争论，各学者分成了“肯定说”与“否定说”两大阵营。主张“肯定说”的学者认为，债权人将代位权行使的事实通知债务人后，或债务人已经知晓债权人行使代位权后，债务人对于债权人代位行使的权利不得再予行使，不得为处分行为，不得提起未行使权利的诉讼。“肯定说”与债权人代位权的规范目的相符合，原因在于对于债务人的处分权能若不加以限制，允许债务人任意处分其财产，可能使债权人代位权制度的目的落空。

支持“否定说”的学者则认为，如何保全债权的实现，民事诉讼法上有保全程序的规定，债权人如不依法实施冻结、查封，理应自行负担风险，“肯定说”似有使债权人代位权发挥冻结、查封程序作用之虞，与交易安全的保护亦有抵触，解释上应以“否定说”为准。“否定说”兼顾实体法和程序法，使二者相互衔接、配合，有其道理。《最高人民法院关于适用〈中华人民共和国合同法〉若干问题的解释（一）》第17条关于“在代位权诉讼中，债权人请求人民法院对次债务人的财产采取保全措施的，应当提供相应的财产担保”的规定，也点明了债权人代位权制度与民事诉讼法上财产保全制度的衔接，“否定说”的法律依据更为充分。

当然，即使按照“肯定说”，对于超过债权人代位请求数额的债权部分，只要能够将之区隔开来，债务人也有处分的权能，可以向有管辖权的法院另行提起诉讼，只是在代位权诉讼裁决发生法律效力以前，债务人提起的诉讼应当依法中止，《最高人民法院关于适用〈中华人民共和国合同法〉若干问题的解释（一）》第22条对此有相应规定。而《民法典合同编司法解释》第41条沿用了上述司法解释第22条之理念，仅将受理债权人起诉人民法院的中止审理时间做了一定调整。

【审判实务】

基于本条司法解释之规定，人民法院在受理债务人在代位权诉讼中对相对人超过债权人代位请求数额的债权部分起诉时，应当首先对管辖权进行审查，对于本院没有管辖权之情况，应当告知债务人向有管辖权之法院另行起诉。当人民法院具有管辖权时，还需债务人之起诉是否符合法定条件，当债务人之起诉符合法定条件时，应当予以受理。但是并不意味着人民法院受理后应当立即开展审理工作，而是应当先中止审理，直到债权人在代位权诉讼终结后，方可对债务人对相对人之诉进行审理。

【关联指引】

《中华人民共和国民事诉讼法》（2023年9月1日）

第五十五条 当事人一方或者双方为二人以上，其诉讼标的是共同的，或者诉讼标的是同一种类、人民法院认为可以合并审理并经当事人同意的，为共同诉讼。

共同诉讼的一方当事人对诉讼标的有共同权利义务的，其中一人的诉讼行为经其他共同诉讼人承认，对其他共同诉讼人发生效力；对诉讼标的没有共同权利义务的，其中一人的诉讼行为对其他共同诉讼人不发生效力。

第一百四十三条 原告增加诉讼请求，被告提出反诉，第三人提出与本案有关的诉讼请求，可以合并审理。

第四十条 【代位权不成立的处理】

《最高人民法院关于适用〈中华人民共和国民法典〉合同编通则若干问题的解释》	《中华人民共和国民法典》
第四十条 【代位权不成立的处理】 代位权诉讼中，人民法院经审理认为债权人的主张不符合代位权行使条件的，应当驳回诉讼请求，但是不影响债权人根据新的事实再次起诉。 债务人的相对人仅以债权人提起代位权诉讼时债权人与债务人之间的债权债务关系未经生效法律文书确认为由，主张债权人提起的诉讼不符合代位权行使条件的，人民法院不予支持。	**第五百三十五条** 因债务人怠于行使其债权或者与该债权有关的从权利，影响债权人的到期债权实现的，债权人可以向人民法院请求以自己的名义代位行使债务人对相对人的权利，但是该权利专属于债务人自身的除外。 代位权的行使范围以债权人的到期债权为限。债权人行使代位权的必要费用，由债务人负担。 相对人对债务人的抗辩，可以向债权人主张。 **第五百三十七条** 人民法院认定代位权成立的，由债务人的相对人向债权人履行义务，债权人接受履行后，债权人与债务人、债务人与相对人之间相应的权利义务终止。债务人对相对人的债权或者与该债权有关的从权利被采取保全、执行措施，或者债务人破产的，依照相关法律的规定处理。

【条文释义】

此条司法解释是当债权人代位权不成立时人民法院的处理规则。债权人代位权的行使是有条件的，《民法典》第535条对此进行了规定："因债务人怠于行使其债权或者与该债权有关的从权利，影响债权人的到期债权实现的，债权人可以向人民法院请求以自己的名义代位行使债务人对相对人的权利，但是该权利专属于债务人自身的除外。代位权的行使范围以债权人的到期债权为限。债权人行使代位权的必要费用，由债务人负担。相对人对债务人的抗辩，可以向债权人主张。”

当债权人向人民法院提起代位权之诉时，人民法院应当依据《民法典》第535条规定之内容进行审查，在审查后作出是否受理之决定，具体规则为《民法典》第537条规定：“人民法院认定代位权成立的，由债务人的相对人向债权人履行义务，债权人接受履行后，债权人与债务人、债务人与相对人之间相应的权利义务终止。债务人对相对人的债权或者与该债权有关的从权利被采取保全、执行措施，或者债务人破产的，依照相关法律的规定处理。”但是，当人民法院发现债权人之申请不符合代位权行使的条件时，应当如何处理呢？本条司法解释对此做出了解答。根据本条司法解释规定，当人民法院经审理后发现债权人之主张不构成代位权时，应当对其诉讼请求予以驳回。但是，驳回此诉讼请求并不意味着债权人不得再次起诉，当债权人依据新的事实进行再次起诉时，并不受人民法院先前驳回的影响。此外，债务人的相对人仅以债权人提起代位权诉讼时债权人与债务人之间的债权债务关系未经生效法律文书确认为由，主张债权人提起的诉讼不符合代位权行使条件的，人民法院不予支持。

【条文引申】

从此条司法解释关于债权人代位权不成立时人民法院的处理规则出发，可发现《民法典》中对于代位权成立效果有如下规定：

债权人代位权的成立会当然地引起当事人之间原有权利义务关系变动，而债权人履行代位权亦将导致当事人之间原本的相应权利义务关系归于消灭。但是，当债权人代位权与其他制度存在冲突时，又将产生代位权不一定成立的效果，此时，因代位权成立而变化的当事人权利义务关系又可能会得以恢复。对此，可作如下理解：

一、当事人权利义务关系的变化

当债权人代位权成立时，由相对人向债权人履行义务，由此当事人的权利义务关系会发生如下变化。

首先，代位权成立对债权人的影响。虽然债权人与相对人之间并不存在直接的权利义务关系，但法律规定赋予了债权人直接向相对人追索的相关权利。申言之，代位权实质上是在债权人与相对人之间创设了一种新的有直接约束力的权利义务关系，一旦代位权成立，则债权人越过债务人而将相对人与债务人一并作为履行义务人，具有接受相对人履行义务或申请强制执行的权利。

其次，对债务人而言，虽在债务人对于相对人的实体权利并不在相对人未向债权人履行之前消灭，债务人对债权人的债务亦仍然存在，但就请求权层面而言，债务人对于相对人的债权人身份将被取代，债务人对相对人享有的相应债权及由此债权产生的从权利的转让、免除、抵销等权能丧失，其在债权人提起代位权诉讼后的前述处分行为不能对抗债权人。

最后，对相对人而言，在债权人代位权行使后，相对人应直接向债权人履行原本应当对债务人履行的给付义务。同时，相对人在债权人提起代位权诉讼后对债务人的给付在代位权判决给付的数额范围不能对抗债权人。

二、代位标的债权履行的法律后果

当债权人接受相对人的履行后，债权人与债务人、债务人与相对人之间相应的权利义务终止。对此，有以下几个层面的意思：

首先，债权人在接受相对人的履行后，其相应权利义务才终止。全部履行的，全部终止；部分履行的，部分终止。

其次，在相对人履行方式上，相对人既可以在诉讼中或者代位权判决后自动履行，人民法院亦可以通过代位权判决而强制执行，还可以由债权人、债务人、相对人三方共同参与和解履行。

最后，当相对人履行相应义务后，其对债务人终止的内容仅为其对债权人履行部分的权利义务，债权人代位权判决未履行的部分，或者代位权判决之外债权人与债务人之间、债务人与相对人之间的权利义务关系仍然存在。

【审判实务】

人民法院须充分重视代位权判决的既判力。当债权人代位权成立时，人民法院应判决相对人向债权人履行义务，代位权判决生效即对债权人与债务人、债务人与相对人、债权人与相对人之间的权利义务发生既判力。但是，债权人代位权判决的既判力与一般判决的既判力也存在区别，两者的核心区别在于代位权判决会受到债务人向债权人履行或债务人宣告破产等因素的影响。生效的代位权判决其既判力是否及于债务人或其他债权人，必须在债权人、债务人与相对人之间进行利益权衡，既不能使相对人陷于诉累，也不能使债权人、债务人的利益受到损害，必须诉讼经济与诉讼正义兼顾。

一、关于代位权生效判决是否及于债务人的问题

不管债务人是作为有独立请求权的第三人还是无独立请求权的第三人，只要作为当事人参加（缺席不影响）代位权诉讼，自会对其产生相应约束力。但若将债务人定位为无独立请求权的第三人，其请求权、上诉权等实体权利未能行使，代位权生效判决对其既判力则限于不得就债权人胜诉部分另行主张等有限层面，为此，《最高人民法院关于适用〈中华人民共和国合同法〉若干问题的解释（一）》规定债务人对超过代位权请求部分可另行对次债务人诉讼主张。而若债务人定位为有独立请求权的第三人或被告，不管其是否对相对人提出请求，先判决确认债务人对相对人的权利，再判决相对人直接向债权人履行，就能避免债权人接受债务人履行或债务人破产的情形下代位权判决既判力的丧失问题，实现诉讼经济与诉讼正义的统一。在此情形下，代位权诉讼的既判力无论债权人胜诉、败诉皆及于债务人。

二、关于代位权诉讼生效判决是否及于其他债权人的问题

代位权诉讼审理的是债权人与债务人之间的债权债务关系和债务人与相对人之间的权利义务关系，代位权判决将基于前述两个关系而再确定债权人与相对人之间的权利义务关系，并最终在相对人履行代位权判决确定的义务后相应终止前述两个权利义务关系。故对于未参加代位权诉讼的其他当事人而言，代位权判决在债权人与债务人、债权人与相对人之间的权利义务关系上的既判力不能约束其他债权人，而对于债务人与相对人之间的权利义务关系，因代位权判决已经进行判处，债务人与相对人之间权利义务关系的既判力及于其他债权人，其他债权人不得就此再行使代位权。当然，对于债务人与相对人之间代位权诉讼之外的其他权利义务，或者债务人与其他相对人之间的权利义务，因不属代位权判决审理范围，其他债权人仍可提起代位权诉讼。需要注意的是，若代位权诉讼的债务人对相对人的债权有多个从权利，而债权人仅向其中一个或数个从权利义务人主张，在此情形下，因债务人对相对人的债权已经代位权判决归属于债权人，其他债权人不能再向该代位权判决未涉及的债务人享有从权利的其他相对人主张。

【关联指引】

《最高人民法院关于适用〈中华人民共和国民事诉讼法〉的解释》(2022年4月1日)

第五百零六条 被执行人为公民或者其他组织，在执行程序开始后，被执行人的其他已经取得执行依据的债权人发现被执行人的财产不能清偿所有债权的，可以向人民法院申请参与分配。

对人民法院查封、扣押、冻结的财产有优先权、担保物权的债权人，可以直接申请参与分配，主张优先受偿权。

《最高人民法院关于适用〈中华人民共和国民法典〉有关担保制度的解释》(2020年12月31日)

第二十三条 人民法院受理债务人破产案件，债权人在破产程序中申报债权后又向人民法院提起诉讼，请求担保人承担担保责任的，人民法院依法予以支持。

担保人清偿债权人的全部债权后，可以代替债权人在破产程序中受偿；在债权人的债权未获全部清偿前，担保人不得代替债权人在破产程序中受偿，但是有权就债权人通过破产分配和实现担保债权等方式获得清偿总额中超出债权的部分，在其承担担保责任的范围内请求债权人返还。

债权人在债务人破产程序中未获全部清偿，请求担保人继续承担担保责任的，人民法院应予支持；担保人承担担保责任后，向和解协议或者重整计划执行完毕后的债务人追偿的，人民法院不予支持。

第二十四条 债权人知道或者应当知道债务人破产，既未申报债权也未通知担保人，致使担保人不能预先行使追偿权的，担保人就该债权在破产程序中可能受偿的范围内免除担保责任，但是担保人因自身过错未行使追偿权的除外。

第四十一条 【代位权诉讼中债务人处分行为的限制】

《最高人民法院关于适用〈中华人民共和国民法典〉合同编通则若干问题的解释》	《中华人民共和国民法典》
第四十一条 【代位权诉讼中债务人处分行为的限制】债权人提起代位权诉讼后，债务人无正当理由减免相对人的债务或者延长相对人的履行期限，相对人以此向债权人抗辩的，人民法院不予支持。	**第一百五十四条** 【恶意串通的民事法律行为的效力】行为人与相对人恶意串通，损害他人合法权益的民事法律行为无效。 **第五百三十五条** 【债权人代位权】因债务人怠于行使其债权或者与该债权有关的从权利，影响债权人的到期债权实现的，债权人可以向人民法院请求以自己的名义代位行使债务人对相对人的权利，但是该权利专属于债务人自身的除外。 代位权的行使范围以债权人的到期债权为限。债权人行使代位权的必要费用，由债务人负担。 相对人对债务人的抗辩，可以向债权人主张。 **第五百三十七条** 【代位权行使后的法律效果】人民法院认定代位权成立的，由债务人的相对人向债权人履行义务，债权人接受履行后，债权人与债务人、债务人与相对人之间相应的权利义务终止。债务人对相对人的债权或者与该债权有关的从权利被采取保全、执行措施，或者债务人破产的，依照相关法律的规定处理。

【条文释义】

此条司法解释是对代位权诉讼中债务人处分行为限制的相关规则。在司法实践中，经常会出现债务人以各种途径怠于履行对相对人享有的债权，或与相对人恶意串通致使债权人权益受损的情形。例如在债权人代位权诉讼中，若债务人在债权人提起代位权诉讼过程中采取无正当理由减免其对相对人享有的债权，抑或是延长相对人的履行期限，则具有债权人与相对人恶意串通故意逃避债务之嫌。若人民法院承认债务人上述行为的法律效力，相对人则有权根据《民法典》第535条第3款“相对人对债务人的抗辩，可以向债权人主张”之规定对债权人进行抗辩，在极大程度上导致债权人恶意逃避债务现象的产生，不利于对债权人合法利益的保护。因而，本条司法解释针对上述情形，在《民法典》第154条“行为人与相对人恶意串通，损害他人合法权益的民事法律行为无效”之规定的基础上，认为当在债权人提起代位权诉讼后，债务人无正当理由减免相对人的债务或者延长相对人的履行期限的行为属于恶意串通行为，不发生法律效力，故相对人无权以此为理由对债权人的代位权进行抗辩。

【条文引申】

从本条司法解释关于代位权诉讼中债务人处分行为的限制的处理规则出发，可引申出如下要点：

一、代位权诉讼中的抗辩问题

根据《民法典》第535条第3款之规定，在债权人行使代位权诉讼中，相对人对债务人的抗辩，可以向债权人主张。申言之，即债权人能够以自己的名义向相对人行使代位权的原因在于，相对人与债务人之间存在权利义务法律关系。在此段债权债务关系中，相对人理应依法享有对债务人的抗辩权，且不因债权人行使代位权而减损。因此，相对人可对债权人主张原本应享有对抗债务人的抗辩。需要注意的是，本条规定中的“抗辩”，实质上是在诉讼程序中的抗辩，在种类上不限于实体法上的抗辩权，即有程序法上的抗辩，如管辖异议、主体资格异议、证据异议等，也包括实体法上的权利不发生或消灭、债权未到期或者抵销、权利存在瑕疵等抗辩。实践中需要注意的是相对人基于其与债务人之间的权利义务提出抗辩，并非代替债务人提出抗辩，如在债务人放弃诉讼时效抗辩时，相对人不得以此为由抗辩。[①]

二、恶意串通的相关问题

所谓恶意串通，是指行为人与相对人互相勾结，为牟取私利而实施的损害他人合法权益的民事法律行为。恶意串通的民事法律行为在主观上要求双方有互相串通、为满足私利而损害他人合法权益的目的，客观上表现为实施了一定形式的行为来达到这一目的。民法的基本原则中包含自愿原则，即当事人可以按照自己的意思设立、变更、终止民事法律关系，但民事主体却不得滥用民事权利损害国家利益、社会公共利益或者他人合法权益。

恶意串通与通谋虚伪表示相似之处较多：一是均为民事法律行为，而非事实行为；二是参与者均为两人以上，且相互之间具有意思联络并达成合意；三是通常有损害第三人利益的动机，均指向第三人。但是，尽管存在上述相似之处，但是二者侧重点不同：表现形式上，虽然都有双方通谋，但是恶意串通是真实意思，通谋虚伪表示与真实意思不一致；损害结果上，恶意串通以损害他人合法权益为必要，通谋虚伪表示则不然；对第三人效力上，恶意串通的无效并未涉及对第三人的效力，通谋虚伪表示的无效不得对抗善意第三人。

恶意串通损害他人合法权益的民事法律行为，具有以下特点：

1.各方当事人都出于恶意。当事人明知其所实施的民事法律行为将造成他人的损害而故意为之，行为人具有加害他人的不良动机，主观上有损害第三人合法权益的故意。

2.当事人之间互相串通。当事人之间存在意思联络或者沟通，都希望通过实施某种民事法律行为而损害特定第三人的合法权益；当事人在客观上相

---

① 参见最高人民法院民法典贯彻实施工作领导小组编著：《中国民法典适用大全·合同卷（一）》，人民法院出版社2022年版，第386页。

互配合或者共同实施了该民事法律行为。

3. 损害了特定第三人的合法权益。这里第三人包括国家、特定集体或者特定第三人。

【审判实务】

人民法院应充分了解不支持相对人抗辩的条件。

在司法审判活动中，人民法院在应用本条司法解释时应当注意以下条件：

1. 债务人实施本条司法解释所规定的行为时间为债权人提起代位权诉讼后。

2. 人民法院不支持相对人抗辩是针对债务人无正当理由减免相对人的债务或者延长相对人的履行期限之行为。

第四十二条　【债权人撤销权诉讼中明显不合理低价或者高价的认定】
第四十三条　【其他不合理交易行为的认定】①

《最高人民法院关于适用〈中华人民共和国民法典〉合同编通则若干问题的解释》	《中华人民共和国民法典》
第四十二条　【债权人撤销权诉讼中明显不合理低价或者高价的认定】对于民法典第五百三十九条规定的“明显不合理”的低价或者高价，人民法院应当按照交易当地一般经营者的判断，并参考交易时交易地的市场交易价或者物价部门指导价予以认定。 转让价格未达到交易时交易地的市场交易价或者指导价百分之七十的，一般可以认定为“明显不合理的低价”；受让价格高于交易时交易地的市场交易价或者指导价百分之三十的，一般可以认定为“明显不合理的高价”。 债务人与相对人存在亲属关系、关联关系的，不受前款规定的百分之七十、百分之三十的限制。 **第四十三条　【其他不合理交易行为的认定】**债务人以明显不合理的价格，实施互易财产、以物抵债、出租或者承租财产、知识产权许可使用等行为，影响债权人的债权实现，债务人的相对人知道或者应当知道该情形，债权人请求撤销债务人的行为的，人民法院应当依据民法典第五百三十九条的规定予以支持。	**第五百三十八条**　债务人以放弃其债权、放弃债权担保、无偿转让财产等方式无偿处分财产权益，或者恶意延长其到期债权的履行期限，影响债权人的债权实现的，债权人可以请求人民法院撤销债务人的行为。 **第五百三十九条**　债务人以明显不合理的低价转让财产、以明显不合理的高价受让他人财产或者为他人的债务提供担保，影响债权人的债权实现，债务人的相对人知道或者应当知道该情形的，债权人可以请求人民法院撤销债务人的行为。

① 鉴于本解释第四十二条、第四十三条高度关联，在此合并进行解释。

【条文释义】

此两条司法解释是债权人撤销权诉讼中明显不合理低价或者高价的认定以及其他不合理交易行为的认定规则。《民法典》第539条规定："债务人以明显不合理的低价转让财产、以明显不合理的高价受让他人财产或者为他人的债务提供担保，影响债权人的债权实现，债务人的相对人知道或者应当知道该情形的，债权人可以请求人民法院撤销债务人的行为。"

对于"明显不合理的低价"以及"明显不合理的高价"之判定标准，应为交易当地一般经营者之判断，并参考交易时交易地的市场交易价或者物价部门指导价予以认定。因此，在不同的时间、不同的地点，所产生的"不合理高价或低价"之金额并不一致，但判断标准统一。一般而言，若债务人与相对人不存在关联关系等情形，当转让价格未达到交易时交易地的市场交易价或者指导价70%的，可以认定为明显不合理的低价；受让价格高于交易时交易地的市场交易价或者指导价30%的，可以认定为明显不合理的高价。

而对于其他不合理交易行为的认定，本司法解释第43条也作出了规定："债务人以明显不合理的价格，实施互易财产、以物抵债、出租或者承租财产、知识产权许可使用等行为，影响债权人的债权实现，债务人的相对人知道或者应当知道该情形，债权人请求撤销债务人的行为的，人民法院应当依据民法典第五百三十九条的规定予以支持。"该规定采取了列举加兜底的方式，列举了部分典型的不合理交易行为，如债务人以明显不合理的低价或者高价实施互易财产、以物抵债、设定用益物权、出租或者承租财产等。当债务人实施上述行为，且相对人知道或应当知道债权人行为不当且会对债权人的债权实现造成不利影响时，债权人有权请求人民法院撤销债务人的上述不当行为。

【条文引申】

从这两条司法解释关于债权人撤销权诉讼中明显不合理低价或者高价的

认定以及其他不合理交易行为的认定角度出发，可发现民法典中对于债权人撤销权行使的情形进行了如下研究：

一、债权人撤销权的定义及性质

债权人撤销权是指当债务人无偿处分或以不合理的对价交易导致其财产权益减少或责任财产负担不当加重，对债权人的债权实现有影响时，债权人可以请求人民法院撤销债务人所实施行为的一项民事权利。对于债权人撤销权的性质，应作如下理解：

首先，债权人撤销权是一项民事实体权利。虽债权人行使必须通过诉讼方式，但因其需一定的权利构成要件和行使期间，亦会产生相应的行权效果，且由民事实体法予以规定，故为债权人的一项民事实体权利。

其次，债权人撤销权系附属于债权且专属于债权人的权利。债权的有效存在，是撤销权发生的前提，债权不存在、无效或者因得以清偿而消灭、因超过时效而丧失胜诉权的，撤销权将不存在或消灭。基于其附属性，撤销权亦不得脱离债权而单独转让，债权转移时相应的撤销权也随之转移。

最后，债权人撤销权具有形成权性质。债权人撤销债务人与第三人的诈害行为系撤销权的权利内容，撤销权的行使结果使债务人与第三人之间的诈害行为自始没有法律约束力，债务人诈害处分的财产得以恢复。

二、关于债权人撤销权的行使

根据《民法典》第538条、第539条之规定，债权人撤销权的行使方式为向人民法院提起撤销之诉。虽然债务人无偿处分与以不合理对价交易两类情形在撤销权的构成要件上有所不同，但在撤销权的行使方式和要求上是完全一致的。作为债权保全的特殊制度，撤销权之诉亦有其特殊之处。

首先，对于债权人撤销权之诉的当事人而言，债权人撤销权之诉的原告，应当是因债务人诈害行为而使债权实现受到影响的债权人。撤销权的行使必须由享有撤销权的债权人以自己的名义，向人民法院提起诉讼，请求人民法院撤销债务人不当处分财产的行为。

对于债权人撤销权之诉的被告，学界和实务界一直存在不同观点："限制说"认为只能是债务人，而"扩张说"则认为债权人撤销权之诉指向受益人的实体利益或受让人的财产，为充分保护受益人或受让人的诉讼权利，他们也应可作为被告。"折中说"认为，应区分债权人撤销权之诉的诈害行为是单务行为还是双务行为，如系债务人的单务行为，应以债务人为被告；如系双务行为，则应以债务人与相对人为被告；兼诉请返还财产的，应以债务人、相对人以及受益人为共同被告。《最高人民法院关于适用〈中华人民共和国合同法〉若干问题的解释（一）》第24条规定："债权人依照合同法第七十四条的规定提起撤销权诉讼时只以债务人为被告，未将受益人或者受让人列为第三人的，人民法院可以追加该受益人或者受让人为第三人。"该规定仅承认债权人撤销权之诉的被告为债务人，至于受益人或受让人则不得作为债权人撤销权之诉的被告，而只能作为诉讼中的第三人。

最高人民法院认为，《最高人民法院关于适用〈中华人民共和国合同法〉若干问题的解释（一）》第24条只是明确了债权人仅以债务人为被告的情形，并未限制债权人以相对人为被告，否则应表述为"只能以债务人为被告"。并且，对债权人撤销权之诉形式上的标的是债务人的行为，实质上指向的是诈害行为处分的财产利益。谁可以作为被告的问题，除涉及受益人或受让人的抗辩外，还涉及撤销权行使与成立的效果等问题，"扩张说"似乎更为合理。

其次，在债权人撤销权之诉中，抗辩亦有其特殊之处。第一，当债务人作为被告时，可就其与债权人之间是否存在债权债务关系、债权债务数额等进行抗辩，亦可以就其是否存在诈害行为、诈害行为是否影响债权人的债权实现进行抗辩。第二，当相对人作为被告时，法律虽然对债权人撤销权未如债权人代位权那样规定相对人可以向债权人主张其对债务人的抗辩，亦未明确规定其应为债权人撤销权之诉的被告，但撤销权之诉的标的事关相对人的财产性权益等实体权利和其与债务人之间关系的程序性权利，相对人要受到撤销权诉讼程序和撤销权判决结果的拘束，如不赋予其充分的抗辩权，显然不符合权利义务相一致的基本原则，故相对人应既可为债务人对债权人的部分抗辩（如时效抗辩不得代为行使），亦可为其对债务人的全部抗辩。

最后，就债权人撤销权的行使效力而言，债权人虽然不能请求相对人直接向其给付或返还财产，但法律规定撤销权作为债权人为其债权实现而对债务人的权利进行保全的一项措施，其本质系对债务人的财产权益进行保全，撤销权诉讼所审查判断的核心是债务人的诈害行为及该行为所涉及的财产权益，如不对债务人和相对人进行限制而任由其处置标的债权或财产，债权人撤销权制度保全债权的目的将无法实现，撤销权诉讼亦无法进行，故撤销权一经债权人诉讼行使亦应具有相应的程序效力，对债务人、相对人的相应权利进行限制：债务人不能对其相对人所享有的权利再行处分，相对人不能将所获得的财产再行处置，并以其没有相应的权利或义务为由进行抗辩。

三、对于债务人与相对人主观恶意的判断

一般而言，债权人只要可以通过举证证明债务人存在“以明显不合理的低价转让财产”的行为，就可以认定债务人主观上有恶意。对何为“明显不合理的低价”，既要根据时空基准参照70%的数额进行判断，又不应简单拘泥于数额上的限定，如果同等条件下转让的价格与市场价格相比较差距较大，一般商人在此情况下都会认为该价格过低，债务人以该价格转让财产必然会减少其责任财产，如果影响了债权人债权的实现，即可认定其具有恶意。

在考证相对人的恶意时，有观点认为应从“受让人是否具有故意损害债权人的意图，或是否曾与债务人恶意串通”的角度判断，但这种对债务人与相对人恶意意思联络的考察，对于处于交易外部的债权人而言是难以举证证明的。因此，我们需要找到一个相对客观的判断标准。“以明显不合理的低价”转让，对受让人而言，显然应当知道这是一个非正常的交易，亦应当知道如果债务人不是为了逃避债务一般不会如此不顾自己利益而“以明显不合理的低价”转让的，受让人明知这种交易会减少债务人的责任财产，仍与债务人进行交易的，一般可推定受让人知道或应当知道该交易会影响债权人的债权实现，进而认定其主观上具有恶意。除非受让人举证证明债务人向其提供了诸如有重大投资回报利益亟须资金等合理的正当理由。因此，债权人只需要

证明债务人的行为有害于债权，且依当时具体情形受让人应当对此是能够知晓的，据此即推定受让人具有恶意。受让人如对此推定不服，则应就其主观上的善意负有证明责任。即通过举证责任的分配来实现对受让人主观恶意认定标准的客观化。

【审判实务】

一、人民法院应充分给予债权人自主选择权

对于债务人减损财产权益损害债权人利益的诈害行为，既可能违反《民法典》第154条关于行为人与相对人恶意串通，损害他人合法权益的民事法律行为无效的规定，亦可能违反《民法典》第538条、第539条关于债权人行使撤销权之规定。按照《民法典》第155条、第157条的规定，恶意串通行为无效与诈害处分财产行为被撤销两项制度的法律后果基本相同：无效的或者被撤销的民事法律行为自始没有法律约束力；民事法律行为无效、被撤销或者确定不发生效力后，行为人因该行为取得的财产，应当予以返还；不能返还或者没有必要返还的，应当折价补偿。

虽然两项制度在权利主体范围、主客观因素、权利客体范围等权利构成要件上都有较大区别，但某些时候债务人的诈害行为会在两项制度上发生竞合，此时应允许债权人可以自由选择权利救济路径，无论当事人选择何种权利，人民法院都应当依法予以保护。无效诈害行为要件上的要求是债权人要证明行为人与相对人之间具有恶意串通的故意行为，债权人对诈害行为的撤销只需债权人证明债务人处分财产权益的诈害行为影响其债权实现即可获得支持。

二、人民法院应当对债权人撤销权形式的具体场景进行区分

在债务人与相对人实施无偿行为的场合，债权人撤销权的成立不要求债务人具有主观恶意；而在债权人与相对人实施有偿行为场合，债权人的撤销权以债务人有恶意为成立要件。针对债务人放弃其到期债权、放弃债权担保

或者无偿转让财产的行为，不应要求债权人对恶意进行举证，而直接推定债务人具有恶意。当然，对这种法律上的恶意推定，债务人有权进行抗辩，如果债务人能够提出反证证明其仍有足够的财产清偿债务，其行为无害于该债权，则不能推定债务人具有恶意。

在债务人放弃其到期债权或者无偿转让财产的场合，人民法院处理案件较为简单，只需要判断债务人的行为是否对债权人造成损害即可作出裁判，但在债务人有偿转让财产的场合，由于原则上不能推定债务人具有恶意，此时就会存在如何判断有偿转让财产的双方当事人主观上具有恶意的问题。

三、人民法院应当对“不合理”高价或低价进行判断

按照上述司法解释之规定，对“以明显不合理的低价转让财产”进行判断的时间基准为“交易当时”，即实施交易行为时。该基准的合理性在于，对有偿行为行使撤销权须具备主观要件，即债务人与受让人主观上具有恶意，而恶意来自行为人对其行为的认知，即转让行为系知道有害于债权人债权实现而为，故只有以实施交易行为时作为判断基准才能彰显其恶意。应当注意的是，在判断诈害行为是否影响债权人的债权实现时，亦应当遵循双重标准：行为时标准和撤销权行使时标准。

对“以明显不合理的低价转让财产”进行判断的空间基准，上述司法解释将其规定为交易当地即交易行为地。现实中同一城市不同区域、不同地段的价格差异往往很大，司法解释并未明确此交易行为地应为发生交易行为的哪一级行政区划所在地，实务中应根据转让财产的性质、种类（土地、房屋等不动产，机器设备、交通工具、山珍海味、时令果蔬等动产），结合市场流通、交易惯例、关税区域等综合因素予以判定。

在审判实务中，对“以明显不合理的低价转让财产”的判断，原则上仍应按照本司法解释规定的判断基准和基本方法进行综合分析，并予以个案认定。

【关联指引】

《全国法院贯彻实施民法典工作会议纪要》(2021年4月6日)

9.对于民法典第五百三十九条规定的明显不合理的低价或者高价，人民法院应当以交易当地一般经营者的判断，并参考交易当时交易地的物价部门指导价或者市场交易价，结合其他相关因素综合考虑予以认定。

转让价格达不到交易时交易地的指导价或者市场交易价百分之七十的，一般可以视为明显不合理的低价；对转让价格高于当地指导价或者市场交易价百分之三十的，一般可以视为明显不合理的高价。当事人对于其所主张的交易时交易地的指导价或者市场交易价承担举证责任。

第四十四条 【债权人撤销权诉讼的当事人、管辖和合并审理】

《最高人民法院关于适用〈中华人民共和国民法典〉合同编通则若干问题的解释》	《中华人民共和国民法典》
第四十四条 【债权人撤销权诉讼的当事人、管辖和合并审理】债权人依据民法典第五百三十八条、第五百三十九条的规定提起撤销权诉讼的，应当以债务人和债务人的相对人为共同被告，由债务人或者相对人的住所地人民法院管辖，但是依法应当适用专属管辖规定的除外。 两个以上债权人就债务人的同一行为提起撤销权诉讼的，人民法院可以合并审理。	**第五百三十八条** 债务人以放弃其债权、放弃债权担保、无偿转让财产等方式无偿处分财产权益，或者恶意延长其到期债权的履行期限，影响债权人的债权实现的，债权人可以请求人民法院撤销债务人的行为。 **第五百三十九条** 债务人以明显不合理的低价转让财产、以明显不合理的高价受让他人财产或者为他人的债务提供担保，影响债权人的债权实现，债务人的相对人知道或者应当知道该情形的，债权人可以请求人民法院撤销债务人的行为。 **第五百四十一条** 撤销权自债权人知道或者应当知道撤销事由之日起一年内行使。自债务人的行为发生之日起五年内没有行使撤销权的，该撤销权消灭。

【条文释义】

此条司法解释规定了在债权人撤销权诉讼中的当事人范围、管辖法院和合并审理前提之规则。在债权人撤销权之诉中，如何确定当事人以及管辖法院是我国有关债权人撤销权司法实践中的一项重要问题。而合并审理则是提高法院审判效率的关键环节。《最高人民法院关于适用〈中华人民共和国合同法〉若干问题的解释（一）》第23条至第25条曾对债权人以《合同法》第74

条为依据提起撤销权诉讼的当事人确定、管辖法院划分以及合并审理条件作出了明确规定。[①]首先，对于债权人撤销权之诉中的管辖法院，《最高人民法院关于适用〈中华人民共和国合同法〉若干问题的解释（一）》第23条规定："债权人依照合同法第七十四条的规定的提起撤销权诉讼的，由被告住所地人民法院管辖。"本条司法解释在上述规定的基础上对管辖法院范围放宽，即除应当适用专属管辖的情形外，债权人提起的撤销权诉讼由债务人或者相对人的住所地人民法院管辖。同时，《最高人民法院关于适用〈中华人民共和国合同法〉若干问题的解释（一）》第24条至第25条亦对债权人撤销权之诉中的当事人以及合并审理情况予以规制，分别为"债权人依照合同法第七十四条的规定提起撤销权诉讼时只以债务人为被告，未将受益人或者受让人列为第三人的，人民法院可以追加该受益人或者受让人为第三人""债权人依照合同法第七十四条的规定提起撤销权诉讼，请求人民法院撤销债务人放弃债权或转让财产的行为，人民法院应当就债权人主张的部分进行审理，依法撤销的，该行为自始无效。两个或者两个以上债权人以同一债务人为被告，就同一标的提起撤销权诉讼的，人民法院可以合并审理"。

需要注意的是，上述司法解释的规制前提即为《合同法》第74条。而《民法典》第538条、第539条则在《合同法》第74条规定的基础上，对债权人撤销权行使的情况作出一定变更，即"债务人以放弃其债权、放弃债权担保、无偿转让财产等方式无偿处分财产权益，或者恶意延长其到期债权的履行期限，影响债权人的债权实现的，债权人可以请求人民法院撤销债务人的行为"，以及"债务人以明显不合理的低价转让财产、以明显不合理的高价受让他人财产或者为他人的债务提供担保，影响债权人的债权实现，债务人的相对人知道或者应当知道该情形的，债权人可以请求人民法院撤销债务人的行为"。此时，债权人依据上述规定向人民法院提起撤销权诉讼，应当以债务

① 《合同法》第74条规定："因债务人放弃其到期债权或者无偿转让财产，对债权人造成损害的，债权人可以请求人民法院撤销债务人的行为。债务人以明显不合理的低价转让财产，对债权人造成损害，并且受让人知道该情形的，债权人也可以请求人民法院撤销债务人的行为。撤销权的行使范围以债权人的债权为限。债权人行使撤销权的必要费用，由债务人负担。"

人和债务人的相对人为共同被告，由债务人住所地人民法院管辖。而对于合并审理的情形，则为两个或者两个以上债权人就债务人的同一行为提起撤销权诉讼的，人民法院可以合并审理。

【条文引申】

有关债权人撤销权的部分内容，本书已在前文中加以阐述，此处不再赘述。而从此条司法解释出发，引申出我国民事诉讼法对合并审理的相关规定：

通常而言，一个完整的诉应由三个方面要素构成：诉的主体、诉的客体和诉的原因。诉的主体包括诉讼原告与诉讼被告；诉的客体包括诉讼标的与诉讼请求。诉讼标的是指民事当事人之间争议的、请求法院审判的民事实体法律关系或者民事实体权利，我国根据诉讼标的来确认案由。一个诉只有一个诉讼标的，若同一个诉讼程序中存在两个以上的诉讼标的，则为两个以上的诉（诉的客体合并）。诉的合并是指法院将两个或两个以上彼此之间有牵连的诉合并到同一法院管辖，并适用同一个诉讼程序审判。诉的合并有狭义和广义之分：狭义的诉的合并专指诉的客体合并，即诉的客观合并；广义的诉的合并，除包括诉的客体合并外，还包括诉的主体合并，即诉的主观合并。此外还存在诉的主客观合并的情形。

对于合并审理的适用条件，《最高人民法院关于适用〈中华人民共和国民事诉讼法〉的解释》第221条规定："基于同一事实发生的纠纷，当事人分别向同一人民法院起诉的，人民法院可以合并审理。"关于诉的合并，民事诉讼法规范主要有如下规定：首先，当事人一方或者双方为二人以上，其诉讼标的是共同的，或者诉讼标的是同一种类、人民法院认为可以合并审理并经当事人同意的，为共同诉讼。该条包括必要共同诉讼及普通共同诉讼，必要共同诉讼属于诉的主观合并；普通共同诉讼属于诉的主观及客观合并。其次在诉讼过程中，若原告增加诉讼请求，或被告提出反诉，抑或是第三人提出与本案有关的诉讼请求，可以合并审理。被告提出反诉，第三人提出参加之诉既是诉的主观合并，又是诉的客观合并。

在司法实践中对于合并审理而言，应当注意把握以下两点因素：

第一，诉的合并的标准。法律事实是法律规范所规定的能够引起法律关系产生、变更或消灭的现象，可以合并的诉讼应“基于同一事实”发生，各个单纯之诉所依据的事实关系或者法律关系应有牵连，具有一致性或者重叠性。如果各个单纯之诉所依据的事实关系或者法律关系并不具有一致性，或者重叠性较小以至于不足以产生相互矛盾的裁判，则认为该各个单纯之诉并不符合合并的要件。

从司法实践来看，存在下述情形时可以认为诉的牵连性较为紧密：（1）各个诉的当事人诉求指向同一法律关系。（2）各个诉的当事人诉求基于同一事实而产生，但是存在多个法律关系。（3）各个诉之间涉及的法律关系存在主从关系。（4）各个诉之间的当事人存在不真正连带债务。产生不真正连带债务是因存在不同的法律关系，基于同一损害事实，数个债务人对债权人负有同一给付义务。

第二，诉的合并的启动和决定。诉讼的启动权在当事人，当事人对程序问题亦有处分权，如申请撤诉，但是为了保证诉讼的公正及效率，法院对诉讼程序有控制权，对程序事项有裁决权。当事人可以向法院申请合并诉讼，由法院根据案件的牵连程度等考量因素作出决定；在当事人未申请合并的情况下，法院认为有必要合并的，也可以自行决定合并审理。

【审判实务】

一、人民法院应当明确被告范围

根据本条司法解释之规定，人民法院在审理债权人撤销权之诉时，应当以债务人和债务人的相对人为共同被告。申言之，当债权人仅以债务人为被告提起撤销权诉讼，未将受益人或者受让人列为第三人时，人民法院不再以《最高人民法院关于适用〈中华人民共和国合同法〉若干问题的解释（一）》第24条，可以追加该受益人或者受让人为第三人，而是应当将其列为共同被告。

二、人民法院应重视管辖法院的划分

根据本条司法解释的规定，当债权人提起撤销权诉讼时，管辖法院应为由债务人或者相对人的住所地人民法院，但是依法应当适用专属管辖规定的除外。之所以此处较《最高人民法院关于适用〈中华人民共和国合同法〉若干问题的解释（一）》第23条作出细化，原因在于根据上文所述，当债权人提起撤销权之诉时，不再只有债务人一个被告，而是将相对人同样列为被告。因而，在审理债权人提起的撤销权之诉时，若存在专属管辖情形，则应当适用专属管辖之规定；若无专属管辖情形，则债务人或相对人住所地的人民法院均有法定管辖权。

【关联指引】

《最高人民法院关于适用〈中华人民共和国民事诉讼法〉的解释》（2022年4月1日）

第二百二十一条 基于同一事实发生的纠纷，当事人分别向同一人民法院起诉的，人民法院可以合并审理。

第四十五条 【债权人撤销权的效力范围及“必要费用”的认定】

《最高人民法院关于适用〈中华人民共和国民法典〉合同编通则若干问题的解释》	《中华人民共和国民法典》
第四十五条 【债权人撤销权的效力范围及“必要费用”的认定】在债权人撤销权诉讼中，被撤销行为的标的可分，当事人主张在受影响的债权范围内撤销债务人的行为的，人民法院应予支持；被撤销行为的标的不可分，债权人主张将债务人的行为全部撤销的，人民法院应予支持。 债权人行使撤销权所支付的合理的律师代理费、差旅费等费用，可以认定为民法典第五百四十条规定的“必要费用”。	**第五百三十八条** 债务人以放弃其债权、放弃债权担保、无偿转让财产等方式无偿处分财产权益，或者恶意延长其到期债权的履行期限，影响债权人的债权实现的，债权人可以请求人民法院撤销债务人的行为。 **第五百三十九条** 债务人以明显不合理的低价转让财产、以明显不合理的高价受让他人财产或者为他人的债务提供担保，影响债权人的债权实现，债务人的相对人知道或者应当知道该情形的，债权人可以请求人民法院撤销债务人的行为。 **第五百四十条** 撤销权的行使范围以债权人的债权为限。债权人行使撤销权的必要费用，由债务人负担。

【条文释义】

此条司法解释是关于债权人撤销权行使范围以及必要费用负担的规定。当债权人行使撤销权时，是存在一定范围限制的。《合同法》第74条第2款曾对债权人撤销权范围以及相关费用承担作出规定：“撤销权的行使范围以债权人的债权为限。债权人行使撤销权的必要费用，由债务人负担。”表明债权人撤销权的范围仅限于对债务人所享有的债权之内，当债务人转让财产范围超过债权人的债权金额时，债权人对超出部分不享有撤销权。《民法典》第540

条沿用了上述规定，即“撤销权的行使范围以债权人的债权为限”。但是，上述规定在司法实践中经常会产生债权分割问题，即当债务人转移财产为不可分财产时，债权人的撤销权范围究竟可及何处呢?

本条司法解释对上述问题作出了明确回应。根据本司法解释第45条的规定，在债权人撤销权诉讼中，若被撤销行为的标的可分，人民法院应支持当事人主张在受影响的债权范围内撤销债务人的行为；若被撤销行为的标的不可分，人民法院应当支持债权人主张将债务人的行为全部撤销的请求。此外，债权人行使撤销权所支付的合理的律师代理费、差旅费等费用，可以认定为《民法典》第540条规定的“必要费用”。申言之，本司法解释将被撤销标的进行了分类，分为可分标的和不可分标的。当债权人对可分标的行使撤销权时，其效力仅限于影响其债权实现范围内。而若标的不可分，债权人则对债务人的全部不合理转让行为享有撤销权，即对标的整体均享有撤销权。

【条文引申】

从此条司法解释出发，可发现我国《民法典》对于债权人撤销权的效力范围进行了如下讨论：

明确债权人撤销权的行使范围是保证债权人撤销权有效行使的核心要素之一。因此，学界以及实务界对债权人撤销权行使范围的讨论一直存续，其中最具争议的两大问题分别为对债权人债权的数额范围的理解以及对债权人债权限度的理解。

一、债权人债权的数额范围

《民法典》第540条以及本条司法解释所指的“债权人的债权”是指债务人的所有债权人的债权（总额），还是仅指行使撤销权的债权人的债权数额，学界和实务界多有争论。有学者认为，债权人撤销权的效果在于保全所有普通债权人的债权，因此行使撤销权的范围应当以全体普通债权人的债权总额为限。最高人民法院认为，上述规定中债权人可以行使撤销权的债权数额范围，应以提起撤销权之诉主张撤销某一诈害行为的债权人的债权数额为限，主要理由有三：

第一，无论从债权人撤销权性质的实体性还是程序性上讲，撤销权均应由作为权利人的债权人独立行使，其他债权人或人民法院都不可替代，否则违反了权利自由原则，没有提起撤销权之诉的其他债权人的债权不应纳入撤销权之诉审查范围。

第二，某一债权人行使撤销权，其亦不可能明确知悉债务人对外存在多少债务，因而只能以自己的债权为基础。若以未行使撤销权的全体债权人的债权总额作为撤销权的债权限额，这种不确定性将无限度地损害债务人的利益，并影响交易秩序的稳定。

第三，各债权人都有权依撤销权起诉，按照本司法解释第45条之规定，两个或者两个以上债权人就债务人的同一行为提起撤销权诉讼的，人民法院可以合并审理。因而，当债务人的一个诈害行为对多个债权的实现均产生不利影响时，各债权人均有权行使撤销权，主张撤销诈害行为的各个债权数额总和属于债权人保全的范围。对于未提起撤销权之诉的债权人的债权数额，不应包括在债权保全范围之内。

二、债权人债权限度的理解

《民法典》第540条以及本条司法解释所规定的撤销权行使范围以债权人的债权为限，是指行使撤销权的债权人债权数额与债务人诈害行为处分的财产数额之间进行比较，即债权人不能以其债权实现受到影响为由，撤销债务人所有的非对价处分行为，从而避免债权人撤销权的行使不当干涉债务人处分财产权益的自由。对此，应当注意以下几个问题：

1.对债务人诈害行为处分的财产数额的理解

无偿处分行为没有争议，即为债务人放弃债权数额、放弃担保的范围、无偿转让财产的价值等诈害处分财产数额。对于低价转让财产或高价受让他人财产或者为他人的债务提供担保，最高人民法院认为，应当是该诈害行为减损的债务人责任财产数额，即转让财产的低价部分、受让财产的高价部分或者担保的债务与债务人收取价款之间的差额。

之所以如此认为，是因为：如果债务人低价转让财产取得的价款，高价受让得到的财产，或者为他人的债务提供担保收取的费用等足以清偿债权人的债权，相应对价部分的交易行为不属于诈害行为；作为撤销权构成要件之一的诈害行为是指影响债权人债权的实现，不合理对价交易中其交易对价部分并不影响债权实现，只有差额部分才对债权实现有影响；将诈害行为处分的财产数额定位于差额这个不合理对价部分，既能与撤销权的价值要义保持逻辑一致，也有利于债权人撤销权的行使，还体现了对相对人的依法保护。

2.债务人诈害行为处分的财产的可区分性问题

一般认为，债权人在行使撤销权时，请求撤销的诈害行为所减损的债务人财产数额必须与债权人不能获清偿的债权数额相一致。但是，从实践来看，这是十分困难的。因为即使债权人的债权是确定的，债权人请求撤销的债务人诈害行为减损的财产数额也不可能恰好符合债权人不能获清偿的债权数额，而债务人诈害行为处分的财产内容往往不可分，故在不可分的情况下对两个数额的一致性不应苛求。当然，在财产可进行切割区分时，如一个低价转让合同处分多套房产，但若其中一套或几套房产转让行为的撤销足够清偿债权人债权的，应限定仅撤销这一套或几套房产的转让，而不应涉及其他财产。

3.数额限度的判断尺度问题

因债权人撤销权诉讼标的是撤销诈害行为，而非如代位权诉讼的请求给付，故对本条规定的以债权人的债权为限的判断标准不应像代位权诉讼那样严苛。对债权人债权数额的限制，是为防止债权人滥用撤销权，两个数额本身并非债权人撤销权诉讼需要作出准确认定的对象，故在审查中注意把握两个尺度：一是形式审查；二是大致判断。

【审判实务】

在债权人撤销权之诉的司法审判活动中，人民法院应当充分注意对被撤销行为标的加以区分。

若被撤销行为的标的可分时，人民法院应仅支持债权人受影响的债权范围内的撤销债务人行为之主张。至于超出债权范围之部分，人民法院应当不予支持债权人之撤销主张。

反之，当被撤销行为的标的不可分时，债权人有权主张将债务人的行为全部撤销。此时，处于保障债权人债权实现之目的，人民法院应当对债权人之请求予以支持，即无论标的是否超出债权人债权范围，均应将债务人之行为全部撤销。

【关联指引】

《中华人民共和国税收征收管理法》（2015年4月24日）

第五十条 欠缴税款的纳税人因怠于行使到期债权，或者放弃到期债权，或者无偿转让财产，或者以明显不合理的低价转让财产而受让人知道该情形，对国家税收造成损害的，税务机关可以依照合同法第七十三条、第七十四条的规定行使代位权、撤销权。

税务机关依照前款规定行使代位权、撤销权的，不免除欠缴税款的纳税人尚未履行的纳税义务和应承担的法律责任。

第四十六条 【撤销权行使的法律效果】

《最高人民法院关于适用〈中华人民共和国民法典〉合同编通则若干问题的解释》	《中华人民共和国民法典》
第四十六条 【撤销权行使的法律效果】债权人在撤销权诉讼中同时请求债务人的相对人向债务人承担返还财产、折价补偿、履行到期债务等法律后果的，人民法院依法予以支持。 债权人请求受理撤销权诉讼的人民法院一并审理其与债务人之间的债权债务关系，属于该人民法院管辖的，可以合并审理。不属于该人民法院管辖的，应当告知其向有管辖权的人民法院另行起诉。 债权人依据其与债务人的诉讼、撤销权诉讼产生的生效法律文书申请强制执行的，人民法院可以就债务人对相对人享有的权利采取强制执行措施以实现债权人的债权。债权人在撤销权诉讼中，申请对相对人的财产采取保全措施的，人民法院依法予以准许。	**第一百五十五条** 无效的或者被撤销的民事法律行为自始没有法律约束力。 **第一百五十七条** 民事法律行为无效、被撤销或者确定不发生效力后，行为人因该行为取得的财产，应当予以返还；不能返还或者没有必要返还的，应当折价补偿。有过错的一方应当赔偿对方由此所受到的损失；各方都有过错的，应当各自承担相应的责任。法律另有规定的，依照其规定。 **第四百一十四条** 同一财产向两个以上债权人抵押的，拍卖、变卖抵押财产所得的价款依照下列规定清偿： （一）抵押权已经登记的，按照登记的时间先后确定清偿顺序； （二）抵押权已经登记的先于未登记的受偿； （三）抵押权未登记的，按照债权比例清偿。 其他可以登记的担保物权，清偿顺序参照适用前款规定。 **第五百三十八条** 债务人以放弃其债权、放弃债权担保、无偿转让财产等方式无偿处分财产权益，或者恶意延长其到期债权的履行期限，影响债权人的债权实现的，债权人可以请求人民法院撤销债务人的行为。 **第五百三十九条** 债务人以明显不合理的低价转让财产、以明显不合理的高价

	受让他人财产或者为他人的债务提供担保，影响债权人的债权实现，债务人的相对人知道或者应当知道该情形的，债权人可以请求人民法院撤销债务人的行为。 **第五百四十二条**　债务人影响债权人的债权实现的行为被撤销的，自始没有法律约束力。

【条文释义】

此条司法解释是债权人撤销权行使所产生的法律效果的规则。《民法典》第155条规定："无效的或者被撤销的民事法律行为自始没有法律约束力。"具体至债权人撤销权行使后果中即为《民法典》第542条规定的"债务人影响债权人的债权实现的行为被撤销的，自始没有法律约束力"。换言之，当债权人行使撤销权后，所产生的直接后果即为债务人实施的影响债权人债权实现的行为无效。

债权人在行使撤销权时，同样有权要求债务人承担相应责任。关于债务人应承担的责任，《民法典》第157条规定："民事法律行为无效、被撤销或者确定不发生效力后，行为人因该行为取得的财产，应当予以返还；不能返还或者没有必要返还的，应当折价补偿。有过错的一方应当赔偿对方由此所受到的损失；各方都有过错的，应当各自承担相应的责任。法律另有规定的，依照其规定。"因此，本司法解释规定："债权人在撤销权诉讼中同时请求债务人的相对人向债务人承担返还财产、折价补偿、履行到期债务等法律后果的，人民法院依法予以支持。"

同时，《民事诉讼法》第55条规定："当事人一方或者双方为二人以上，其诉讼标的是共同的，或者诉讼标的是同一种类、人民法院认为可以合并审理并经当事人同意的，为共同诉讼。共同诉讼的一方当事人对诉讼标的有共同权利义务的，其中一人的诉讼行为经其他共同诉讼人承认，对其他共同诉讼人发生效力；对诉讼标的没有共同权利义务的，其中一人的诉讼行为对其他共同诉讼人不发生效力。”第143条规定：“原告增加诉讼请求，被告提出反诉，第三人提出与本案有关的诉讼请求，可以合并审理。”以及《最高人民法院关于适用〈中华人民共和国民事诉讼法〉的解释》第232条“在案件受理后，法庭辩论结束前，原告增加诉讼请求，被告提出反诉，第三人提出与本案有关的诉讼请求，可以合并审理的，人民法院应当合并审理”之规定，当债权人在撤销权之诉中请求受理法院对其与债务人之间的债权债务关系一并审理时，若审理法院对该纠纷具有管辖权，可以进行合并审理，以节约司法资源，提升裁判效率。若该人民法院对债权人与债务人的债权债务关系无管辖权，则应当告知其向有管辖权的人民法院另行起诉。

最后，本司法解释规定：“债权人依据其与债务人的诉讼、撤销权诉讼产生的生效法律文书申请强制执行的，人民法院可以就债务人对相对人享有的权利采取强制执行措施以实现债权人的债权。债权人在撤销权诉讼中，申请对相对人的财产采取保全措施的，人民法院依法予以准许。”即当债权人在撤销权之诉中胜诉后，有权以实现债权为目的对相对人申请强制执行，并有权申请采取保全措施，以确保其债权实现。

【条文引申】

从此条司法解释出发，可发现我国法律对撤销权的效力进行了如下理解：

撤销权的效力，是指撤销权所产生的法律效果。若以时间进程为划分标准，撤销权的效力包括撤销权行使的法律效力、撤销权成立的法律效力、撤销权在执行程序中的法律效力、撤销权在破产程序中的法律效力。若以所涉标的物作为划分标准，撤销权的效力包括对债权人的债权的效力、对债务人债务行为的效力、对债务人与相对人之间权利义务关系的效力以及其他相关交易关系的效力。若以当事人主体为划分标准，撤销权的效力包括对债权人的效力、对债务人的效力、对相对人的效力以及其他利害关系人的效力。

从效果内容上看，撤销权成立的效果涉及撤销权的优先性、被撤销的行为范围、没有法律约束力与无效的区别、撤销权的效力范围等问题，在理解和适用时应注意以下问题：

一、债权人撤销权的优先性

《民法典》第542条规定了债权人行使撤销权的法律后果，即债务人影响债权人的债权实现的诈害行为被撤销的，自始没有法律约束力。但“自始没有法律约束力”的后果究竟是什么，是恢复到债务人与受让人行为前的原始状态，债务人与受让人相互返还，还是受让人向行使撤销权的债权人就其债权部分返还相应的财产？简言之，即债权人撤销权在清偿时是否具有优先性。

对此，我国法律界的主流观点认为：首先，按照学界通说而言，债权人撤销权属于债权保全制度的范畴，其实质在于恢复债务人的责任财产以保全全体债权人的利益，并不具有优先受偿性。因为撤销权在本质上属于债权，不属于物权，不具有物权的优先性，而根据债权的平等性，取回的财产或代替财产的损害赔偿，归属于债务人的一般财产，为全体债权人的共同担保，按照债权比例平等清偿。

其次，无论是《合同法》及其司法解释还是《民法典》，均未规定债权人撤销权有优先受偿性。《合同法》的起草者和司法解释的起草者都认为撤销权的立法本意是为了恢复债务人的一般财产，行使撤销权的债权人自然不享有优先受偿权。

债权人代位权和撤销权虽然均以保全债权之共同担保为目的，但也存在区别。因而，不能单纯地认为法律赋予债权人代位权优先受偿性就直接类比出债权人撤销权也应有优先受偿性。因为债权人代位权是代位行使债务人现有之权利，其行使的后果是第三人必须及时偿还债务人的债务，对债务人与第三人的合同效力则不产生影响；而债权人撤销权的行使是对已成立的法律关系加以破坏，使债务人与第三人之间发生本不应有的事态，对相对人的利益则影响巨大。同时，从债权人行使两种权利的条件来分析，债权人行使代位权必须是在债务人的债权已经到期而怠于行使的情况下才能行使，但债权人行使撤销权则无论债权人的债权是否到期均可以行使。

最后，债权人撤销权没有优先受偿性，并不会对债权人的积极性构成严重影响，更不会导致债权人撤销权制度在实际上无法操作。因为债权人可以在提起撤销权诉讼的同时，提起请求债务人偿还债务的给付之诉，并可在撤销权诉讼和给付之诉胜诉的同时申请法院强制执行，便可以在实质上实现将撤销的财产归属于自己的目的。

二、债权人撤销权成立的效果

最高人民法院认为，债权人撤销权的成立，应产生如下法律效果：

首先，对债权人而言，其行使撤销权的目的在于保全债务人的一般财产，故债权人撤销权一旦成立，债权人行使撤销权对诈害行为损及的债务人责任财产的保全效力就变为既定效力，即其债权对因撤销权取得的债务人财产产生保全的效力。若债务人怠于行使权利追回相应财产的，债权人可依据《民法典》第536条的规定行使代位权。

其次，对债务人而言，诈害行为被撤销，其与相对人之间已经成立的法律关系自始没有约束力，责任财产应恢复原状，债务人应当要求相对人返还相应财产。因诈害行为的认定还可能涉及恶意转移财产以逃废债务，债务人可能因此而被采取相应的制裁措施。

再次，对相对人而言，债权人撤销权成立对其产生双重效力：一是仅成立债权关系尚未发生物权转移的，其债权关系因原因行为被撤销而消灭；二是因诈害行为而就相应财产已发生物权转移的，相对人须依债权人之请求，返还其已受领的财产。

最后，对其他利害关系人而言，亦要受到撤销权判决既判力的影响：一方面，因债权人撤销权的行使对债务人和相对人的权利处分都有限制，撤销权判决后该限制发生既判力效果，故其他利害关系人在债权人提起撤销权之诉后从债务人或相对人处取得的财产或权利，显非善意，亦应返还；另一方面，因诈害行为被撤销导致债务人与相对人之间的法律关系自始没有约束力，对其他利害关系人在债权人撤销权诉讼前从债务人或相对人处取得的财产或权利，需按照《民法典》第311条关于善意取得的规定处理：如为恶意，自应负返还义务；如系善意的，不负返还义务，而由相对人负赔偿责任。

三、被撤销的行为范围

《民法典》第542条吸收了《最高人民法院关于适用〈中华人民共和国合同法〉若干问题的解释（一）》第25条之内容，将被撤销范围由原来的“债务人放弃债权或转让财产的行为”修改为“债务人影响债权人的债权实现的行为”。上述修改使债务人诈害行为的外延范围变得更加广泛，既包括《民法典》第538条、第539条列举的债务人放弃债权、放弃担保、无偿转让、恶意延期、低价转让、高价受让、提供担保等情形，也包括未列举的债务人其他无偿或变相无偿处分财产权益的行为，统称为债务人的影响债权人债权实现的行为。

【审判实务】

根据本条司法解释的规定，人民法院应当注意债权人对相对人财产强制执行申请的范围。当债权人在撤销权之诉中胜诉时，除有权要求强制执行债务人财产外，还有权对相对人的财产申请强制执行，但该申请存在范围限制。人民法院在审查债权人的强制执行申请时，对于债权人在不超过其债权数额的范围内，对相对人申请强制执行并用于实现其债权的，人民法院应予支持；若债权人的申请范围超出其债权数额，或目的并不在于实现债权时，人民法院应不予支持。

【关联指引】

《中华人民共和国民事诉讼法》（2023年9月1日）

第五十五条　当事人一方或者双方为二人以上，其诉讼标的是共同的，或者诉讼标的是同一种类、人民法院认为可以合并审理并经当事人同意的，为共同诉讼。

共同诉讼的一方当事人对诉讼标的有共同权利义务的，其中一人的诉讼行为经其他共同诉讼人承认，对其他共同诉讼人发生效力；对诉讼标的没有共同权利义务的，其中一人的诉讼行为对其他共同诉讼人不发生效力。

《最高人民法院关于适用〈中华人民共和国民事诉讼法〉的解释》（2022年4月1日）

第二百三十二条 在案件受理后，法庭辩论结束前，原告增加诉讼请求，被告提出反诉，第三人提出与本案有关的诉讼请求，可以合并审理的，人民法院应当合并审理。

六、合同的变更和转让

第四十七条 【债权债务转让纠纷的诉讼第三人】

《最高人民法院关于适用〈中华人民共和国民法典〉合同编通则若干问题的解释》	《中华人民共和国民法典》
第四十七条 【债权债务转让纠纷的诉讼第三人】 债权转让后，债务人向受让人主张其对让与人的抗辩的，人民法院可以追加让与人为第三人。 债务转移后，新债务人主张原债务人对债权人的抗辩的，人民法院可以追加原债务人为第三人。 当事人一方将合同权利义务一并转让后，对方就合同权利义务向受让人主张抗辩或者受让人就合同权利义务向对方主张抗辩的，人民法院可以追加让与人为第三人。	**第五百四十五条** 债权人可以将债权的全部或者部分转让给第三人，但是有下列情形之一的除外： （一）根据债权性质不得转让； （二）按照当事人约定不得转让； （三）依照法律规定不得转让。 当事人约定非金钱债权不得转让的，不得对抗善意第三人。当事人约定金钱债权不得转让的，不得对抗第三人。 **第五百五十一条** 债务人将债务的全部或者部分转移给第三人的，应当经债权人同意。 债务人或者第三人可以催告债权人在合理期限内予以同意，债权人未作表示的，视为不同意。 **第五百五十五条** 当事人一方经对方同意，可以将自己在合同中的权利和义务一并转让给第三人。

【条文释义】

此条司法解释是关于在债权债务转让纠纷中让与人与原债务人作为第三人参与诉讼的规定。

债权转让是指不改变债权的内容，由债权人通过合同将债权转让给第三人。从鼓励交易、促进市场经济发展的目的来看，法律应当允许债权人的转让行为，承认债权的经济价值，使得债权具有流通性，实现担保融资、托收贴现、保理、资产证券化等多种交易模式的构建可能。因此，债权原则上具有可转让性，债权人可以转让其债权，无论该债权是现有的还是将有的债权，只要债权可以被特定化时，债权人作为让与人，与第三人作为受让人之间，必须经过协商一致达成债权转让合同，转让合同作为民事法律行为应当适用民事法律行为的一般性规定。如果按照法律、行政法规规定，债权转让应当办理批准等手续的，依照其规定；如未办理批准等手续影响债权转让合同生效的，不影响合同中履行报批等义务条款以及相关条款的效力；应当办理申请批准等手续的当事人未履行义务的，对方可以请求其承担违反该义务的责任债权人既可以将债权全部转让，也可以将债权部分转让，债权全部转让的，第三人作为受让人取代原债权人即让与人的地位，成为新的债权人。债权部分转让的，第三人作为受让人，除受让人和让与人另有约定外，受让人与让与人按份享有债权。依据让与人与受让人之间的债权转让合同，除非让与人和受让人之间另有约定，或者让与人在订立转让合同时知道或者应当知道，则让与人负有保证债权转让时确实存在所有与该转让有关的文件或合同都是真实的并与其所声称的保持一致、其对该债权有处分权、其不会进行任何使得转让债权的价值落空或者减损的行为、债务人对转让债权没有抗辩和抵销权、第三人不得向受让人主张任何权利等瑕疵担保义务，否则应当对受让人承担责任。但是，除非另有明确的约定，让与人并不对受让人承诺债务人具有或者将具有履行能力。同时，受让人取得债权后，为了使受让人债权便于实现，受让人享有请求让与人告知主张转让债权的必要信息和交付转让债权证明文件的请求权。

债务转移是指不改变债务的内容，债务人将债务全部或者部分地转移给第三人。正如债权人可以全部或者部分转让债权一样，债务人也可以依照法律规定将债务全部或者部分转移给第三人。债务转移分为两种情况，一种情况是债务的全部转移，在这种情况下，新的债务人完全取代了原债务人，新的债务人负责全面地履行债务；另一种情况是债务的部分转移，即原债务人和新债务人负有按份债务。但是，尤其是在债务中最为主要的合同债务中，债权人和债务人的合同关系是产生在相互了解的基础上，在订立合同时，债权人一般要对债务人的资信情况和偿还能力进行了解，而对于取代债务人或者加入债务人中的第三人的资信情况及履行债务的能力，债权人不可能完全清楚，所以，如果债务人不经债权人的同意就将债务转让给了第三人，那么，对于债权人来说显然是不公平的，不利于保障债权人合法利益的实现。债务人无论转移的是全部债务还是部分债务，都需要征得债权人同意。未经债权人同意，债务人转移债务的行为对债权人不发生效力，债权人有权拒绝第三人向其履行，同时有权要求债务人履行义务并承担不履行或者迟延履行债务的法律责任。

合同权利义务的一并转让，又被称为概括转让或者合同地位转让，是指合同关系的一方当事人将其合同权利义务一并转移给第三人，由第三人承受全部权利义务。合同权利义务的一并转让不同于债权转让、债务转移的是，它是一方当事人对其当事人地位的转让，其转让的内容实际上包括但不限于债权转让和债务转移，并非债权转让和债务转移的简单组合，而是第三人成为新的当事人，与当事人地位联系在一起的撤销权、解除权等权利，也均转移给第三人。合同权利义务的一并转让主要发生于双务合同，只有双务合同中的当事人一方才可以转让此种权利和义务。在单务合同中，由于一方当事人可能仅享有权利或仅承担义务，因此不能出让全部的权利义务，故单务合同一般不发生合同权利义务的一并转让。

【条文引申】

为了维护社会公共利益或者特定主体的私人利益，法律又对债权的可转让性进行了一定限制，主要表现在：

一、根据债权性质不得转让的权利

根据债权性质不得转让的权利，主要包括以下类型：一是当事人基于信任关系订立的委托合同、赠与合同等产生的债权。例如，赠与合同的赠与人明确表示将赠与的钱用于某贫困地区希望小学的建设，受赠人如果将受赠的权利转移给他人，用来建造别的项目，显然违反了赠与人订立合同的目的，损害了赠与人的合法权益。二是债权人的变动必然导致债权内容的实质性变更，如要求医院进行手术或者要求律师提供咨询的债权；不作为债权一般也不可被单独转让。三是债权人的变动会危害债务人基于基础关系所有的利益，实质性增加了债务人的负担或风险，或实质性地损害了债务人的利益。

二、按照当事人约定不得转让的权利

当事人可以对债权的转让作出特别约定，禁止债权人将权利转让给第三人，以使得债务人不面对可能更为苛刻的新债权人、交易清算明细、回避会计财务等事务手续的繁杂、避免因忽略转让通知而向让与人错误履行的风险、确保抵销利益、避免受让人处于不利的法律和税收制度等利益。这种约定只要是有效的，债权人就应当遵守该约定，不得将权利转让给他人。否则其行为构成违约，造成债务人利益损害的，债权人应当承担违约责任。

三、依照法律规定不得转让的权利

我国一些法律中对某些权利的转让作出了禁止性规定，对于这些规定，当事人应当严格遵守，不得违反法律的规定，擅自转让法律禁止转让的权利。例如，我国文物购销一直实行国家统一管理收购和经营的政策，禁止私自倒卖文物的行为，为了保护国家的历史文化遗产，严格控制文物的出境，禁止公民个人私自将文物卖给外国人，根据《文物保护法》的规定，私人收藏的文物，严禁倒卖牟利，严禁私自卖给外国人。私人收藏的文物其所有权受国家的法律保护，其所有权的转移必须严格遵守国家法律的规定，转移的渠道要受法律的限制。因此，公民不得违反该规定将文物买卖合同中取得文物的债权转让给外国人。

【审判实务】

一、充分认识到合同的重要意义

合同由于其固定性、合议性以及多数情况下的成文性，在性质上属于原始证据、直接证据，应当重视其相对于传来证据、间接证据所具有的较高证明力，并将其作为确定当事人法律关系性质的逻辑起点和基本依据。若要否定书面证据所体现的法律关系，并确定当事人之间存在缺乏以书面证据为载体的其他民事法律关系，必须在证据审核方面给予更为审慎的分析研判。

二、关于经过生效裁判确认或判决的债权转让问题

经过生效裁判确认或者判决的债权在本质上仍然是债权，有关债权转让的规则，应当适用《民法典》第545条规定。但是此债权受让人能否主张后续的相应诉讼权利问题，这涉及诉讼秩序的问题，不可简单理解为一般的债权转让。

第四十八条 【债权转让通知】

《最高人民法院关于适用〈中华人民共和国民法典〉合同编通则若干问题的解释》	《中华人民共和国民法典》
第四十八条 【债权转让通知】 债务人在接到债权转让通知前已经向让与人履行，受让人请求债务人履行的，人民法院不予支持；债务人接到债权转让通知后仍然向让与人履行，受让人请求债务人履行的，人民法院应予支持。 让与人未通知债务人，受让人直接起诉债务人请求履行债务，人民法院经审理确认债权转让事实的，应当认定债权转让自起诉状副本送达时对债务人发生效力。债务人主张因未通知而给其增加的费用或者造成的损失从认定的债权数额中扣除的，人民法院依法予以支持。	**第五百四十六条** 债权人转让债权，未通知债务人的，该转让对债务人不发生效力。 债权转让的通知不得撤销，但是经受让人同意的除外。 **第五百四十七条** 债权人转让债权的，受让人取得与债权有关的从权利，但是该从权利专属于债权人自身的除外。 受让人取得从权利不因该从权利未办理转移登记手续或者未转移占有而受到影响。 **第五百四十八条** 债务人接到债权转让通知后，债务人对让与人的抗辩，可以向受让人主张。

【条文释义】

本条司法解释是关于债权转让通知的规定。

债权转让通知是指让与人将债权转让的事实告知债务人的行为。债权人可以在不违反法律和公序良俗的基础上处分自己的权利。但是，债权具有相对性，由于债权人和债务人之间存在合同关系，债权人转让权利的行为会给债务人的履行造成一定影响或者负担。因此，基于诚信原则的要求，债权人转让其债权应当符合相应的法定条件。具体如下：一是债权人的债权合法有效，不仅包括债权的内容合法，也包括债权的形式合法，同时也要求该债权属于转让人，或者转让人享有处分权。如果债权根本不存在或者据以产生债权的合同已被宣告无效，或者已经被撤销，这时就不能发生合法有效的债权转让。债权人转让的如果是他人的债权，将构成无权处分。二是转让人与受让人之间达成合法有效的债权转让协议。债权转让协议必须合法有效，不得违背社会公共利益、必须有明确的债权转让和受让的意思表示。三是债权转让应当符合法律专门规定的程序。针对特殊类型的合同，法律也可能规定了特殊的程序，此时，债权转让应当符合法律规定的程序。四是债权转让须通知债务人。债权人转让权利的，应当通知债务人，由于未明确限制必须由债权人通知债务人，因此应以通知是否到达债务人作为转让行为生效的依据。未经通知，该转让行为对债务人不发生法律效力。故此，若债务人在接到债权转让通知前即已经向让与人履行，考虑到转让行为对债务人并未发生效力，此时受让人请求债务人履行的，不应予以支持。若债务人在接到债权转让通知后仍向让与人履行，因转让行为已对债务人发生效力，受让人有权要求债务人履行义务，债务人不得以已向让与人履行为由拒绝向受让人履行义务。

在某些情况下，在让与人未对债务人作出通知的情况下，受让人直接起诉债务人要求其履行债务，若受让人能够向法院提供充足的证据证明债权转让的事实，法院应当认定债权转让自起诉状送达时对债务人发生效力。因让与人与受让人均未通知债务人，而受让人直接起诉债务人履行债务，此时因未通知造成债务人费用增加或损失的，应予以支持，具体数额可从认定的债权的数额中扣除。

【条文引申】

关于债权转让的通知主体，即由转让人还是受让人通知的问题，《民法典》并没有作出明确的规定。有人认为，债权转让后，如由受让人通知债务人，债务人为了确认受让的真实性，还要付出审查真实性的额外劳动，避免当事人未获债权以伪造虚假、欺诈的方式主张债权，或债权转让存在纠纷、债务人履行对象错误或存在争议等情形，该额外劳动不属于债务人本应负有的义务，故只能由转让人通知，以清晰准确地达到通知效果。从原《合同法》第80条的规定来看，全国人大常委会法工委的释义意见为“对于债务人的通知，一般应当由原债权人进行。但是，经与原债权人协商同意后，也可由新债权人进行。此时新债权人必须向债务人提供必要的关于合同权利已经转让的证明文件”。从《民法典》第546条的规定来看，最高人民法院民法典贯彻实施工作领导小组的意见为：关于通知的主体，债权人转让债权时对债务人作出通知，是债权转让对于债务人发生法律效力的必备条件。从促进交易便捷开展的角度，可以允许债权的受让人成为通知的主体。《民法典》第546条规定的“债权人转让债权，未通知债务人的，该转让对债务人不发生效力”并未限制仅能由债权人作为通知主体。当然，受让人作为通知主体应属于例外情形。特别是在某些情况下，让与人可能无法对债务人作出通知，在受让人能够提供充足的证据证明债权转让的事实，也应允许其对债务人作出通知。债权转让通知的是债务人掌握债权已被转让的客观事实。因此，无论让与人或是受让人均可以作为债权转让通知的主体，但是受让人应当提供能够确认债权转让事实的证据。

在法律明确规定债权转让应履行对债务人的通知程序情况下，让与人或受让人应通知债务人以完成法定要件，使债务人履行债务有所依托。但是，实践中往往存在债权转让合同一经订立，受让人随即起诉债务人的情况，很多时候，受让人往往基于为了实现实质性获得清偿的目的，考虑到转让时债权人已经难以受偿，如通知债务人容易打草惊蛇，债务人可能转移财产逃避债务，此时，寻求司法救济特别是及时查封债务人有效资产方能实现受让债权，诉讼也是一种通知的方式。在很多债权转让中，实际上原债权已届履行期限，原债权人亦已多次催告，或债务人已经明确表示或以实际行为表明不履行债务。此时，债务人已经明确表现出拒绝意愿，必然进入诉讼，不存在滥用公权力或剥夺债务人履行意向的前提，而债权人转让债权后又不存在通知的动力，从促进权利流转的角度出发，确有必要由受让人履行通知义务，甚或一定程度上以类似代位诉讼的方式，允许受让人以自身作为权利人发起诉讼，使纠纷一揽子解决，而不必因噎废食，强求受让人履行通知形式后再重新诉讼，此时，受让人起诉与原债权人起诉并无本质区别，亦不会因提起诉讼的主体不同而给债务人增加额外负担。

【审判实务】

1.对于债权转让的受让人能否直接以提起诉讼的方式替代通知，若原债权未届履行期限。此时，债务人尚未产生向原债权人履行的义务，不应赋予受让人以直接起诉替代通知的权利。在未通知债务人的情况下，受让人直接起诉亦不符合《民事诉讼法》第122条第1项、第4项关于原告身份和诉讼理由的规定，法院应不予受理；已经受理的，法院裁定驳回起诉。若原债权已过履行期限，受让人起诉时能够提供充分的确认债权转让事实的证据，且提出保全申请的，人民法院应认定受让人的通知发生法律效力，并根据案情决定是否保全。

2.原债权已过履行期限，原债权人已经催告但债权转让未通知。在此种情况下，若债务人已经明确表现出不履行债务的态度，基于《民法典》第546条第1款“债权人转让债权，未通知债务人的，该转让对债务人不发生效力”的规定，就债务人而言，真正的权利人仍为原债权人，受让人无法通过诉讼的方式来代替通知。

3.原债权已过履行期限，原债权人尚未催告或通知。此时，虽债务人已经产生向原债权人履行的义务，但根据前述分析，债权转让的三个法律关系中仅原债权人与债务人、原债权人与受让人两个法律关系确定，第三个法律关系即受让人与债务人之间的债权因通知要件未完成，依照法律规定，转让人仍要完成通知义务。如受让人有诉讼保全的考虑，可在起诉时将原债权人列为第三人，由原债权人在诉讼中履行通知义务。当然，如果转让人有证据证明债务人明知债权转让的事实，受让人以提起诉讼的方式替代通知，并不违背原债权人的真意和损害债务人的利益，应当是可行的。

综上所述，人民法院针对转让事项未通知债务人而受让人直接起诉的情况，应具体分析情形区分对待。这样，一方面，保持法律规定的权威性、严肃性，避免权力的滥用，保障债务人的合法利益；另一方面，尊重现实，在探究当事人真实态度的前提下，避免机械适用法律，能够有效、及时、准确地化解纠纷。

第四十九条 【表见让与、债务人确认债权存在】

《最高人民法院关于适用〈中华人民共和国民法典〉合同编通则若干问题的解释》	《中华人民共和国民法典》
第四十九条 【表见让与、债务人确认债权存在】债务人接到债权转让通知后，让与人以债权转让合同不成立、无效、被撤销或者确定不发生效力为由请求债务人向其履行的，人民法院不予支持。但是，该债权转让通知被依法撤销的除外。 受让人基于债务人对债权真实存在的确认受让债权后，债务人又以该债权不存在为由拒绝向受让人履行的，人民法院不予支持。但是，受让人知道或者应当知道该债权不存在的除外。	**第五百四十六条** 债权人转让债权，未通知债务人的，该转让对债务人不发生效力。 债权转让的通知不得撤销，但是经受让人同意的除外。 **第五百四十八条** 债务人接到债权转让通知后，债务人对让与人的抗辩，可以向受让人主张。

【条文解释】

本条司法解释是关于表见让与、债务人确认债权存在的规定。债权转让后，有可能存在债权人否认债权和债务人否认债权的情形，前者是表见让与，后者是债务人确认债权存在。债务人在接到债权转让通知后，债权人不得以债权转让合同不成立、无效、被撤销或者确定不发生效力为由要求债务人向其履行。原因在于：受让人系债权转让合同的相对人，让与人将债权转让后即不享有该债权，其主张债权转让合同不成立、无效、被撤销等直接涉及受让人的权益，若允许让与人以该理由要求债务人履行债务，将有损受让人的利益，因此对让与人的上述主张不应予以支持。对此，《民法典》第546条第2款规定了债权转让的通知不得撤销，但是经受让人同意的除外。债权让与通知一旦到达债务人即生效力，原则上不得撤销，但也规定了适用的例外，即需经受让人同意的除外。若受让人同意撤销，则应当尊重让与人与受让人的意思表示，允许让与人撤销债权转让通知。若具有意思表示不自由的情形，例如存在第三人欺诈或胁迫等情况，亦应当准许让与人撤销债权转让通知。

本条第2款规定了债务人在确认债权存在后，不得反悔，基于“禁反言”的价值考量，债务人不得以债权不存在为由拒绝向受让人履行。即债务人违反诚信原则的，其请求不应得到支持。但在受让人知晓债权不存在的情况下向债务人确认债权存在，此时其行为并非善意，从保护债务人的角度出发，债务人有权拒绝向受让人履行债务。

【条文引申】

若让与人在接到债权转让通知后以债权转让合同不成立、无效、被撤销等为由请求债务人履行债务，则债务人有权拒绝受让人的履行请求。若支持让与人的请求，受让人则可能遭受诉累、承受让与人的破产风险等后果，不利于受让人地位的保障和债权的流通。因此，只有在债权转让通知依法撤销的情况下，让与人才能向债务人请求履行。同时，这也同样有助于保护债务人的利益，避免向让与人履行债务后，再次面临受让人向其主张履行债务的风险。

【审判实务】

当债权人将债权让与人事实通知债务人后，即使让与并未发生或该让与行为无效，债务人基于对让与通知的信赖而向受让人履行债务仍为有效。学说称为“表见清偿”。“表见清偿”只有在债权人作出让与通知时才能产生效力，如果受让人作出让与通知，则不产生“表见清偿”的效力。债务人受通知后即负有向受让人履行债务的义务，这就意味着受让人因让与通知而成为债权之准占有人，即在交易观念上具有可相信是真正债权人之外观的人。债务人的此项义务以及由此建立的法律外观，仅在让与通知被撤销后才消灭。

第五十条　【债权的多重转让】

《最高人民法院关于适用〈中华人民共和国民法典〉合同编通则若干问题的解释》	《中华人民共和国民法典》
第五十条　【债权的多重转让】让与人将同一债权转让给两个以上受让人，债务人以已经向最先通知的受让人履行为由主张其不再履行债务的，人民法院应予支持。债务人明知接受履行的受让人不是最先通知的受让人，最先通知的受让人请求债务人继续履行债务或者依据债权转让协议请求让与人承担违约责任的，人民法院应予支持；最先通知的受让人请求接受履行的受让人返还其接受的财产的，人民法院不予支持，但是接受履行的受让人明知该债权在其受让前已经转让给其他受让人的除外。 前款所称最先通知的受让人，是指最先到达债务人的转让通知中载明的受让人。当事人之间对通知到达时间有争议的，人民法院应当结合通知的方式等因素综合判断，而不能仅根据债务人认可的通知时间或者通知记载的时间予以认定。当事人采用邮寄、通讯电子系统等方式发出通知的，人民法院应当以邮戳时间或者通讯电子系统记载的时间等作为认定通知到达时间的依据。	**第五百四十六条**　债权人转让债权，未通知债务人的，该转让对债务人不发生效力。 债权转让的通知不得撤销，但是经受让人同意的除外。

【条文解释】

本条司法解释系关于债权的多重转让的规定。《民法典》第546条第1款规定，“债权人转让债权，未通知债务人的，该转让对债务人不发生效力”。我国法律对债权转让的生效要件采用的是通知主义原则。通知要件的确立，一方面，尊重了债权人对其权利的行使；另一方面，也可以防止债权人滥用权利损害债务人的利益，避免债务人重复履行、错误履行债务或加重履行债务的负担。设立通知要件是为了确保债务人及时知晓债权转让的事实，通知必须以有效的方式作出并有效到达债务人。而在同一债权多重转让的情形下受让人的权利顺位问题，不同国家对此的规定也不尽相同，如德国民法以债权转让合同签订的先后顺序作为判断标准，而法国民法则是以通知到达债务人的先后顺序作为判断标准。本条司法解释规定了先通知债务人债权转让事实的受让人可优先于后通知的受让人从债务人处获得清偿的规则，进一步明确了受让人的权利顺位不以债权转让的时间作为判断标准。

若债务人明知所履行的并非最先通知的受让人，根据上述清偿规则，最先通知的受让人有权请求债务人继续履行债务或依据转让协议请求让与人承担违约责任。若受让人明知债权在其受让前已经转让仍接受债务人履行的，从保护最先通知的受让人利益出发，其有权要求接受履行的受让人返还财产。

此外，本条司法解释对于如何认定最先通知的受让人及通知到达时间予以解释，人民法院应具体结合通知方式的特点认定通知到达的时间，不能仅以债务人的陈述或通知记载的时间为判决依据。

【条文引申】

本条司法解释与《民法典》第768条关于应收账款多重让与情形下保理人权利顺位的规定相类似。该条规定：“应收账款债权人就同一应收账款订立多个保理合同，致使多个保理人主张权利的……均未登记的，由最先到达应收账款债务人的转让通知中载明的保理人取得应收账款……”例如，甲公司对丁公司享有100万元的债权，甲公司于2022年3月1日将对丁公司的债权转让给乙公司，并于同年5月1日将债权转让通知了丁公司。2022年4月1日，甲公司又将同一债权转让给丙公司，于4月5日将债权转让通知了丁公司，丁公司均未履行100万元的债务。该案中，虽然乙公司受让债权早于丙公司，但丙公司的债权转让通知到达丁公司的时间早于乙公司通知到达的时间，因此，丙公司应当优先于乙公司从丁公司受偿。债权人的多重转让行为对于其他受让人来说债权并未实现，因此构成违约，应承担违约责任。

【审判实务】

一、多重让与通知

学说认为，债权双重让与时的债权归属应以让与时间的先后为准，而在司法实务中，一些法院将让与通知作为债权移转的生效要件，由此认定未获通知的在先让与之受让人不能获得债权，而先获通知的在后让与之受让人却获得债权。司法实务的问题在于将清偿的顺序与债权让与的时间相混淆。基于以合同生效而移转之通说立场，在双重让与的处理上，应遵循处分行为的次序原则，但是如果在先的让与未被通知，而在后的让与被通知，尽管依处分次序原则应由第一受让人取得债权，债权人（让与人）在为第二次让与时已构成无权处分，但基于“表见清偿”的原理，第二次让与被通知而发生效果，因此在逻辑上不存在冲突。

二、让与通知的撤销

意思表示一旦生效不得随意撤销，债权让与通知一旦到达债务人即生效力，原则上不得撤销，但也规定了适用的例外，即经新债权人（受让人）同意的除外，但撤销会损害受让人利益，故必须经其同意。同时，由于已建立的法律外观不得溯及既往地消灭，故通知只能被不溯及既往地撤销。值得注意的是，尽管规定撤销须由受让人同意，但是这仅是对债务人的加强保护，在意思表示不自由的情况下，如在第三人欺诈或胁迫的情况下，当然应当允许债权出让人撤回其通知。

第五十一条 【债务加入人的追偿权及其他权利】

《最高人民法院关于适用〈中华人民共和国民法典〉合同编通则若干问题的解释》	《中华人民共和国民法典》
第五十一条 【债务加入人的追偿权及其他权利】第三人加入债务并与债务人约定了追偿权，其履行债务后主张向债务人追偿的，人民法院应予支持；没有约定追偿权，第三人依照民法典关于不当得利等的规定，在其已经向债权人履行债务的范围内请求债务人向其履行的，人民法院应予支持，但是第三人知道或者应当知道加入债务会损害债务人利益的除外。 债务人就其对债权人享有的抗辩向加入债务的第三人主张的，人民法院应予支持。	**第五百五十二条** 第三人与债务人约定加入债务并通知债权人，或者第三人向债权人表示愿意加入债务，债权人未在合理期限内明确拒绝的，债权人可以请求第三人在其愿意承担的债务范围内和债务人承担连带债务。

【条文释义】

本条司法解释明确了债务加入中第三人的追偿权利，即已对追偿权进行约定的可依约追偿；未约定追偿权时，可依照不当得利等规定进行追偿。本条解释旨在发挥债务加入制度的增信功能。

并存的债务承担又称为债务加入，是指债务人并不脱离合同关系，第三人加入债的关系后，作为新债务人和原债务人共同向债权人履行债务。在债务加入情形下，原债务人并不能全部或者部分免除承担债务的责任，在此基础上增加一个第三人对债权人履行债务，不仅对债权人没有风险，反而增加了债权实现的安全性。因此，在债务加入的情形下，无须同债务转移一样征得债权人的同意。债务加入的构成要件包括：（1）原债权债务关系有效存在；

（2）第三人与债务人约定第三人作为新债务人加入该债的关系来承担债务；（3）原债务人债务并不减免；（4）将此债务加入的情形通知债权人，或者第三人向债权人表示愿意加入债务，债权人未在合理期限内明确拒绝。

关于通知的主体和通知的形式，《民法典》并未作明确规定。本文认为，债务人或者第三人都可以作为通知的主体，通知的形式既包括书面通知也包括口头通知。在符合上述要件的情况下，就发生并存的债务承担的法律后果。债权人可以请求第三人在其愿意承担的债务范围内和债务人承担连带责任。

构成债务加入后，除另有约定外，第三人和债务人负有同一内容的债务，但债务人并不因此而免负债务，而是与第三人一起对债权人负有连带债务，当然，连带债务的范围应当限制在第三人愿意承担的债务范围内。

【条文引申】

一、债务加入、债务转移、由第三人履行债务的概念厘清

债务加入，又称并存的债务承担，系第三人自愿加入到原债权债务关系中，与债务人共同承担债务，原债务人并没有脱离原债之关系。债务转移，是指债务人将债务全部或部分转移给第三人。第三人作为新债务人完全或部分取代原债务人的地位，原债务人则全部或部分脱离原债之关系。由第三人履行债务，是涉他合同的一种，是指第三人根据债务人与债权人的约定辅助或代替债务人履行债务，第三人不履行或不完全履行债务，应由债务人向债权人履行承担违约责任。该第三人并不取代债务人的地位，亦未成为所涉债权债务关系的一方主体，与债权人之间并不存在直接的法律关系。

二、债务加入、债务转移、由第三人履行债务的辨别适用

债务加入、债务转移、由第三人履行债务均涉及原债权债务关系之外的第三人，三者在适用上存在以下区别：（1）第三人是否直接向债权人作出负担债务的意思表示，是债务加入、债务转移与由第三人履行债务的本质区别。

由第三人履行债务根据的是债务人与债权人之间的约定，第三人与债权人之间不存在直接的合同关系，第三人并未直接向债权人作出自愿负担债务的意思表示，债务人所承担的债务亦未发生债务转移。如第三人未履行，则履行义务及未履行的责任均仍由债务人承担。而债务加入、债务转移系第三人以明确的意思表示加入或继受承担债务，成为债务履行的承担主体，其与债权人之间形成债权债务关系。（2）债务加入、债务转移与由第三人履行债务中债权人行权对象和法律责任承担主体不同。由第三人履行债务，因债权人和第三人之间不存在直接的法律关系，即债务人与债权人之间的约定并不约束第三人，故债权人无权直接向第三人请求履行，如第三人未履行或履行不当，债权人只能向债务人主张履行或要求债务人承担不当履行的法律责任。债务加入、债务转移，因第三人成为并存或独立的债务人，债权人有权直接向第三人请求履行，如第三人未履行或履行不当，债权人可以向该第三人主张履行或要求其承担不当履行的法律责任。（3）债务加入、债务转移的法律责任承担方式不同。债务加入中原债务人不脱离原债权债务关系，第三人与原债务人在其自愿承担的范围内承担连带责任；债务转移需债权人同意，第三人以其意思表示成为新的债务人，第三人取代原债务人的地位，原债务人的债务按照约定全部或部分免除。债务加入与债务转移发生效力时，第三人均享有债务人对债权人所享有的抗辩权。

【审判实务】

关于债务加入与担保的区别。

除典型担保外，广义的担保还包括所有权保留、买回条款、债务承担、代物清偿合同等制度，可以认为并存的债务承担与保证有相近的增加责任财产的功能。但从逻辑结构上看，两者在债务属性、债务存续期间、抗辩事由援引及债务移转等具体法律效果上都存在差异。最高人民法院在判决中明确提出两者在功能上的差别："保证系从合同，保证人是从债务人，是为他人债务负责；并存的债务承担系独立的合同，承担人是主债务人之债务负责。"但是在约定不明的情况下，此时需要从制度本质和交易习惯上考察两者本质差异，债务承担要为自己承担和清偿债务，而保证则是为他人承担债务。围绕这一差异，理论上和实践中已经形成了一系列判断标准。第一，履行的顺序。如果双方约定了债务人和承担人的先后履行顺序，即只有在主债务人届期不履行债务时，第三人才履行债务，此时即便双方约定为债务承担，实际上仍然只是保证，承担人的履行顺位在后，不符合债务承担的本质，这体现的是保证的从属性特征。在履行有先后顺序的情况下，法官通常会认定是担保。第二，债务人和承担人之间的债务关系。债务承担在实践中主要发挥简化交易、方便结算的功能。在债务承担中，承担人承担他人的债务多是在消灭自己的债务，而保证人和主债权人之间不一定有这种关系。第三，考察原因行为。债务承担合同往往是作为一个更大的原因行为中的附款，作为买卖合同或者股权转让合同中的结算条款，而保证则是一个独立的合同。第四，承担人对于所承担债务的利益。学说认为，在债务承担中，承担人通常对于债务的履行是享有利益的，因此使自己加入原债务之中，如同债务人一样承担责任。反之，如果完全是基于情谊和恩惠上的帮助，且没有明显债务承担的意图，则可能构成担保，享有债务履行顺位、保证期间及抗辩事由等方面的优越地位。

七、合同的权利义务终止

第五十二条 【协商解除的法律适用】

《最高人民法院关于适用〈中华人民共和国民法典〉合同编通则若干问题的解释》	《中华人民共和国民法典》
第五十二条 【协商解除的法律适用】 当事人就解除合同协商一致时未对合同解除后的违约责任、结算和清理等问题作出处理，一方主张合同已经解除的，人民法院应予支持。但是，当事人另有约定的除外。 有下列情形之一的，除当事人一方另有意思表示外，人民法院可以认定合同解除： （一）当事人一方主张行使法律规定或者合同约定的解除权，经审理认为不符合解除权行使条件但是对方同意解除； （二）双方当事人均不符合解除权行使的条件但是均主张解除合同。 前两款情形下的违约责任、结算和清理等问题，人民法院应当依据民法典第五百六十六条、第五百六十七条和有关违约责任的规定处理。	**第五百六十二条** 当事人协商一致，可以解除合同。 当事人可以约定一方解除合同的事由。解除合同的事由发生时，解除权人可以解除合同。 **第五百六十六条** 合同解除后，尚未履行的，终止履行；已经履行的，根据履行情况和合同性质，当事人可以请求恢复原状或者采取其他补救措施，并有权请求赔偿损失。 合同因违约解除的，解除权人可以请求违约方承担违约责任，但是当事人另有约定的除外。 主合同解除后，担保人对债务人应当承担的民事责任仍应当承担担保责任，但是担保合同另有约定的除外。 **第五百六十七条** 合同的权利义务关系终止，不影响合同中结算和清理条款的效力。

【条文释义】

本条司法解释系对协商解除法律适用的规定。

合同的约定解除可分为合意解除与约定解除权两种情形。本条司法解释涉及的为合同的合意解除。合意解除，又称协商解除，其实质是在原合同当事人之间成立一个新的合同，该新合同的目的在于解除当事人原先订立的合同关系，使基于原合同发生的债权债务关系归于消灭。因合意解除是以一个新合同来解除原先订立的合同，与通过行使约定解除权来解除合同没有关系。因此，民法学说又将“解除合意”称为“解除合同”或“反对合同”，从而使之与约定解除权相区别。①

合意解除是当事人协商一致的结果，因合意解除系以合同的形式进行，因而同样需具备合同的生效要件，如意思表示真实，不违反法律、行政法规的强制性规定以及不违背公序良俗等。合同经合意解除后，原合同关系遂终止，当事人既无权依据原合同向合同对方当事人主张权利，也无须再按照原合同约定履行义务。如果当事人双方在协商解除合同时虽没有对诸如违约赔偿、结算、清理等问题进行处理，仍可产生合同解除的法律后果。若当事人在协商解除合同的同时，对于赔偿等问题双方均不再主张或无其他争议，此时应尊重当事人之间的意思自治，若一方提出要求对方支付赔偿等，不应予以支持。

本条第2款规定了不享有解除权一方主张解除合同在以下两种情形下构成协商解除：一是当事人一方在不享有法定或约定解除权的情况下主张解除合同，但是对方同意解除；二是双方当事人均不享有法定或约定解除权，但是均主张解除合同。举例来说，在房屋租赁合同纠纷中，承租人主张出租人违约，要求解除合同。经审查，出租人的违约程度显著轻微，不影响守约方合同目的的实现，因此承租人不享有法定或约定解除权。若出租人亦同意解除合同，但并未对合同解除的违约责任、结算和清理等问题作出处理，此时人民法院可结合合同解除的原因，是否存在违约行为等，依据《民法典》第566条、第567条和有关违约责任的规定就违约责任、清算和清理等问题进行处理。

① 王家福主编：《中国民法学·民法债权》，法律出版社1991年版，第364页。

【条文引申】

在合意解除的情况下，是否恢复原状、是否发生溯及既往的效力以及是否发生赔偿损失责任等问题，均需要合同当事人协商处理。有观点认为，合意解除是当事人意思协商一致的结果，解除协议中若没有对赔偿损失等事项作出明确约定，也没有其他证据证明当事人之间有相关约定的，应视为没有约定。合同解除后一方当事人又请求赔偿损失的，一般不予支持。

也有观点认为，赔偿损失请求权的放弃与当事人权益休戚相关，应予明示，解除合同合意中未就附带产生的赔偿损失问题作出约定，不能当然视为当事人放弃对赔偿损失的主张权利。合同没有达到实质性违约的程度，但如果各方均一致同意解除合同，法律自无禁止必要，解除的原因仍然有可能是基于一方或双方的违约，故即使双方在达成解除合同的合意时，没有就各自或一方的赔偿问题作出专门约定，也不宜认为当事人事后向法院或仲裁机构提出的索赔主张，一概不应得到支持。特别是，合同解除后，各方当事人还可能履行必要的返还财产义务，在返还和受领过程中不排除出现财产损失的情形，这种情形并非不可预见，故即便在此前达成的解除合同的合意中没有对此风险作出约定或安排，也不能据此认为当事人已经当然地放弃了由此产生的赔偿损失请求权。

笔者认为，协商解除是双方协商一致解除合同，合同解除后有关损害赔偿问题应取决于当事人的意思自治。解除协议中如果约定了损害赔偿，自然应予支持；如果解除协议约定不予赔偿损失，也应当尊重当事人的选择。假如当事人仅就合同的解除达成协议，而未具体约定损害赔偿，当事人向法院起诉要求损害赔偿的，法院应当允许，不能以默示的方式排除当事人对损害赔偿的请求权。此外，若双方主张解除的原因均系对方违约，要求其承担违约责任，但对于合同不享有解除权，在双方均同意解除合同的情况下，可要求按照《民法典》第566条、第567条和有关违约责任的规定就违约责任、清算和清理等问题进行处理。

结算是经济活动中的货币给付行为。结算的方式主要有银行汇票结算、商业汇票结算、银行本票结算、支票结算、汇兑、委托收款等。合同中的结算条款不因合同权利义务关系终止而失效。当事人在合同中就结算方式有约定的，合同权利义务关系终止后，应根据约定的方式进行结算。清理是对债权债务进行清点、估价和处理。当事人在合同中对清理范围、方式、方法、主体等的约定不因合同权利义务关系终止而失效。如果双方在合同中约定了清理的范围，如固定资产、流动资金、库存产品等，应对该范围内的财产进行清理。如果双方在合同中约定了清理的方法，如按照市场价进行清理或者按照政府定价进行清理，应当按照合同约定的方法进行清理。如果合同中约定了进行清理的主体，比如某会计师事务所、某财产评估机构，应当由约定的主体进行清理。当事人在合同中对违约责任作出约定的，如违约金的计算、约定违约定金等，也可以认为是合同中的结算、清理条款。①

【审判实务】

在司法实践中，协议解除常常会和约定解除发生混淆，两者的区别在于：协议解除的本质是通过双方缔结一个新的协议取代原合同，而约定解除则是合同中约定的解除条件成就而使合同发生解除；协议解除不存在行使解除权的问题，是双方当事人合意的结果，而约定解除存在解除权，当然，解除权可以约定为一方所有或者双方所有；协议解除通常发生在合同履行过程中，而约定解除则是在合同订立时事先约定的。

关于违约解除是否可与赔偿损失并存的问题，国内外学界素有争论。德国旧债法和早期理论认为，作为合同责任的损害赔偿要以合同关系的存在为前提才能成立，因此，合同解除与债务不履行的损害赔偿不能同时并存，当事人只能选择主张两者之一。这种规定及其理论虽然符合逻辑推演，但却忽

---

① 参见王利明主编：《中国民法典释评·合同编通则》，中国人民大学出版社2020年版，第506页。

视了当事人之间的利益均衡，对非违约方的保护非常不利。法国民法及其理论认为，在债务人违约的情况下，债务不履行所产生的损害赔偿责任已经成立，非违约方将合同解除时，业已存在的损害赔偿责任并不因此而消灭。《民法典》第566条承认解除合同与损害赔偿的并存关系，并未采用德国旧债法二者仅能择其一的规则，可见，我国合同法中的合同违约解除与损害赔偿是并行不悖的，赔偿损失的范围也可指向履行利益（合同履行后可以获得的利益）[①]。

【关联指引】

《全国法院民商事审判工作会议纪要》（2019年11月8日）

47.【约定解除条件】合同约定的解除条件成就时，守约方以此为由请求解除合同的，人民法院应当审查违约方的违约程度是否显著轻微，是否影响守约方合同目的的实现，根据诚实信用原则，确定合同应否解除。违约方的违约程度显著轻微，不影响守约方合同目的的实现，守约方请求解除合同的，人民法院不予支持；反之，则依法予以支持。

① 参见崔建远主编：《合同法》（第六版），法律出版社2016年版，第207页。

第五十三条 【通知解除合同的审查】

《最高人民法院关于适用〈中华人民共和国民法典〉合同编通则若干问题的解释》	《中华人民共和国民法典》
第五十三条 【通知解除合同的审查】 当事人一方以通知方式解除合同，并以对方未在约定的异议期限或者其他合理期限内提出异议为由主张合同已经解除的，人民法院应当对其是否享有法律规定或者合同约定的解除权进行审查。经审查，享有解除权的，合同自通知到达对方时解除；不享有解除权的，不发生合同解除的效力。	**第五百六十五条** 当事人一方依法主张解除合同的，应当通知对方。合同自通知到达对方时解除；通知载明债务人在一定期限内不履行债务则合同自动解除，债务人在该期限内未履行债务的，合同自通知载明的期限届满时解除。对方对解除合同有异议的，任何一方当事人均可以请求人民法院或者仲裁机构确认解除行为的效力。 当事人一方未通知对方，直接以提起诉讼或者申请仲裁的方式依法主张解除合同，人民法院或者仲裁机构确认该主张的，合同自起诉状副本或者仲裁申请书副本送达对方时解除。

【条文释义】

本条是关于通知解除合同的审查的规定。

合同解除是根据一方或双方当事人的意思表示使合同关系归于终了的制度。合同解除可以分为合意解除及行使解除权解除两种类型。合意解除，也称为协议解除，即双方当事人意思表示一致解除合同，其不以解除权的存在为必要。而单方行使解除权系因一方意思表示且不必待对方的承诺而使合同解除，故以该方当事人具有解除权为必要。本条司法解释规定的是只有享有解除权的一方行使解除权的意思表示才有权解除合同。

解除权分为法定解除权和约定解除权。当事人无论行使约定解除权还是法定解除权，都必须使对方知悉其解除合同的意思。根据《民法典》第565条规定，可以通过两种方式让对方知悉解除合同的意思：一是通知对方当事人；二是直接向法院提起诉讼或向仲裁机构申请仲裁，由法院或仲裁机构将起诉状副本或者仲裁申请书副本送达对方。对于通知对方当事人，并未有具体方式，当事人可以选择以口头通知、纸质信件、电子邮件、微信或手机短信等方式作出解除合同的意思表示，而不以书面形式的通知为限。

本条司法解释规定了合同解除不能仅以受通知一方未在约定的异议期限或者其他合理的期限内提出异议这一事实来认定合同已经解除，而是要以提出合同解除一方是否享有约定或者法定的解除权来决定合同应否解除。也就是说，在发出解除通知的当事人并不享有解除权的场合，即使对方未在约定的异议期限或者其他合理的期限内提出异议，也不发生合同解除的结果。

【条文引申】

合同解除时间的确定是以当事人在表达解除合同的意思表示时享有解除权，即约定或法定的解除条件已经成就为前提。倘若当事人通知对方解除合同时，解除条件并未成就，对方当事人表示异议，后一方提起诉讼或申请仲裁，在起诉状副本或者仲裁申请书副本送达对方时合同解除的条件已经成就，则合同自起诉状副本或者仲裁申请书副本送达对方时解除。解除合同的通知因意思表示生效而产生解除效果，且基于对相对人合理信赖的保护，一般具有不可撤销性。解除条件已经成就，解除权人将解除通知送达对方，对方收悉后未予答复。后解除权人又重新发出一份更改后的解除通知，而对方的主张合同已被前一份通知解除的应认定合同自第一次通知到达对方时解除。

【审判实务】

通知解除以当事人享有解除权为前提。合同当事人要以通知方式行使解除权必须以当事人享有解除权为前提。这里的解除权是指《民法典》第562条第2款的约定解除权或第563条的法定解除权。在约定解除权的情况下，解除权归合同指定的当事人享有，既可以是一方当事人享有，也可以是双方当事人享有。在法定解除权的情况下，又分为两种情形，一种是不可抗力解除权，另一种是根本违约解除权。因不可抗力致使不能实现合同目的场合，解除权由双方当事人享有，任何一方都可行使。在当事人一方根本违约的场合，解除权通常归守约方享有，不然违约方可能会利用解除制度来牟取不正当利益。合同当事人只有在具备上述约定解除权或法定解除权的前提下，其解除合同的意思表示到达相对人时才能发生合同解除的效力。

有一种观点认为，发出解除通知的当事人是否具有实质上的法定解除权或解除权并非通知解除的必要前提，合同相对方未在异议期内提出确认之诉，法院就无须再对解除权人是否有解除权进行实质审查，而应该认定合同已经解除了。这一观点无疑是错误的。如果不要求当事人以解除权为通知解除的前提，那么势必会引发实践中的道德风险，当事人恶意解约并由此获利的情况也必然会大量出现，导致对交易秩序的破坏。2019年《全国法院民商事审判工作会议纪要》对此又进一步细化，即只有享有法定或者约定解除权的当事人才能以通知方式解除合同。不享有解除权的一方向另一方发出解除通知，另一方即便未在异议期限内提起诉讼，也不发生合同解除的效果。

第五十四条 【撤诉后再次起诉解除时合同解除时间的认定】

《最高人民法院关于适用〈中华人民共和国民法典〉合同编通则若干问题的解释》	《中华人民共和国民法典》
第五十四条 【撤诉后再次起诉解除时合同解除时间的认定】当事人一方未通知对方，直接以提起诉讼的方式主张解除合同，撤诉后再次起诉主张解除合同，人民法院经审理支持该主张的，合同自再次起诉的起诉状副本送达对方时解除。但是，当事人一方撤诉后又通知对方解除合同且该通知已经到达对方的除外。	**第五百六十五条** 当事人一方依法主张解除合同的，应当通知对方。合同自通知到达对方时解除；通知载明债务人在一定期限内不履行债务则合同自动解除，债务人在该期限内未履行债务的，合同自通知载明的期限届满时解除。对方对解除合同有异议的，任何一方当事人均可以请求人民法院或者仲裁机构确认解除行为的效力。 当事人一方未通知对方，直接以提起诉讼或者申请仲裁的方式依法主张解除合同，人民法院或者仲裁机构确认该主张的，合同自起诉状副本或者仲裁申请书副本送达对方时解除。

【条文释义】

此条司法解释系一方当事人撤诉后再次起诉解除时合同解除时间认定的规定。

在当事人一方未通知对方的情况下，直接以提起诉讼的方式主张解除合同，后无论是当事人自愿撤诉或是人民法院按撤诉处理，均不发生合同解除的法律效力。从当事人的角度来看，在诉讼过程中，守约方可能会基于合同仍具有履行的可能性、违约方的承诺等不再要求解除合同。

从鼓励交易、诚实守信的角度来看，在违约方收到起诉状副本后并未因此产生信赖并实施实质性活动的情况下，支持解除合同一方在诉讼中撤回解除的意思表示亦是尊重当事人的意思表示。在当事人一方撤诉后再次起诉要求解除合同，但在该期间并未通知对方，如果人民法院确认解除权人享有解除权，则解除权人提起诉讼或者申请仲裁是解除权人意思表示的一种表达方式，只不过不是解除权人直接通知对方解除合同，而是通过法院或者仲裁机构向对方送达载明解除合同的意思表示的法律文书，均应产生合同解除的法律效果。因此，当事人一方未通知对方，而是在撤诉后再次起诉要求解除合同，人民法院认可该主张的，应根据《民法典》第565条第2款规定，合同自再次起诉时起诉状副本送达对方时解除。

【条文引申】

解除权是一种形成权。形成权是单方法律行为，因一方行为人的意思表示就能成立。单方法律行为的效力只来源于当事人的意思表示，与相对人无关。因此，在当事人具有解除权的情况下，解除合同的意思表示到达对方即可发生解除合同的效力，只需要对方知悉，不需要对方表示同意。我国对合同解除时间的确定系采取通知到达的立法模式，即对方知晓解除权人解除合同的意思表示的时间即为合同解除的时间。以通知方式行使解除权的，合同自通知到达对方时解除。

当事人一方撤诉后再次起诉要求解除合同，在该期间已将合同解除的通知送达对方，此时应以对方知晓通知的时间为合同解除的时间，不再以再次起诉时起诉状副本送达对方的时间作为解除合同的时间。

若解除权人先发出解除通知，而后又向法院诉请解除合同，因通知作为解除之意思表示在先，合同解除时间仍为解除通知到达生效之时。解除条件成就后，解除权人多次发出解除通知，应认定合同自第一次通知到达对方时解除。如双方当事人均起诉解除合同，人民法院审理后查明双方均享有解除权，则合同解除时间应以解除权行使较早者为准。

【审判实务】

在审判实践中，应注意以下问题：

第一，解除权诉讼是形成之诉，当事人未提出解除合同的诉讼请求，人民法院不能依职权直接判决解除合同的解除权为形成权，当事人关于形成权的纠纷即为形成之诉。形成权的行使必须基于权利人的意思表示。当事人在诉讼中若想达成解除合同的目的，必须提出相应的诉讼请求，人民法院也须基于该请求作出相应裁判。如当事人未提出解除合同的诉讼请求的，人民法院不能依职权裁判解除合同。

第二，合同有效成立后，在双方未履行或者未完全履行合同前，一方起诉请求解除合同，另一方反诉亦请求解除合同的，应认定双方解除合同的意思表示一致，属于《民法典》第562条规定的当事人协商一致以解除合同的情形。当事人协商一致解除合同，合同效力归于消灭，一方反悔，依法不予支持。需要注意的是，当事人协商一致解除合同不同于当事人约定合同解除权。后者发生在合同订立之时；前者发生在合同有效成立之后，合同未履行或者未完全履行之前，又称为事后协商解除。当事人协商一致解除合同，只要双方当事人达成协商一致解除合同的意思表示，法院依法应当确认，不需要满足约定解除或法定解除的条件。

第三，合同当事人在诉讼中发出解除合同通知，行使合同解除权，以对抗对方要求其继续履行合同的诉讼请求，不能改变诉讼前已经确定的合同效力及履行状态，其在诉讼程序中实施的该行为有违诚信原则，且与人民法院行使的审判权相冲突，不能产生解除合同的法律效力。

第五十五条　【抵销权行使的效力】

《最高人民法院关于适用〈中华人民共和国民法典〉合同编通则若干问题的解释》	《中华人民共和国民法典》
第五十五条　【抵销权行使的效力】 当事人一方依据民法典第五百六十八条的规定主张抵销，人民法院经审理认为抵销权成立的，应当认定通知到达对方时双方互负的主债务、利息、违约金或者损害赔偿金等债务在同等数额内消灭。	**第五百六十八条**　当事人互负债务，该债务的标的物种类、品质相同的，任何一方可以将自己的债务与对方的到期债务抵销；但是，根据债务性质、按照当事人约定或者依照法律规定不得抵销的除外。 当事人主张抵销的，应当通知对方。通知自到达对方时生效。抵销不得附条件或者附期限。

【条文释义】

抵销，是指当事人双方互负债务，各以其债权充抵债务的履行，双方各自的债权和对应债务在对等额内消灭。法定抵销，是指法律规定抵销的条件，具备条件时依当事人一方的意思表示即发生抵销的效力。抵销使债权人无须诉讼、判决或者强制执行，即可实现债权；在未履行的情况下，当事人不必相互履行，节省双方互相履行所产生的费用，消灭债权债务；同时也具有担保的功能，如当事人一方只行使自己的债权，不履行自己的债务，那么，对方当事人就不能确保自己债权的实现，特别是在一方当事人财产状况恶化不能履行债务时，对方当事人行使抵销权就能够确保自己的债权相应实现。比如，某人在银行存款，又在同一银行借款，这两项债务都到期以后，如果该借款人信用不佳，则将有可能发生信用风险，此时，如果赋予银行抵销权，就可以担保其债权的实现，及时化解风险。

根据抵销的成立是否需要主张，以及债权是在抵销主张之时消灭还是在两个债权最初适于抵销之时消灭，各国理论与立法存在三种代表性观点。一是当然抵销主义，又称自动抵销主义、完全实质主义。该理论认为，抵销的发生无须任何外在主张或宣告行为，依据法律规定直接发生效力，且效力的发生是在交叉债权最初适于抵销之时生效，其立法上的代表是《法国民法典》。二是抵销溯及力理论。该理论认为，抵销必须以意思表示向对方主张方能生效，但抵销效力的发生并非在主张之时，而是溯及至抵销适状之时，其立法上的代表是《德国民法典》，后成为大陆法国家通例。三是完全形式主义理论。该理论认为，抵销效力的发生不仅需要主张的行为，而且应当在主张之时生效（而非溯及至抵销适状之时），这主要以英、美、法成文法上的抵销为代表。

根据《民法典》第568条第2款关于主张抵销“应当通知对方”以及“通知自到达对方时生效”的规定，以及《全国法院民商事审判工作会议纪要》第43条关于“抵销的意思表示自到达对方时生效，抵销一经生效，其效力溯及自抵销条件成就之时”的规定，可知我国立法采纳的是抵销溯及力理论，抵销的性质属于以意思表示为核心的法律行为，抵销权属于民事实体权利当中的形成权。需要注意的是，抵销与直接清偿所导致的债务消灭是有差别的。虽然主张抵销的通知行为与债务清偿的给付行为均导致债务消灭的法律后果，但是发生效力的时间节点不同，从而对双方当事人的利益可能产生不同的影响。例如，甲、乙之间互负债务，甲因种种原因未能及时向乙主张抵销，在抵销适状2个月后甲向乙履行，甲清偿的债务范围应包括这2个月的利息，但如果甲在抵销适状2个月后向乙主张抵销，那么这2个月的利息就无须计算在内。

【条文引申】

法定抵销应具备以下条件：

一、当事人双方互负有效的债务、互享有效的债权

抵销发生的基础在于双方当事人既互负有效的债务，又互享有效的债权；只有债务而无债权或者只有债权而无债务，均不发生抵销。双方当事人互负

的债权债务，可能会因同一个法律关系而发生，也可能基于两个或两个以上的法律关系发生。

二、被抵销一方的债务已经到期

抵销具有相互清偿的作用，因此只有在提出抵销方所享有的主动债权的履行期限届至时，才可以主张抵销；否则，等于强制债务人提前履行债务，牺牲其期限利益。在符合其他条件的情况下，如果双方的债务均已经到期，则双方均可主张抵销。

三、债务的标的物种类、品质相同

种类相同是指合同标的物本身的性质和特点一致，如都是给付金钱，或者交付同样的种类物。品质相同，是指标的物的质量、规格等级无差别，如都是同等级的食品油。债务种类品质不相同，原则上不允许抵销，除非法律另有规定。

【审判实务】

第一，关于通知的具体方式，可以通过起诉、反诉或者抗辩的方式进行主张。若以反诉的方式主张抵销，则需满足反诉与本诉存在法律上的牵连关系这一条件，即反诉与本诉的诉讼请求基于相同法律关系、诉讼请求之间具有因果关系，或者反诉与本诉的诉讼请求基于相同事实。

第二，关于抵销范围与顺序，双方互负的债务数额，是截至抵销条件成就之时各自负有的包括主债务、利息、违约金或者损害赔偿金等在内的全部债务数额。行使抵销权一方享有的债权不足以抵销全部债务数额，当事人对抵销顺序又没有特别约定的，应当根据实现债权的费用、违约金或者损害赔偿金、利息、主债务的顺序进行抵销。

第三，关于通知到达时间的认定，当事人发生争议后通过起诉、反诉或者抗辩的方式主张抵销的，若溯及至抵销适状之时，法院往往很难认定抵销权成立的时间点，因此以起诉状、反诉状副本送达或者抗辩意见到达时发生通知到达的效力更具有可操作性。

【关联指引】

《全国法院民商事审判工作会议纪要》（2019年11月8日）

43.【抵销】抵销权既可以通知的方式行使，也可以提出抗辩或者提起反诉的方式行使。抵销的意思表示自到达对方时生效，抵销一经生效，其效力溯及自抵销条件成就之时，双方互负的债务在同等数额内消灭。双方互负的债务数额，是截至抵销条件成就之时各自负有的包括主债务、利息、违约金、赔偿金等在内的全部债务数额。行使抵销权一方享有的债权不足以抵销全部债务数额，当事人对抵销顺序又没有特别约定的，应当根据实现债权的费用、利息、主债务的顺序进行抵销。

《最高人民法院关于适用〈中华人民共和国民事诉讼法〉的解释》（2022年4月1日）

第二百三十三条 反诉的当事人应当限于本诉的当事人的范围。

反诉与本诉的诉讼请求基于相同法律关系、诉讼请求之间具有因果关系，或者反诉与本诉的诉讼请求基于相同事实的，人民法院应当合并审理。

反诉应由其他人民法院专属管辖，或者与本诉的诉讼标的及诉讼请求所依据的事实、理由无关联的，裁定不予受理，告知另行起诉。

第五十六条 【抵销参照适用抵充规则】

《最高人民法院关于适用〈中华人民共和国民法典〉合同编通则若干问题的解释》	《中华人民共和国民法典》
第五十六条 【抵销参照适用抵充规则】行使抵销权的一方负担的数项债务种类相同，但是享有的债权不足以抵销全部债务，当事人因抵销的顺序发生争议的，人民法院可以参照民法典第五百六十条的规定处理。 行使抵销权的一方享有的债权不足以抵销其负担的包括主债务、利息、实现债权的有关费用在内的全部债务，当事人因抵销的顺序发生争议的，人民法院可以参照民法典第五百六十一条的规定处理。	**第五百六十条** 债务人对同一债权人负担的数项债务种类相同，债务人的给付不足以清偿全部债务的，除当事人另有约定外，由债务人在清偿时指定其履行的债务。 债务人未作指定的，应当优先履行已经到期的债务；数项债务均到期的，优先履行对债权人缺乏担保或者担保最少的债务；均无担保或者担保相等的，优先履行债务人负担较重的债务；负担相同的，按照债务到期的先后顺序履行；到期时间相同的，按照债务比例履行。 **第五百六十一条** 债务人在履行主债务外还应当支付利息和实现债权的有关费用，其给付不足以清偿全部债务的，除当事人另有约定外，应当按照下列顺序履行： （一）实现债权的有关费用； （二）利息； （三）主债务。

【条文释义】

此条司法解释系关于抵销顺序的规定。抵销，是指当事人双方互负债务，各以其债权充抵债务的履行，双方各自的债权和对应债务在对等额内消灭。行使抵销权的一方享有的债权不足以抵销其负担的全部债务，当事人因抵销的顺序发生争议的，可以参照适用《民法典》第560条和第561条的规定。

“债务种类相同”指拟发生抵充的各宗债务之标的种类和性质应当相同，如以金钱为内容的标的之间能产生抵充、以交付符合某种标准的货物的数宗债务之间能产生抵充。除标的种类相同外，标的性质还应当相同，亦可称为标的质量相同。如债务人与债权人之间有数宗交付一等级食用油的债务，若债务人交付二等级食用油就不能发生抵充的法律效果，必须交付性质相同的标的。

《民法典》第560条系对债的清偿抵充顺序的规定，按照合同法的通说见解，抵充可以划分为意定抵充和法定抵充两种方式。意定抵充，即根据当事人的意思决定的抵充，又可进一步细分为合意抵充与指定抵充。合意抵充，系根据当事人的合意决定的抵充，又称合同抵充。当事人的约定即使与法律的规定不同，亦属有效。指定抵充，是指一方当事人指定的抵充。清偿人在未给付时，可以向清偿受领人作出意思表示，指示其清偿所要抵充的债务。之所以如此，是因为在债的关系中清偿人本已处于弱势地位，故赋予其指定权，有利于保护清偿人的利益，而且也与清偿抵充及清偿人的本来意图相一致。①

抵充指定权原则上归属于债务履行人，债务履行人不为指定时，视为放弃抵充指定权，此时即应当适用法定抵充的方法。法定抵充，即由法律规定的抵充。法律所规定的抵充顺序，意在补充当事人意思之不完备，仅在欠缺当事人意定抵充的场合，才有法定抵充的适用。《民法典》第560条第1款规定了约定抵充和指定抵充两种抵充方法，第2款则是关于法定抵充的规定。由此可知，行使抵销权的一方负担数项种类相同的债务，在当事人因抵销顺序发生争议时，抵充方法的适用顺序为：约定抵充优先，指定抵充次之，最后是法定抵充。在适用法定抵充进行清偿时，抵充的顺序为：（1）已到期的债务；（2）债务均到期的，没有担保的债务；（3）债务均到期的，担保最少的债务；（4）债务均到期的，债务人负担较重的债务；（5）债务均未到期的，先到期的债务；（6）以上情况均相同，到期时间也

① 韩世远：《合同法总论》，法律出版社2018年版，第428页。

相同的债务，则按债务比例履行。

由此可知，行使抵销权的一方享有的债权不足以抵销其负担的全部债务，当事人因抵销的顺序发生争议的，可以参照上述顺序即约定抵销优先，指定抵销次之，最后是法定抵销。法定抵销的顺序可参照上述法定抵充的顺序。

《民法典》第561条系关于债务人除主债务外还应当支付利息和费用，而其给付不足以清偿全部债务时，债的抵充顺序如何确定的规定。由此可知，行使抵销权人一方享有的债权除主债务之外还不足以抵销其负担的实现债权的有关费用、利息在内的全部债务，当事人因抵销顺序发生争议时，可以参照适用上述规定，即按照下列顺序确定抵销顺序：（1）实现债权的有关费用；（2）利息；（3）主债务。

【条文引申】

根据《民法典》第561条的规定，实现债权的有关费用、利息和主债务的抵充顺序，除双方当事人另有约定外，不允许债务人为相反的指定。债务人在指定抵充时，如作出与《民法典》第561条的清偿抵充顺序相反的指定，不产生债务人所期待发生的法律效力，即实现债权的有关费用、利息、主债务不适用《民法典》第560条所规定的指定抵充。本条规定目的系为限制债务人滥用权利而损害债权人利益。债务人除主债务之外还应当支付利息和实现债权的费用，若债务人之清偿不足以清偿所有债务的，并且当事人之间无特别约定的，由法定抵充顺序补充之。该条的规范目的是保护债权人的利益，禁止债务人滥用权利，通常在债务人指定抵充时，滥用权利最大的可能便是指定其给付先抵充主债务，然后才抵充费用或利息，从而给债权人带来侵害。

参照上述规定，行使抵销权人一方享有的债权除主债务之外还不足以抵销其负担的实现债权的有关费用、利息在内的全部债务，当事人因抵销顺序发生争议时，行使抵销权人一方不能指定抵销，而应参照《民法典》第561条的清偿抵充顺序进行抵销。另应注意的是，如果双方当事人另行针对实现债权的有关费用、利息和主债务的抵销顺序事宜达成合意，则应从其约定，此乃尊重当事人意思自治的应有之义。

【审判实务】

一、关于抵销的溯及力问题

抵销的效力溯及自抵销条件成就之时，为许多国家和地区所肯定。如《德国民法典》第389条规定："在双方债权能够相互抵销的情况下，抵销具有使双方债权在双方债权适合于相互抵销处理的当时视为已消灭的效力。"《日本民法典》第506条第2款规定：前款意思表示，"溯及于双方债务适于相互抵销之始发生效力"。《荷兰民法典》第129条第1款规定："抵销之效力溯及抵销权产生之时。"

从法理上看，抵销行为作为法律行为，原则上不应溯及既往。但当事人以为随时可以抵销，因而怠于行使抵销权的情形也在所难免。如抵销的意思表示仅向将来发生效力，在两个债权的迟延损害赔偿金的比例不同时，将会导致不公平的结果。因此，抵销的效力溯及自抵销条件成就之时。

主动债权履行期迟于被动债权的，主动债权履行期限届满之日即为抵销条件成就之时。主动债权履行期早于被动债权，主动债权人主张抵销，除非被动债权人放弃期限利益，否则，抵销条件不成就。鉴于抵销的意思表示不得附期限，因此不产生抵销的法律效果。只有在被动债权已届履行期，被动债权人提出抵销，或者此时主动债权人再次提出抵销时，方产生抵销之效力。可见，在两个债权处于不同履行期限的情况下，除非在后履行一方主动放弃期限利益，否则，原则上应以在后履行一方的履行期限届满之日作为抵销条件成就之日。

二、关于抵销的效力

债权一经抵销，双方互负的债务数额在同等范围内消灭。双方互负的债务数额，指的是截至抵销条件成就之时各自负有的包括主债务、损害赔偿金、利息、违约金等在内的全部债务数额。

【关联指引】

《全国法院民商事审判工作会议纪要》（2019年11月8日）

43.【抵销】抵销权既可以通知的方式行使，也可以提出抗辩或者提起反诉的方式行使。抵销的意思表示自到达对方时生效，抵销一经生效，其效力溯及自抵销条件成就之时，双方互负的债务在同等数额内消灭。双方互负的债务数额，是截至抵销条件成就之时各自负有的包括主债务、利息、违约金、赔偿金等在内的全部债务数额。行使抵销权一方享有的债权不足以抵销全部债务数额，当事人对抵销顺序又没有特别约定的，应当根据实现债权的费用、利息、主债务的顺序进行抵销。

第五十七条　【侵权行为人不得主张抵销的情形】

《最高人民法院关于适用〈中华人民共和国民法典〉合同编通则若干问题的解释》	《中华人民共和国民法典》
第五十七条　【侵权行为人不得主张抵销的情形】因侵害自然人人身权益，或者故意、重大过失侵害他人财产权益产生的损害赔偿债务，侵权人主张抵销的，人民法院不予支持。	**第五百六十八条**　当事人互负债务，该债务的标的物种类、品质相同的，任何一方可以将自己的债务与对方的到期债务抵销；但是，根据债务性质、按照当事人约定或者依照法律规定不得抵销的除外。 当事人主张抵销的，应当通知对方。通知自到达对方时生效。抵销不得附条件或者附期限。

【条文释义】

本条司法解释规定了侵权行为人不得主张抵销的情形，因侵害自然人人身权益，或者故意、重大过失侵害他人财产权益产生的损害赔偿债务，应禁止侵权行为人主张抵销，其目的在于避免债权人任意侵犯债务人的人身和财产权利，若允许抵销，则有违公序良俗，且会诱发故意的侵权行为，对社会秩序造成不良影响。本条中的侵权行为人并未明确是否为自然人，一般而言，侵权行为人不仅仅局限于自然人。

需要注意的是，侵害人身权益造成损害的，不论侵权人是否故意或者过失，均不得主张抵销。而对于侵害财产权益产生的损害赔偿债务，仅限于故意或重大过失的情形时，侵权人不得主张抵销。

【条文引申】

根据债务性质决定了若不清偿就不能实现债权目的，除本条司法解释规定的情形外，一般而言，还有以下情形不得主张抵销，主要包括：

一、提供劳务的债务

劳务之债是以提供一定的劳务为标的的债。其特点是，具有人身特定性，只能由债务人亲自履行，而不能由债务人以外的第三人履行。比如运送之债、雇佣之债、服务之债等。提供劳务的债务一般都带有明显的人身性质或依赖特定的技能完成债务，因此不能抵销。例如，根据合同约定，甲向乙提供家教服务7天，乙向甲提供家教服务7天，虽然服务的种类、内容、报酬、时间都相同，但甲、乙二人提供的授课方法不可能相同，因此双方的讲课债务不能抵销。

二、依法应当支付的抚恤金债务

抚恤金是公民死亡后死者单位给予死者近亲属及被扶养人的生活补助费，是对生者的抚慰，具有强烈的人身属性，且不能作为死者生前的债务进行偿还，因此抚恤金债务不能抵销。

三、支付基本养老保险金、失业保险金、最低生活保障金等保障债权人基本生活的债务

基本养老保险金、失业保险金、最低生活保障金等均系为了保障债权人的基本生活，若能抵销则无法保障债权人的基本生活。例如，应当支付给下岗员工的最低生活保障金，不得用以抵销员工欠企业的债务。

四、负有抗辩权的债权不得抵销

对于债权人的债权，债务人享有同时履行抗辩权、先诉抗辩权等时，如果允许债权人以其对债务人所负债务与此债务抵销，则等于凭空剥夺债务人的抗辩权，使法律设定此种抗辩权以保护债务人的立法宗旨无法实现。[①]

---

① 参见韩世远：《合同法总论》，法律出版社2018年版，第705页。

【审判实务】

关于其他根据债务性质不得抵销的债务，主要有：

1.不作为债务，如双方当事人互负的竞业禁止债务等，若允许当事人主张抵销，会导致债权目的无法实现。

2.公法上的债权，如税收债权等，具有特定的公共目的，若允许抵销可能影响公共政策的实施。[①]

3.约定应当向第三人履行的债务，债务人不得以自己对于对方当事人享有的债权而主张抵销。

4.相互出资的义务不得抵销，即使仅存在两个出资人。

① 参见王利明：《债法总则》，中国人民大学出版社2016年版，第49页。

第五十八条 【已过诉讼时效债权的抵销】

《最高人民法院关于适用〈中华人民共和国民法典〉合同编通则若干问题的解释》	《中华人民共和国民法典》
第五十八条 【已过诉讼时效债权的抵销】当事人互负债务，一方以其诉讼时效期间已经届满的债权通知对方主张抵销，对方提出诉讼时效抗辩的，人民法院对该抗辩应予支持。一方的债权诉讼时效期间已经届满，对方主张抵销的，人民法院应予支持。	**第一百九十二条** 诉讼时效期间届满的，义务人可以提出不履行义务的抗辩。 诉讼时效期间届满后，义务人同意履行的，不得以诉讼时效期间届满为由抗辩；义务人已经自愿履行的，不得请求返还。 **第一百九十三条** 人民法院不得主动适用诉讼时效的规定。 **第五百六十八条** 当事人互负债务，该债务的标的物种类、品质相同的，任何一方可以将自己的债务与对方的到期债务抵销；但是，根据债务性质、按照当事人约定或者依照法律规定不得抵销的除外。 当事人主张抵销的，应当通知对方。通知自到达对方时生效。抵销不得附条件或者附期限。

【条文解释】

本条司法解释系对于已过诉讼时效债权抵销的规定。由于抵销单方法律行为，是形成权，主张抵销一方只要为抵销的意思表示，就发生抵销的法律效力，故对被抵销的一方而言，抵销具有强制性。若法律允许一方用自然债权抵销对方的债权，则将产生强制履行自然债务的结果，从而导致法律体系内部发生冲突。因此，已过诉讼时效的债权不得作为主动债权主张抵销，对方以诉讼时效届满提出时效抗辩，不同意抵销的，应予支持。需要指出的是，已过诉讼时效的债权可以作为被动债权抵销，一方若主动提出抵销已过诉讼

时效的债务，此时可认为自然债权的债务人放弃了时效利益，人民法院对该主张应予支持

【条文引申】

1.双方债权均未超过诉讼时效的，主张抵销的任何一方只要为抵销的意思表示并到达被抵销方，就发生抵销的法律效力。

2.双方债权均已超过诉讼时效的，不符合法定抵销的条件，除非双方一致合意，否则，任何一方对另一方提出的债务抵销不发生法律效力。

3.主动债权已过诉讼时效而被动债权未过诉讼时效的，若被动债权人放弃了时效利益而主动提出债务抵销的，则发生债务抵销的法律效力。

4.是否已过诉讼时效的判断时点，应以两项债权适于抵销之时为准，一方因行使抵销权而获得的既得利益应予尊重，不因事后债权罹于时效而受影响。

5.抵销应当就抵销符合抵销适状的构成要件、抵销已经通知的相对人承担举证责任；抵销相对人对债务性质、按照当事人约定或者依照法律规定不得抵销的除外。

【审判实务】

一、诉讼时效期间届满的证明责任

关于诉讼时效期间届满的证明责任，实践中存在不一致的认识和做法。有观点认为，应以权利成立后是否超过3年为标准分配证明责任，对于超过3年的债权，应由债权人承担证明责任，证明债权诉讼时效期间未届满；也有观点认为，时效抗辩为权利妨害抗辩，应由主张一方即债务人承担证明责任；还有观点为，债权人主张债权，应当由其证明债权诉讼时效期间未届满，法院方能支持。上述观点没有区分行为意义上的举证责任和结果意义上的证明

责任。对于行为意义上的举证责任，为避免出现败诉或真伪不明的后果，双方都有提出证据的需求和义务。但是对于结果意义上的证明责任，是由一方确定承担的，不会因为债权人的不同、主张债权的时间上的不同而有变化。

《最高人民法院关于适用〈中华人民共和国民事诉讼法〉的解释》第91条规定："人民法院应当依照下列原则确定举证证明责任的承担，但法律另有规定的除外：（一）主张法律关系存在的当事人，应当对产生该法律关系的基本事实承担举证证明责任；（二）主张法律关系变更、消灭或者权利受到妨害的当事人，应当对该法律关系变更、消灭或者权利受到妨害的基本事实承担举证证明责任。"根据该条规定，我国《民事诉讼法》对结果意义上的证明责任采取的是法定证明责任，即主张权利受到妨害的当事人，应当对该权利受到妨害的基本事实承担举证证明责任，也即在真伪不明时，由债务人承担诉讼时效届满的证明责任，否则承担不利后果。

需要指出的是，结果意义上的证明责任只在事实存在真伪不明时才适用，双方为避免败诉或出现真伪不明，都会积极地行使举证责任，人民法院也应该引导、鼓励当事人提交证据，但是这不是结果意义上的证明责任分配。例如，在上述观点中，对于权利成立时间超过3年的，债权人为避免败诉，会积极对知道或应当知道权利受侵害的时间以及诉讼时效期间存在中止、中断等事由进行举证；而债务人会对权利侵害超过3年等事实进行举证。但是，债权人的举证是为了获得胜诉，从理论上说，因为结果意义上的证明责任在债务人，债权人可以不举证，任由债务人证明诉讼时效届满或者陷入真伪不明。当然，作为一个理性的诉讼当事人，在能够提供证据的情况下是不会放弃行为意义上的举证责任的。

二、法官对诉讼时效的消极释明义务

人民法院不得主动适用诉讼时效，如果义务人已经提出时效抗辩的意思，但是不够充分准确，此时法官应当进行释明，这不违反本条的规定。释明是指法官通过向当事人进行必要的解释说明、发问，使民事诉讼过程中含糊不清的事项变得清楚明确，促进法官和当事人的交流，推进诉讼的进程，从而有利于当事人权利的实现。以对当事人未提出的事项进行释明还是对当事人已提出的事项进行释明为标准，可以把释明分为积极释明和消极释明，本条要求法院不得主动适用诉讼时效，排除了积极释明的行使，但是在义务人提出诸如“权利人主张的权利时间太长，义务人无须再履行”等意见的情况下，法官应当进行消极释明，向当事人告知和解释法律关于诉讼时效的规定，让当事人明确是否行使时效抗辩权。

三、缺席审判情况下的诉讼时效的适用

当事人经法院合法传唤未出庭应诉的或者未经许可中途退庭的，法院可以缺席审理。当事人未到庭的，视为放弃抗辩的权利，因为人民法院不得主动适用诉讼时效规定，这里的抗辩当然包括诉讼时效抗辩。如果被告没有出庭应诉，但是提交了书面的答辩状或者法律意见，其中提出了时效抗辩，应认定该抗辩的效力。当事人中途退庭的，如果在退庭前发表了时效抗辩的意见，该抗辩也有效。缺席审判中还包括公告案件中，被告下落不明，既不会出庭也不会提交书面意见，视为其放弃答辩权利，不应主动适用诉讼时效的规定。

八、违约责任

第五十九条 【合同终止的时间】

《最高人民法院关于适用〈中华人民共和国民法典〉合同编通则若干问题的解释》	《中华人民共和国民法典》
第五十九条 【合同终止的时间】当事人一方依据民法典第五百八十条第二款的规定请求终止合同权利义务关系的，人民法院一般应当以起诉状副本送达对方的时间作为合同权利义务关系终止的时间。根据案件的具体情况，以其他时间作为合同权利义务关系终止的时间更加符合公平原则和诚信原则的，人民法院可以以该时间作为合同权利义务关系终止的时间，但是应当在裁判文书中充分说明理由。	**第五百六十五条** 当事人一方依法主张解除合同的，应当通知对方。合同自通知到达对方时解除；通知载明债务人在一定期限内不履行债务则合同自动解除，债务人在该期限内未履行债务的，合同自通知载明的期限届满时解除。对方对解除合同有异议的，任何一方当事人均可以请求人民法院或者仲裁机构确认解除行为的效力。 当事人一方未通知对方，直接以提起诉讼或者申请仲裁的方式依法主张解除合同，人民法院或者仲裁机构确认该主张的，合同自起诉状副本或者仲裁申请书副本送达对方时解除。 **第五百八十条** 当事人一方不履行非金钱债务或者履行非金钱债务不符合约定的，对方可以请求履行，但是有下列情形之一的除外： （一）法律上或者事实上不能履行； （二）债务的标的不适于强制履行或者履行费用过高； （三）债权人在合理期限内未请求履行。 有前款规定的除外情形之一，致使不能实现合同目的的，人民法院或者仲裁机构可以根据当事人的请求终止合同权利义务关系，但是不影响违约责任的承担。

【条文解释】

本条司法解释系对合同终止时间的规定，对于本条的理解需结合《民法典》第580条理解。若当事人不履行非金钱债务或履行非金钱债务不符合约定，对方请求履行，经审查存在法律上或者事实上不能履行、债务的标的不适于强制履行或者履行费用过高以及债权人在合理期限内未请求履行这三种情形之一，致使合同目的不能实现的，当事人一方可以请求终止合同，终止合同的时间以起诉状副本送达对方的时间为依据。

需要说明的是，本条司法解释并未以起诉状副本送达对方的时间作为合同权利义务终止时间的唯一依据，法官在审理案件时可根据案件情况，结合公平原则和诚信原则，将其他时间作为合同权利义务终止的时间。这意味着对于合同权利义务终止的时间的认定，赋予了法官一定自由裁量空间，避免了机械司法，彰显出“三个效果”的有机统一。此外，为避免法官滥用自由裁量权，法官除要兼顾公平原则和诚信原则外，还需要在判决书中进行充分说明，对没有以起诉状副本送达对方的时间作为合同权利义务终止时间进行说明，并非可以任意认定合同终止的时间。

【条文引申】

《民法典》第565条第2款规定了当事人一方未通知对方，直接以提起诉讼或者申请仲裁的方式依法主张解除合同，人民法院或者仲裁机构确认该主张的，合同自起诉状副本或者仲裁申请书副本送达对方时解除。解除权是一种形成权。形成权是单方法律行为，因一方行为人的意思表示就能成立。单方法律行为的效力只来源于当事人的意思表示，与相对人无关。

因此，在当事人具有解除权的情况下，解除合同的意思表示到达对方即可发生解除合同的效力，只需要对方知悉，不需要对方表示同意。

我国对合同解除时间的确定系采通知到达的立法模式，即对方知晓解除权人解除合同的意思表示的时间即为合同解除的时间。以提起诉讼或申请仲裁的方式行使解除权的，合同自起诉状副本或者仲裁申请书副本送达对方时解除。当然，上述解除时间的确定是以当事人在表达解除合同的意思表示时享有解除权，即约定或法定的解除条件已经成就为前提。倘若当事人通知对方解除合同时，解除条件并未成就，对方当事人表示异议，后一方提起诉讼或申请仲裁，在起诉状副本或者仲裁申请书副本送达对方时合同解除的条件已经成就，则合同自起诉状副本或者仲裁申请书副本送达对方时解除。

《民法典》第580条系关于非金钱债务的违约责任和非金钱债务不适用强制履行情形的规定，是在《全国法院民商事审判工作会议纪要》第48条规定基础上进行的修改，目的是解决实践中存在的合同僵局问题，完善合同违约责任制度。违约方一般不享有单方解除合同的权利，但对于非金钱债务，继续履行与其他违约责任的承担方式有明显差别，在特定情形下，即法律上或者事实上不能履行、债务的标的不适于强制履行或者履行费用过高以及债权人在合理期限内未请求履行这三种情形下，对于非违约方的合同继续履行请求权应不予支持。本条规定在上述三种情形下，非金钱债务不适用继续履行。

法律上或者事实上不能履行是指由于法律规定或变化，继续履行已经违法，如出卖禁止流通物。对于继续履行并不违反法律规定的情形，当事人仍然负有继续履行的义务。

债务的标的不适于强制履行，指债务的性质不宜直接强制履行。例如，委托合同、技术开发合同、演出合同、出版合同等合同的主给付义务，这类债务通常具有人身依附性，不能够由其他人代替履行，在性质上决定了不适用直接强制履行。又如，在雇佣合同中，在雇用期内，受雇用人不再愿意提供劳务，由于该债务的标的是人身性的，雇主无法要求受雇用人继续履行雇佣合同。如果直接对债务人人身施以强制，将使违约责任恢复其原始的人身责任性质，与现代社会人格尊重、人身自由保护的基本价值相悖。但是，这类债务虽然不宜直接强制执行，却有采取代替履行或者间接强制的余地，而代替履行也应以债务的性质可由他人代替履行为前提。

债权人在合理期限内未请求履行，未请求履行是指未采取任何主张履行请求权的方式，既没有向法院起诉，也没有直接向债务人主张履行。除《民法典》合同编明文规定不适用强制履行的情形外，学说解释上认为，还有一些情形不适用强制履行，具体包括：（1）法律明文规定不适用强制履行而责令违约方只承担支付违约金或赔偿损失责任。例如，货运合同场合，承运人对运输过程中货物承担赔偿责任，而不负强制履行责任。（2）因不可归责于当事人双方的原因致使合同履行困难，如果实际履行则显失公平，即情势变更的情形。（3）对方当事人可以合理地从其他渠道获得替代履行。

【审判实务】

第一，解除权诉讼是形成之诉，当事人未提出解除合同的诉讼请求，人民法院不能依职权直接判决解除合同。合同解除权为形成权，当事人关于形成权的纠纷即为形成之诉。形成权的行使必须基于权利人的意思表示。当事人在诉讼中若想达成解除合同的目的，必须提出相应的诉讼请求，人民法院也须基于该请求作出相应裁判。如当事人未提出解除合同的诉讼请求的，人民法院不能依职权裁判解除合同。

第二，合同当事人在诉讼中发出解除合同通知行使合同解除权，以对抗对方要求其继续履行合同的诉讼请求，不能改变诉讼前经确定的合同效力及履行状态，其在诉讼程序中实施的该行为有违诚信原则，且与人民法院行使的审判权相冲突，不能产生解除合同的法律效力。

【关联指引】

《全国法院民商事审判工作会议纪要》（2019年11月8日）

48.【违约方起诉解除】违约方不享有单方解除合同的权利。但是，在一些长期性合同如房屋租赁合同履行过程中，双方形成合同僵局，一概不允许违约方通过起诉的方式解除合同，有时对双方都不利。在此前提下，符合下列条件，违约方起诉请求解除合同的，人民法院依法予以支持：

（1）违约方不存在恶意违约的情形；

（2）违约方继续履行合同，对其显失公平；

（3）守约方拒绝解除合同，违反诚实信用原则。

人民法院判决解除合同的，违约方本应当承担的违约责任不能因解除合同而减少或者免除。

第六十条 【可得利益损失的计算】

《最高人民法院关于适用〈中华人民共和国民法典〉合同编通则若干问题的解释》	《中华人民共和国民法典》
第六十条 【可得利益损失的计算】 人民法院依据民法典第五百八十四条的规定确定合同履行后可以获得的利益时，可以在扣除非违约方为订立、履行合同支出的费用等合理成本后，按照非违约方能够获得的生产利润、经营利润或者转售利润等计算。 非违约方依法行使合同解除权并实施了替代交易，主张按照替代交易价格与合同价格的差额确定合同履行后可以获得的利益的，人民法院依法予以支持；替代交易价格明显偏离替代交易发生时当地的市场价格，违约方主张按照市场价格与合同价格的差额确定合同履行后可以获得的利益的，人民法院应予支持。 非违约方依法行使合同解除权但是未实施替代交易，主张按照违约行为发生后合理期间内合同履行地的市场价格与合同价格的差额确定合同履行后可以获得的利益的，人民法院应予支持。	**第五百八十四条** 当事人一方不履行合同义务或者履行合同义务不符合约定，造成对方损失的，损失赔偿额应当相当于因违约所造成的损失，包括合同履行后可以获得的利益；但是，不得超过违约一方订立合同时预见到或者应当预见到的因违约可能造成的损失。

【条文释义】

本条司法解释系对可得利益赔偿的规定。通说认为，可得利益仅限于未来可以得到的利益，不包括履行本身获得的利益，而主要是指获取利润所对应的利益。由于一方违约，受害人不能取得合同约定应交付的财产，造成其生产经营活动中断或从事该活动的基础和条件丧失，从而导致利润损失，这就是一种可得利益损失。[①]可得利益也可能与信赖利益中的丧失其他交易机会的损失存在重合。根据交易的性质、合同的目的等因素，可得利益损失主要分为生产利润损失、经营利润损失和转售利润损失等类型。

能够得到赔偿的可得利益是“净利益”，为订立合同以及合同履行后的必要支出等履约成本应当从中扣除。例如，应当缴纳的税费等费用。可得利益具有如下特点：第一，可得利益是一种未来利益。它在违约行为发生时并没有为合同当事人所实际享有，而必须通过合同的实际履行才能得以实现。第二，可得利益必须具有一定的确定性，是将来按照通常情形能够得到的利益。在合同法中，任何需要补救的损害都必须具有一定程度的确定性，否则是不能要求赔偿的。[②]这要求在一些情形中，对可得利益的赔偿应当考量发生的概率程度。例如，甲将一份投标书委托快递公司递交，快递公司承诺在投标结束日前送到，但是实际上是在投标结束日之后才送到，因此甲的投标书被拒绝。此时，赔偿的数额将取决于甲的投标书被接受的概率，如果不能以充分确定性程度来确定赔偿的数额，赔偿数额的确定只能取决于人民法院或者仲裁机构的自由裁量。

对于可得利益的计算，《民商事合同纠纷指导意见》明确指出：“根据交易的性质、合同的目的等因素，可得利益损失主要分为生产利润损失、经营利润损失和转售利润损失等类型。生产设备和原材料等买卖合同违约中，因出卖人违约而造成买受人的可得利益损失通常属于生产利润损失。承包经营、租赁经营合同以及提供服务或劳务的合同中，因一方违约造成的可得利益损失通常属于经营利润损失。先后系列买卖合同中，因原合同出卖方违约而造成其后的转售合同出售方的可得利益损失通常属于转售利润损失。”

---

① 最高人民法院民事审判第二庭编著：《最高人民法院关于买卖合同司法解释理解与适用》，人民法院出版社2012年版，第456页。

② 王利明：《合同法研究》（第2卷），中国人民大学出版社2003年版，第614~616页。

【条文引申】

一、可得利益损失的计算

可得利益损失，是指当事人订立合同时能够合理预见到的，合同在履行以后可以实现和得到的利益。可得利益损失是纯利润损失，并不包括交易成本，即为取得该利益所支付的费用。根据交易的性质、合同的目的等因素，可得利益损失主要分为：生产利润损失、经营利润损失和转售利润损失等类型。生产设备和原材料等买卖合同违约中，因出卖人违约而造成买受人的可得利益损失通常属于生产利润损失。承包经营、租赁经营合同以及提供服务或劳务的合同中，因一方违约造成的可得利益损失通常属于经营利润损失。先后系列买卖合同中，因原合同出卖方违约而造成其后的转售合同出售方的可得利益损失通常属于转售利润损失。

在司法实践中，确定可得利益损失数额主要包括五种方法分别为：差额法、约定法、类比法、估算法和综合衡量法。[①]本条司法解释主要系对于差额法在诉讼中的运用。

债权人依法解除合同，并在合理期限内以合理的方式进行了替代交易的，有权请求赔偿合同价款与替代交易价款之间的差额以及其他损失。例如，为修理轮船签订船坞的租赁合同，租赁价格为30万元，但是，出租人不能提供船坞，轮船所有权人紧急和他人协商，经过较长时间的谈判后，签订了另一个船坞的租赁合同，但合同价格为50万元，此时，轮船所有权人有权请求出

---

① 差额法又称对比法，即依照通常方法比照受害人相同条件下所获取的利益来确定应赔偿的可得利益损失；约定法是指当事人直接在合同中约定损失赔偿额的计算方法；类比法是指比照守约方相同或类似的其他单位在类似条件下所能获取的利益来确定可得利益的赔偿数额；估算法是指人民法院难以确定损失数额时，根据案件的实际情况，酌定一个赔偿数额的方法；综合衡量法是即根据获利情况、当事人的过错情况及合同履行时的经济形势等因素综合判断。综合衡量法的运用需要结合上述几种方法，以差额原则为基础，在考虑守约方因违约方违约遭受的实际损失或可能遭受的实际损失为基础进行裁量。

租人赔偿两个合同的价差20万元，并有权要求出租人赔偿其他各项支出的费用，以及因为该轮船在更长时间内无法使用的损失。此外，可以考虑市场价格。市场价格是指在合同应当履行的地点，对应当交付的货物或应当提供的服务在可比情况下通常所收取的价格，或者如果该地无时价，可合理参照另一地的时价。债权人依法解除合同，且没有进行替代交易，但存在履行市价的，债权人有权请求赔偿合同价款与解除后合理期间内的市场价款之间差额以及其他损失。当然，对于计算的时点究竟是订立合同时、违约时、裁判时，还是一审口头辩论终结时，由司法和实践进一步发展。

二、替代交易损害赔偿公式

替代交易损害赔偿=替代交易价格–合同价格。替代交易损害赔偿公式具有其特殊的优势：它能够实现或更接近实现“无差别原则”，间接避免损失的社会成本，转化市场风险的负担，有效率地鼓励恪守合同。替代交易损害赔偿公式的正当性就在于其遵守了商事交易的习惯，体现了交易实践背后的效率考量。替代交易规则在实践中一直存在，若将其进一步纳入法律规则，替代交易规则就能获得法律背书从而使当事人形成更好的预期，同时减少法官适用替代交易规则的阻力。

【审判实务】

可得利益损失数额的确认，还应考虑可预见性规则、减损规则、损益相抵规则、过失相抵规则等综合因素。在审理案件中，当事人关于赔偿可得利益损失的主张并不必然获得支持，还要受到可预见性规则、减轻损失规则、过失相抵规则以及损益相抵规则等的限制。

一、可预见性规则

可预见性规则，是指违约方对守约方可得利益损失的损害赔偿额不得超过违约方订立合同时预见到或者应当预见到的因违约可能造成的损失。可得利益赔偿仍然需要限制在违约人订立合同时能够合理预见到违约损失赔偿的范围之内。对于违约人在合同订立时所不能预见的损失，则不应予以赔偿。判断违约方能否预见的标准，应采用主、客观相结合的标准，即以同类型的社会一般人的预见能力为标准。当然，就众多的商事交易类型而言，则应以普通商事主体的预见能力为判断标准。

二、过失相抵规则

过失相抵规则，又称混合过错规则，是指受害人对损失的发生或扩大有过失时，可以减轻或免除对方赔偿责任的规则。对于守约人也有过错的，计算可得利益损失赔偿额时则应相应减轻违约方的责任。例如，在最高人民法院（2017）最高法民终722号“铝业公司重庆分公司、铝业公司招标投标买卖合同纠纷二审案”中，在认可赔偿经营利益损失的同时，还考虑到非违约方具有过错，判决减除20%的责任。需要注意的是，在目前审判实践中，法院往往基于利益衡量因素来确定守约方的过失，而不问守约方的过错对于合同无法履行的影响程度或者原因力，这难谓妥当。在实务审判中，应根据当事人各方的过错是否为合同解除的原因以及对于合同解除决定性程度大小，来确定是否适用过失相抵规则。例如，在最高人民法院判例中，法院鉴于违约方违反合同约定擅自将共同购买的国有土地使用权登记在子公司名下，并排除守约方共同开发权益的事实，认定违约方构成根本违约。而对于守约方为保障其利益而保全开发项目，客观上延缓了违约方子公司对项目的开发，进而加剧双方合作关系恶化的事实，则没有认定为守约方也有过失，系考虑到当事人之间对于合同解除的原因力因素而作出的裁量。

三、减损规则

减损规则，又称减轻损失规则，是指违约方造成损失后，守约方应及时采取合理措施防止损失的扩大，但其没有采取必要措施致使损失扩大的，不能就扩大的损失部分要求违约方给予赔偿。《民法典》第591条针对违约责任规定了减损规则，即“当事人一方违约后，对方应当采取适当措施防止损失的扩大；没有采取适当措施致使损失扩大的，不得就扩大的损失请求赔偿。当事人因防止损失扩大而支出的合理费用，由违约方负担”。

四、损益相抵规则

损益相抵规则，又称损益同销规则，是指守约方基于损失发生的同一原因获得利益时，在其应得的损害赔偿额中，应扣除其所获得的利益部分。实践中，由于一方违约而导致守约人不再需要为合同履行投入精力、支出，也可能导致守约方额外获得利益，此时则应基于损益相抵的规则对损失赔偿额予以扣除。适用损益相抵规则的条件为：一是损害赔偿之债已经成立；二是违约方的违约行为既造成了损失，也产生了守约方的收益；三是违约行为与损害和收益具有因果关系。根据《最高人民法院关于审理买卖合同纠纷案件适用法律问题的解释》第23条的规定，买卖合同当事人一方因对方违约而获有利益，违约方主张从损失赔偿额中扣除该部分利益的，人民法院应予支持。如上所述，在解除合同损失赔偿适用中，也应参照该规则进行处理。

综上，对于守约方的损失赔偿额总体上可以确定以下的计算模型：损失赔偿额=违约方合理预见到的守约方可以获得的利益-守约方具有过错应扣减的数额-守约方应采取措施避免损失扩大而未避免的数额-守约方因违约而获利的数额。

以房屋买卖合同为例，房屋买卖合同履行期间，房屋市场价格上涨，出卖人拒不履行交付房屋的合同义务，以致买受人的合同目的无法实现，由此造成的房屋市场价格与合同约定价格之间的差价属于买受人的可得利益损失范畴。但是，个案中在确定具体损失数额时，还应考虑可预见性规则、减损规则、损益相抵规则、过失相抵规则，斟酌合同约定、违约原因、时间长短等综合因素，不能简单地以价格之差确定买受人的购房损失数额。

【关联指引】

《最高人民法院关于当前形势下审理民商事合同纠纷案件若干问题的指导意见》（2009年7月7日）

10.人民法院在计算和认定可得利益损失时，应当综合运用可预见规则、减损规则、损益相抵规则以及过失相抵规则等，从非违约方主张的可得利益赔偿总额中扣除违约方不可预见的损失、非违约方不当扩大的损失、非违约方因违约获得的利益、非违约方亦有过失所造成的损失以及必要的交易成本。存在合同法第一百一十三条第二款规定的欺诈经营、合同法第一百一十四条第一款规定的当事人约定损害赔偿的计算方法以及因违约导致人身伤亡、精神损害等情形的，不宜适用可得利益损失赔偿规则。

第六十一条 【持续定期性合同中可得利益的赔偿】

《最高人民法院关于适用〈中华人民共和国民法典〉合同编通则若干问题的解释》	《中华人民共和国民法典》
第六十一条 【持续定期性合同中可得利益的赔偿】在以持续履行的债务为内容的定期合同中，一方不履行支付价款、租金等金钱债务，对方请求解除合同，人民法院经审理认为合同应当依法解除的，可以根据当事人的主张，参考合同主体、交易类型、市场价格变化、剩余履行期限等因素确定非违约方寻找替代交易的合理期限，并按照该期限对应的价款、租金等扣除非违约方应当支付的相应履约成本确定合同履行后可以获得的利益。 非违约方主张按照合同解除后剩余履行期限相应的价款、租金等扣除履约成本确定合同履行后可以获得的利益的，人民法院不予支持。但是，剩余履行期限少于寻找替代交易的合理期限的除外。	**第五百八十四条** 当事人一方不履行合同义务或者履行合同义务不符合约定，造成对方损失的，损失赔偿额应当相当于因违约所造成的损失，包括合同履行后可以获得的利益；但是，不得超过违约一方订立合同时预见到或者应当预见到的因违约可能造成的损失。

【条文释义】

本条司法解释系关于持续定期性合同中可得利益的赔偿的规定。替代交易是商品社会中使用最为广泛的减损方式，形成了较为稳定的规则。在以持续履行为内容的定期合同中，若一方不履行支付价款、租金等金钱债务，非违约方不得已提出解除合同，并采取替代交易的方式继续寻求市场交易，如何合理确定替代交易的合理期限，本条司法解释予以了明确，即依据合同主体、交易类型、市场价格变化、剩余履行期限等因素予以确定。关于可得利益的确定，首先要根据替代交易的合理期限对应的价款、租金。例如，在房屋租赁合同纠纷中，若承租方不支付租金，出租人提出解除合同。法院经审查认定出租人享有解除权。此时出租人继续寻找新的承租人的过程被称为“空窗期”。“空窗期”的合理期限即寻找替代交易的合理期限应根据合同主体、交易类型、市场价格变化、剩余履行期限等因素予以确定。若该期限为两个月，租金为每月5000元，此时可得利益为10000元。若非违约方存在应当支付的履行成本，则应予以扣除，最终得出可得利益的具体数额。需要注意的是，本条解释规定违约方系不履行金钱债务的一方，司法实践中多为房屋、设备的承租人，非违约方多为出租人。因此，确定寻找替代交易的合理期限一般为出租人继续寻找新的承租人的过程。

根据本条解释的内容可以看出，可得利益的计算公式应为：可得利益=确定合理期间对应的租金价款或者报酬等-非违约方应当支付的相应履约成本。《民法典》第566条规定了合同解除后，尚未履行的，终止履行；已经履行的，根据履行情况和合同性质，当事人可以请求恢复原状或者采取其他补救措施，并有权请求赔偿损失。因此，对于合同解除后尚未履行的，终止履行。在此情况下，非违约方主张按照合同解除后剩余的履行期限对应的价款、租金等扣除履行成本确定可得利益的，人民法院不应支持。

例如，出租方与承租人签订了为期一年的租赁合同，仅三个月后承租人便无力支付租金，合同解除后，若出租方主张承租人应支付剩余履行期限相应的租金，即九个月对应的租金，该主张除缺乏法律依据外，对于承租人来说亦明显不公，因此对承租人的主张不应支持。若合同解除后的剩余期限仅剩15天，寻找替代交易的合理期限为30天，此时则可依据非违约方主张确定可得利益。

【条文引申】

根据《最高人民法院关于当前形势下审理民商事合同纠纷案件若干问题的指导意见》第10条的规定，可得利益损失赔偿额=可得利益损失总额-违约方不可预见的损失-非违约方不当扩大的损失-非违约方因违约获得的利益-

非违约方过失造成的损失-必要的交易成本。在这个公式里，最关键的是确定“可得利益损失总额”，对此我国无论是理论还是实践中均未形成可操作的计算方法。在司法实践中，可得利益得不到支持的另一个重要原因也是其计算上的缺陷。比如，在前述案例中，裁判理由中的“不确定”更多的是指可得利益损失的数额无法确定计算。在一则案例中，法院认为，“上诉人主张的15万元可得利益赔偿数额，其计算依据必须是基于今后被上诉人员工用餐份额不变，工作天数不变，经营成本不变等前提条件，而上述因素本身都具有不确定性，故上诉人主张的可得利益赔偿数额不具有客观合理性”。

在损失计算方面，传统私法中区分为具体计算和抽象计算。“具体计算”是以非违约方，即债权人的个人法律关系为计算基础的计算方法，债权人需要就各个具体计算基础进行陈述并证明。“抽象计算”是指受损害人的损失赔偿请求权与损失是否实际发生无关的计算方法，且不允许损害行为人证明实际并无损失发生或损失较小，或者证明难度很大。但是，抽象计算的目的并不是在实际没有产生财产性损失的情况下也对非违约方进行“损失赔偿”，因此采用抽象计算方法时，非违约方也要证明，不发生违约时可得利益极有可能发生。抽象计算方法仅适用于商人，对个人和国库则不得适用，因为抽象计算的基础是两个假定：假定债权人能够以市场价进行填补交易；假定非违约方从原合同中可以获得一般性盈利。这两种假定通常在商事领域才能成立。一般情况下，原告不能或者不愿意证明更高的具体损失时，才会选择适用抽象计算方法，从而得出抽象的损失。比如，未按时收到货物的买方可以用比市场价格更低的价格从他处购买到相同商品时，用具体计算方法得出的具体损失就低于抽象计算的损失，此时买方通常会选择用抽象的方法计算可得利益损失。但是就一个整体损失而言，原则上不能部分选择具体计算或部分选择抽象计算。抽象计算的另一个条件是，买卖物是市场上的流通物，亦购买到一定数量的买卖物，否则无法确定市场价格。具言之，要有可以确定的市场价格，这就要求在特定时间、特定地点上能够买到一定数量的买卖物，否则无法确定市场价格。

在较为常见的房屋租赁合同纠纷中，在合同主体方面应考虑的是出租方转租还是承租方另行寻租。在交易类型方面，应考虑租赁用途，即以居住、生产经营、仓储为目的的租赁。若以经营为目的的租赁，一般来说，承租人的“空窗期”相对更长，因为承租人除考虑正常的进行替代交易的时间，还需要考虑重新开张经营往往要有一段时间用于搬离物资、重新装修、宣传推广以及恢复客流等。例如，某酒店、汽车销售公司请求赔偿利润损失时，法院酌定了一年的利润损失[①]。对于以生产为目的的租赁，若出租方违约，生产厂家作为承租方不仅需要另寻租赁场地，还要拆除设备重新安装、重新装修，这将会导致生产厂家的停产期限较长。从合同的履行情况来看，在主观方面，应考虑违约方履约的主观态度并可将其纳入过错中予以考量。在客观方面，合同履行情况主要包括合同履行的剩余期限、价款支付情况，实际投入的成本，如工程建设中的垫资；相关事业完成度，如建设工程完成的比例、房地产开发完成的进度、生产经营条件准备进度。其中，实际投入大小通常属被浪费的成本，属损害计算范畴。事业完成度涉及两个问题：一是新营业之可得利益赔偿，属于可得利益确定性而非可得利益酌减问题；二是部分法院认为原告无须投入任何成本，直接获取经营利润，不公平也不可预见。但这些无须投入的成本会作为被节省的支出予以扣减，并不存在不公平的问题。从履约背景来看，可考虑市场状况、交易目的等。例如，在经济危机等特定时间，租赁市场受供需和经济状况的影响较大。

【审判实务】

一、可得利益的损失

可得利益损失是指在生产、销售或提供服务的合同中，生产者、销售者或服务提供者因对方的违约行为而受到的预期纯利润的损失，具有一定的确定

---

① 参见最高人民法院民事裁定书（2018）最高法民再243号。参见最高人民法院民事判决书（2018）最高法民终107号、山东省高级人民法院民事裁定书（2020）鲁民申875号。本书所载案例，除另行说明外，均来自中国裁判文书网，最后访问时间：2023年12月21日。

性，即只要合同如期履行，该利益就可能被当事人获得。在确定是否可以获得某种可得利益时，应当考虑一般的交易惯例、经验、市场情况等各种因素。

二、可得利益损失赔偿的举证责任

违约方一般应当承担非违约方没有采取合理减损措施而导致损失扩大、非违约方因违约而获得利益以及非违约方亦有过失的举证责任；非违约方应当承担其遭受的可得利益损失总额、必要的交易成本的举证责任。对于可以预见的损失，既可以由非违约方举证，也可以由人民法院根据具体情况予以裁量。

根据“谁主张，谁举证”的一般举证责任规则，守约方应当对可得利益损失赔偿请求权产生的法律事实承担举证责任，主要包括：违约方存在违约行为；守约方存在可得利益损失（数额）；所受损失和违约行为之间存在因果关系。对于可得利益数额，守约方应当承担其遭受的可得利益损失总额、必要的交易成本的举证责任。

实践中，违约方要对应予限制或者减少可得利益损失赔偿数额的抗辩承担举证责任，比如减轻损失规则、损益相抵规则、过失相抵规则、可预见性规则的适用等。换言之，违约方应当承担非违约方没有采取合理减损措施而导致损失扩大、非违约方因违约而获得利益以及非违约方亦有过失的举证责任。

【关联指引】

《最高人民法院关于当前形势下审理民商事合同纠纷案件若干问题的指导意见》（2009年7月7日）

11.人民法院认定可得利益损失时应当合理分配举证责任。违约方一般应当承担非违约方没有采取合理减损措施而导致损失扩大、非违约方因违约而获得利益以及非违约方亦有过失的举证责任；非违约方应当承担其遭受的可得利益损失总额、必要的交易成本的举证责任。对于可预见的损失，既可以由非违约方举证，也可以由人民法院根据具体情况予以裁量。

第六十二条 【无法确定可得利益时的赔偿】

《最高人民法院关于适用〈中华人民共和国民法典〉合同编通则若干问题的解释》	《中华人民共和国民法典》
第六十二条 【无法确定可得利益时的赔偿】非违约方在合同履行后可以获得的利益难以根据本解释第六十条、第六十一条的规定予以确定的，人民法院可以综合考虑违约方因违约获得的利益、违约方的过错程度、其他违约情节等因素，遵循公平原则和诚信原则确定。	**第五百八十四条** 当事人一方不履行合同义务或者履行合同义务不符合约定，造成对方损失的，损失赔偿额应当相当于因违约所造成的损失，包括合同履行后可以获得的利益；但是，不得超过违约一方订立合同时预见到或者应当预见到的因违约可能造成的损失。

【条文释义】

本条司法解释是关于无法确定可得利益时如何赔偿的规定。

在认定非违约方在合同履行后的可得利益时，首先应根据本解释第60条、第61条之规定情形确定可得利益，若非违约方依法行使合同解除权，但未实施替代交易，在无法查明违约行为发生时合同履行地的市场价格以及认定市场寻找替代交易的合理期限等且在本解释第60条、第61条之规定情形仍不能确定可得利益时，才赋予法官自由裁量权，为防止自由裁量权的范围过大导致权利滥用，本条解释规定了人民法院可综合考虑违约方因违约获得的利益、违约方的过错程度、其他违约情节等因素，遵循公平原则及诚信原则，对可得利益予以确定。

例如，甲与乙签订买卖合同约定将甲所有的房屋以200万元的价格出售给乙，后甲与丙签订了买卖合同约定将甲所有的房屋以300万元的价格出售给丙，并将该房屋办理了过户手续。现乙起诉甲要求解除合同并赔偿损失，若依据本解释第60条、第61条仍无法确定乙在买卖合同履行后所获得的收益，人民法院则可基于甲违背诚信原则这一事实以及甲因违约获得的利益为100万元等因素综合对可得利益予以认定。

【条文引申】

司法实践中，证明可得利益的范围是一大难题。从最高人民法院的判例来看，支持赔偿可得利益损失的判例与不支持的判例数量不相上下。相互对立的观点也主要集中在对可得利益证明上。例如，支持赔偿可得利益损失的判例认为，可得利益系合同法保护的利益，承租人的可得利益损失，主要考虑承租人的经营利润，其受承租人生产成本、经营能力、市场变化的影响。在当事人无法证明自己的实际利润，也无法提供相关财务资料进行鉴定的情况下，法院基于双方当事人利益的均等性，可以租金作为可得利益损失的参考计算标准。拒绝支持可得利益的判例认为，房地产项目尚未竣工，也未销售完毕的，存在着未来市场销售价格和销售情况不能确定等客观因素，将来既可能产生利润，也可能会造成亏损，故要求以可能产生的利润作为认定损失的依据并据此确定违约责任，没有法律依据。由此可以看出，可得利益的认定已成为法官广泛行使自由裁量权的领域。本条司法解释规定了在依据本解释第60条、第61条之规定仍不能确定可得利益时，不能随意行使自由裁量权，而是要综合考虑违约方因违约获得的利益、违约方的过错程度、其他违约情节等因素，遵循公平原则及诚信原则，这为可得利益的认定提供了依据。

【审判实务】

1.对于可得利益损失的认定，法官原则上不能首先预设合同履行的不利后果，如有必要证明损害，受害人可以证明概率为已足。法院不能以未来风险不确定为由判决驳回受害人的全部诉讼请求，除非有充分证据证明合同不能产生预期利益的高度可能性。至于可得利益的范围，则既要考虑合同履行的利润，还要适用损益相抵规则扣除因此减少的时间成本、机会成本以及合同取得可得利益的几率等因素进行综合判断。

2.无效合同自始无效，当事人通过履行无效合同可能获得的利益，不受法律保护，当事人不能通过无效合同主张可得利益损失。

3.在合同约定的解除条件早已成就，但守约方长时间未行使合同解除权，对违约方造成的损失也存在过错的，其主张可得利益损失可不予支持。

4.可得利益损失具有一定的确定性，在确定是否可以获得可得利益时，应当考虑一般的交易惯例、经验、市场情况等各种因素，双方在签订合同时，若对于合同能否履行持不确定的态度，则一方主张合同履行的可得利益无事实和法律依据。

第六十三条 【违约损害赔偿数额的确定】

《最高人民法院关于适用〈中华人民共和国民法典〉合同编通则若干问题的解释》	《中华人民共和国民法典》
第六十三条 【违约损害赔偿数额的确定】在认定民法典第五百八十四条规定的“违约一方订立合同时预见到或者应当预见到的因违约可能造成的损失”时，人民法院应当根据当事人订立合同的目的，综合考虑合同主体、合同内容、交易类型、交易习惯、磋商过程等因素，按照与违约方处于相同或者类似情况的民事主体在订立合同时预见到或者应当预见到的损失予以确定。 除合同履行后可以获得的利益外，非违约方主张还有其向第三人承担违约责任应当支出的额外费用等其他因违约所造成的损失，并请求违约方赔偿，经审理认为该损失系违约一方订立合同时预见到或者应当预见到的，人民法院应予支持。 在确定违约损失赔偿额时，违约方主张扣除非违约方未采取适当措施导致的扩大损失、非违约方也有过错造成的相应损失、非违约方因违约获得的额外利益或者减少的必要支出的，人民法院依法予以支持。	**第五百八十四条** 当事人一方不履行合同义务或者履行合同义务不符合约定，造成对方损失的，损失赔偿额应当相当于因违约所造成的损失，包括合同履行后可以获得的利益；但是，不得超过违约一方订立合同时预见到或者应当预见到的因违约可能造成的损失。 **第五百九十三条** 当事人一方因第三人的原因造成违约的，应当依法向对方承担违约责任。当事人一方和第三人之间的纠纷，依照法律规定或者按照约定处理。

【条文释义】

本条司法解释是对如何确定违约损害赔偿数额的规定。

本条第一款系对可预见规则适用的规定。可预见性规则可以促进合同双方当事人在订立合同时相互交流与合同相关信息的积极性。可得利益损失引入“可预见性规则”促进了风险分配，特别是在无过错的违约责任认定中，可以借助可预见性将违约产生的损失在合同当事人之间予以分配，对于可预见的风险，由违约方承担，而对于不可预见的风险，则由非违约方承担。

对可预见性标准一般从以下四个方面把握：(1)可预见的主体。根据《民法典》第584条的规定，预见的主体就是违约方。之所以将预见的主体确定为违约方，是因为可预见性规则限制的是违约方的赔偿责任，而违约方应承担的责任构成其交易条件的一部分，违约方在磋商确定交易条件时，其承受的不利益必然受到其合理预见范围的限制。(2)预见的时间。根据《民法典》第584条的规定，预见的时间为“订立合同时”，而不是违约时。因为订立合同时，当事人正在磋商确定交易条件，这直接受当事人所掌握的信息影响，而违约方掌握的信息是确定其预见范围的基础。订立合同后违约方获取的信息会扩展其预见的范围，但新获取的信息与交易条件的确定无关，让违约方的责任随订立合同后获取的信息量的增加而扩张，会破坏当事人的利益平衡。例如，旅客称飞机航班延误使其错过投标业务，要求赔偿因未能投标造成的经济损失。对于旅客投标是否耽搁，是航空公司在售票时无法预见的，故此损失不属于可预见的情形。(3)预见的内容。通说认为，只需要预见到或应当预见到损害的类型、不需要预见到或应当预见到损害的程度，即不需要预见到或应当预见到损害的具体数额。(4)预见的判断标准。违约方是否预见到或者是否应当预见到，须由受害方承担举证责任。裁判者通常应当依据相对客观的标准进行判断，仅在特定情形下需要依据主观标准进行判断。依据相对客观的标准进行判断，就是指以社会一般人的预见能力为标准进行判断，也就是说以抽象的“理性人”“常人”“善良家父”之类的标准进行判断。特定情形下需要依据主观标准进行判断，在具体个案中也需要基于当事人的身份、职业及相互之间的了解情况等，考虑违约方的特殊预见能力。如果违约方的预见能力高于一般人的预见能力，就应当按照其实际的预见能力来确定损害赔偿的范围。不过对于违约方的特殊预见能力仍应由受害方承担举证责任。如果受害方不能举证证明违约方具备高于一般人的预见能力时，则应以社会一般人的预见能力为准。

本条解释第2款规定了除可得利益外，非违约方主张因对方违约导致其须向第三人承担违约责任，若该损失应由违约一方承担，但限定在违约一方订立合同时预见或者应当预见到。《民法典》第593条规定了当事人一方因第三人的原因造成违约的，应当依法向对方承担违约责任。当事人一方和第三人之间的纠纷，依照法律规定或者按照约定处理。本条解释第二款实际上系对《民法典》第593条中“当事人一方和第三人之间的纠纷，依照法律规定或者按照约定处理”作出进一步认定解释。例如，甲与乙签订了买卖合同，约定甲向乙提供10台机器，同时甲与丙签订合同约定了丙向甲提供1吨的钢材。因丙未按时提供钢材导致甲未能如约向乙提供10台机器，此时按照约定，甲应向乙承担违约责任并赔偿损失。基于合同相对性原则，甲无法以丙未提供钢材为由主张减轻或不承担违约责任。在甲与丙的合同纠纷中，若该损失系丙在订立合同时预见到或应当预见到的，则甲可就赔偿乙的损失向丙主张。

本条解释第3款进一步规定了人民法院要综合运用损益相抵规则、有过失规则、防止损失扩大规则等确定违约方最终应承担的违约损失赔偿数额。

【条文引申】

违法损害赔偿法引入“可预见性规则”是对完全赔偿责任的限制。完全赔偿原则长久以来收到了不少批评的声音，发生损害时，损害人的完全赔偿责任在现代社会中不再具备合理性，因为完全赔偿责任所保护的损失范围过于宽泛，对损害人的惩罚过重，没有考虑到他们的实际赔偿能力，使其处于一种毫无保护的境地。

“可预见性”是事后推测，即法官要在损害发生后将视角调回到订立合同时来判断可得利益是否已经预见或者应当预见。本条解释规定了人民法院应综合考虑合同主体、合同内容、交易类型、交易习惯、磋商过程等因素，按照与违约方处于相同情况的人在订立合同时所能预见到的损失类型予以确定。即在确定可得利益时，一方面，要对案件进行综合考量；另一方面，要以理想的、典型的债务人为判断标准，即要以平常债务人的视角判断可得利益是否具有“可预见性”。

【审判实务】

一、“可预见性”与因果关系的区分

因果关系和“可预见性”长久以来就容易被混淆，两者的区别仍存在着不确定性。也有观点提出，“可预见性”扮演着事实因果关系的角色。[①]实际上，因果关系和“可预见性”大有不同。一是“可预见性”与因果关系涉及的时间不同，对前者而言，关键的时间是订立合同时；对后者而言，关键的时间点是违约时，因为对利益的侵害和损失的形成皆因违约行为。二是无论是违约责任还是侵权责任，都要首先满足因果关系要件，而“可预见性”规则只是违约责任中的特别要件要求，侵权责任中的可得利益的损失赔偿不涉及“可预见性”。此外，因果关系是优先性评测标准，“可预见性”是附加评测标准，“可预见性”规则不能替代因果关系单独界定可得利益损失，换言之，在确定因果关系存在后，附加“可预见性”作为判断可得利益损失是否应该予以赔偿的标准，其作用体现在两个方面：一是在过错责任的立法例中可以把一般过失违约引起的可得利益损失赔偿与欺诈和重大过失违约引起的可得利益的赔偿区别对待；二是可以限制或缩减应当赔偿的可得利益损失的范围，减轻违约人的负担。

二、对“可预见性”本身的证明

关于“可预见性”的证明问题，存在不同意见。首先，哪一方当事人应

① 参见叶金强：《可预见性之判断标准的具体化——〈合同法〉第113条第1款但书之解释路径》，载《法律科学》2013年第3期。

当对“可预见性”承担证明责任，在理论中存在分歧。[①]我国司法裁判中的观点同样有分歧：有的裁判要求受害方负举证责任或根据合同目的和内容推定违约人应当预见；有的裁判则根据被告的行业身份推定被告应当预见，要求被告即违约人证明可得利益的不合理性。本书认为：“可预见性”的功能是构成责任成立的要件，因此应当由债权人，即受损害方承担证明义务。

在证明标准方面同样存在争议。证明责任方只要证明违约方“可能”具有“可预见性”即可，对“可预见性”的证明不应当要求更严格，如不应要求“极大可能”一个理性人在一般情况下预计，不严重脱离事物的发展时可能产生的损失。引入“可预见性”规则的目的本来就是对受损失方的违约损失赔偿请求权进行限制，违约人是否已经预见或者应当预见可得利益涉及违约人或者理想的典型债务人在缔约当时的认识，本身举证就很困难，如果再提高证明标准，就会使受损失方处于更为不利的地位。因此，不应该再通过提高举证难度进一步限制受损失方主张可得利益损失赔偿的可能性。

① 参见吴行政：《合同法上可得利益赔偿规则的后思与重构》，载《法商研究》2012年第2期。

第六十四条 【请求调整违约金的方式和举证责任】

《最高人民法院关于适用〈中华人民共和国民法典〉合同编通则若干问题的解释》	《中华人民共和国民法典》
第六十四条 【请求调整违约金的方式和举证责任】当事人一方通过反诉或者抗辩的方式，请求调整违约金的，人民法院依法予以支持。 违约方主张约定的违约金过分高于违约造成的损失，请求予以适当减少的，应当承担举证责任。非违约方主张约定的违约金合理的，也应当提供相应的证据。 当事人仅以合同约定不得对违约金进行调整为由主张不予调整违约金的，人民法院不予支持。	**第五百八十五条** 当事人可以约定一方违约时应当根据违约情况向对方支付一定数额的违约金，也可以约定因违约产生的损失赔偿额的计算方法。 约定的违约金低于造成的损失的，人民法院或者仲裁机构可以根据当事人的请求予以增加；约定的违约金过分高于造成的损失的，人民法院或者仲裁机构可以根据当事人的请求予以适当减少。 当事人就迟延履行约定违约金的，违约方支付违约金后，还应当履行债务。

【条文释义】

本条司法解释系关于请求调整违约金的方式和举证责任的说明。《民法典》第585条第2款规定了“约定的违约金低于造成的损失的，人民法院或者仲裁机构可以根据当事人的请求予以增加；约定的违约金过分高于造成的损失的，人民法院或者仲裁机构可以根据当事人的请求予以适当减少”。当事人请求对于约定过高的违约金或约定过低的违约金进行调整时，其提出的请求方式既可以是提起反诉，又可以是针对另一方当事人的请求进行抗辩。实践中，为避免诉累，人民法院通常会就当事人是否需要主张违约金过高或过低的问题进行释明。

根据自愿原则，当事人有权约定违约金。对于在合同中明确约定了不得对违约金进行调整，也应当遵循双方当事人的意思自治，减少对当事人达成协议的干预。但应注意到的是，违约金酌增及酌减规则是应对违约金数额过低或过高而产生的特殊规则，赋予了法官自由裁量权，这是契约自由的一个例外，其目的在于恢复契约实质自由。如果任由当事人约定过高的违约金且明确约定不能调整，在某些情况下，相当于鼓励一方当事人获得不公平的暴利，也可能促使一方为取得高额违约金而故意引诱对方违约。如果任由当事人约定过低的违约金且明确约定不能调整，由于违约方的违约成本过低，可能会导致违约方肆意违约，反而给守约方造成更多的损失，这就导致了交易的不公平。因此，本条司法解释规定了若不调整违约金导致显失公平，人民法院可以对过高或过低的违约金进行调整。

按照“谁主张，谁举证”原则，违约方主张约定的违约金过分高于违约造成的损失请求予以适当减少的，应就约定的违约金高于造成的损失予以举证。非违约方主张约定的违约金合理的，也应提供相应的证据。人民法院可根据双方的举证情况对各自的主张进行综合判决，该过程其实也是法官自由心证的过程。

司法实践中，人民法院可以对不合理的违约金数额进行调整，以维护民法的公平和诚实信用原则。若双方约定不得对违约金进行调整，任由当事人约定过高或过低的违约金且以意思自治为由予以支持，在有些情况下，无异于鼓励当事人通过不正当的方式取得暴利。因此，本条司法解释规定了即使双方约定了不得对违约金进行调整，也不能按照该约定对违约金进行认定。该规定一方面不仅使得违约方从高额且不合理的违约金责任的束缚中解脱出来，防止赌博性约定隐藏的道德风险，另一方面还可避免出现对一方利益过度保护而对另一方惩罚过于严厉的裁判结果。

【条文引申】

一、违约金分类

违约金是当事人在合同中约定的或者由法律直接规定的一方违反合同时应向对方支付一定数额的金钱，这是违反合同可以采用的承担民事责任的方式，只适用于当事人有违约金约定或者法律规定违反合同应支付违约金的情形。违约金的标的物通常是金钱，但是当事人也可以约定违约金标的物为金钱以外的其他财产。违约金可以分为法定违约金和约定违约金。法定违约金是由法律直接规定违约的情形和应当支付的违约金数额，只要当事人一方发生法律规定的违约情况，就应当按照法律规定的数额向对方支付违约金。例如，中国人民银行关于逾期罚息的规定，可以认为是法定违约金。法定违约金作为立法者衡诸相关交易形态和各类情势所预设的违约救济方案，其合理性问题或者债务人负担过重问题应视为在立法时已有所考量，故不能适用《民法典》第585条第2款规定的司法酌减。如果违约金是由当事人约定的，为约定违约金。约定违约金虽主要适用于合同之债，但法定之债也可以约定违约金。

二、违约金与约定损失赔偿

通说认为，约定的违约金与约定的损失赔偿额的计算方法系不同责任方式。约定损失赔偿一般表现为两种形式：一是约定具体赔偿数额，即赔偿金；二是约定损失赔偿的具体方式或方法。在合同订立时，当事人约定因违约产生的损失赔偿的计算方式，本质上是一个独立的附停止条件的合同条款，其效力高于法定损失赔偿。约定损失赔偿金在性质、功能上与违约金类似。司法实践中，如果违约金数额不足以弥补实际损失，通过调整违约金数额的方式不一定妥当。一方面，违约金的调整应当由守约方提出请求，法院不能直接调整；另一方面，调整违约金给法官过大的自由裁量权，而如果违约金与损害赔偿并用，则应以守约方证明自身损害为基础，这需要进行损害的计算，其结果也将更为精确。因此，相比之下，允许违约金与损害赔偿的并用是更为妥当的选择。当然，如果当事人在合同中已明确约定，违约金与损害赔偿不得一并主张，则应当尊重当事人的约定，排除两者的并用。

【审判实务】

一、违约金过高的举证责任分配

在违约方请求减少过高的违约金时，应当按照“谁主张，谁举证”原则，由违约方承担证明违约金过高的举证责任。但是，鉴于衡量违约金是否过高的最重要标准是违约造成的损失，非违约方因更了解违约造成损失的事实和相关证据而具有较强的举证能力，因此违约方的举证责任也不能绝对化，非违约方主张约定的违约金合理的也要提供相应的证据。

二、当事人提出违约金或赔偿损失的主张，如何认定属于抗辩或反诉

出卖人履行交付义务后诉请买受人支付价款，买受人认为出卖人违约在先的，可以对方违约为由拒绝履行自己的义务，也可以要求对方承担违约责任。此时，应根据买受人主张的具体内容及相应目的判断买受人的行为是抗辩还是反诉。如果买受人的主张只是表示其不怠于支付价款，也不愿意支付违约金或者赔偿损失，其目的在于否定出卖人的支付价款以及违约金请求权，则其主张仅是对请求权的一种防御，故应认为是提出抗辩。如果买受人在诉讼中主张，出卖人违约在先，应承担违约责任、支付违约金或赔偿损失的，则可以看出其目的不仅仅是对出卖人支付价款以及违约责任请求权的一种防御，也是在出卖人请求权范围之外主张积极的权利，实际上是提出了新的诉讼请求。由于买受人提出的出卖人支付违约金或赔偿损失的请求与出卖人在本诉中主张的买受人支付价款的请求是基于同一合同，具有牵连性，故可以合并审理。因此，买受人提出支付违约金、赔偿损失的诉讼请求的，应要求其提出反诉并交纳相应的诉讼费用。

第六十五条 【违约金的司法酌减】

《最高人民法院关于适用〈中华人民共和国民法典〉合同编通则若干问题的解释》	《中华人民共和国民法典》
第六十五条 【违约金的司法酌减】 当事人主张约定的违约金过分高于违约造成的损失，请求予以适当减少的，人民法院应当以民法典第五百八十四条规定的损失为基础，兼顾合同主体、交易类型、合同的履行情况、当事人的过错程度、履约背景等因素，遵循公平原则和诚信原则进行衡量，并作出裁判。 约定的违约金超过造成损失的百分之三十的，人民法院一般可以认定为过分高于造成的损失。 恶意违约的当事人一方请求减少违约金的，人民法院一般不予支持。	**第五百八十五条** 当事人可以约定一方违约时应当根据违约情况向对方支付一定数额的违约金，也可以约定因违约产生的损失赔偿额的计算方法。 约定的违约金低于造成的损失的，人民法院或者仲裁机构可以根据当事人的请求予以增加；约定的违约金过分高于造成的损失的，人民法院或者仲裁机构可以根据当事人的请求予以适当减少。 当事人就迟延履行约定违约金的，违约方支付违约金后，还应当履行债务。

【条文释义】

本条解释系关于违约金的司法酌减的规定。人民法院在对违约金酌减时，应考虑：

一、合同主体

在调整违约金额时，应考虑当事人是否为商事主体，该交易是否为商事交易。如果债务人是商事主体，其对违约风险的预见和控制能力更强，在认定违约金过高或过低时，应更为谨慎。《德国商法典》第348条就规定，商人在其营业中约定的违约金不得依《德国民法典》的规定减少，这可能过于绝对，但至少在此时，违约金酌减应当更为审慎。在经营者和消费者之间以格式合同为载体的交易关系之中，如果违约金债务人是消费者，当事人缔约地位强弱、是否适用格式合同也是可以斟酌的因素。

二、交易类型

即在调整违约金时，应考虑交易是租赁、买卖或借款等。若是买卖合同，则应根据是否为分期付款买卖、样品买卖、试用买卖、拍卖、房屋买卖等情况对违约金是否酌减进行认定。

三、合同的履行情况

接近履行完毕的合同和尚未履行的合同，违约所造成的结果存在较大区别。例如，标的额为1000万元的合同约定的违约金是200万元，如果违约方在履行合同的95%后出现违约，如拖延剩余的5%义务，结果并未造成对方的损失或造成的损失只有5万元，但仍然要支付200万元的违约金，这明显不公平。

四、当事人的过错程度

违约方是恶意违约还是过失违约，直接决定违约金的赔偿性和惩罚性功能的此消彼长。在违约金过高的情形下，惩罚性违约金的目的在于给债务人心理上制造压力，促使其积极履行债务；在债务人不履行的场合下，表现为对过错的惩罚，故债务人的过错应成为惩罚性违约金的要件。例如，双方当事人签订合同后，在履约的时候突然价格上涨，卖方违约将货物卖给别人而不卖给原已签订合同的买方，违约金的调整应当体现出对恶意违约的惩罚，在违约方违约但非违约方也有过失的场合，违约金的调整就不应过多体现惩罚色彩。

五、履约背景

合同签订时可能会因政策变化、突发风险、市场状况等导致合同难以履行或不能履行。因此，对于履约背景要考虑宏观经济形势以及价值导向上促进市场经济发展的问题。例如，企业劳动力不足无法按时履行合同或因政策调整、市场变化，所提供的商品已不符合标准等，此时应充分考虑合同签订时、履行时的背景以及交易目的等，对违约金进行酌定。对此，《最高人民法院关于当前形势下审理民商事合同纠纷案件若干问题的指导意见》第6条规定："在当前企业经营状况普遍较为困难的情况下，对于违约金数额过分高于违约造成损失的，应当根据合同法规定的诚信原则、公平原则，坚持以补偿性为主、以惩罚性为辅的违约金性质，合理调整裁量幅度，切实防止以意思自治为由而完全放任当事人约定过高的违约金。"涉及类似情形的，这一规定具有适用上的指导意义。

此外，还应考虑当事人缔约时对可得利益损失的预见、当事人之间的交涉能力是否平等、是否适用格式合同条款以及是否存在过失相抵规则、减损规则以及损益相抵规则等因素，根据诚信原则和公平原则，结合案件的实际情况，进行综合衡量。

在对违约金进行司法酌减时，应查明实际损失，确定基本标准。在"过分高于造成的损失"的认定方面，本条司法解释规定了要以约定的违约金是否超过确定损失的30%作为违约金是否过高的基本标准。若违约方具有恶意违约的行为，则不应进行司法酌减。

【条文引申】

违约金是否过高的考量基础是违约造成的损失。当约定的违约金低于造成的损失的情况下，违约金体现为赔偿性；当违约金高于造成损失的情况下，违约金兼有赔偿与惩罚的双重功能，违约金与损失相等部分，违约金体现为赔偿性，超过损失的部分，违约金体现为惩罚性。违约金制度系以赔偿非违约方的损失为主要功能，而不是旨在严厉惩罚违约方。合同自由并非绝对，须以合同正义予以规制，以防止违约金条款成为一方压榨另一方和获取暴利的工具。尽管法律并不要求违约金数额与违约损失额完全一致，但也并非意在使两者差异悬殊而导致两者成为相互迥异的两个事物。违约金的数额与违约损失的数额应当大体一致，是商品交换等价原则的要求在法律上的反映，是合同正义的重要内容和合同法追求的理想之一。有鉴于此，人民法院可以对违约金数额进行调整，不仅使得违约方从高额且不合理的违约金责任的束缚中解脱出来，防止赌博性约定隐藏的道德风险，而且还可避免出现对一方利益过度保护而对另一方惩罚过于严厉的裁判结果。因此，衡量违约金是否过高的最重要且最根本的标准是违约造成的损失。

当事人约定的违约金，无论是补偿性还是惩罚性，都应严格遵守。但是，合同自由不是绝对的，需要合同正义来规制。过分的合同自由将会带来不适当的结果，导致违约金条款成为一方压榨另一方和获取暴利的工具。质言之，虽然违约金数额与违约损失额不要求完全一致，但也不能使两者差异悬殊，导致两者成为相互迥异的两个事物。特别是“违约金的数额与违约损失的数额应当大体一致，这是商品交换等价原则的要求在法律上的反映，是合同正义的内容之一，是合同法追求的理想之一”。因此，违约金的数额过高或者过低时允许调整就是适宜的，以实现民法公平原则的要求。对于违约金的数额不能完全放任和留待当事人自由约定。

【审判实务】

在司法实践中，在对违约金司法酌减时，还应考虑以下因素：债务人给付约定违约金达到了可能严重影响债务人的生存的程度；债务人因违约而获利的，也可以予以考虑。在实际损失无法确定时，可以斟酌合同标的总价款、一定倍数的租金或者承包金、通常利率的一定倍数、投资性质合同中的投资总额的一定比例等。借款合同的期内利息法定限额规则，基于禁止法律规避的考虑，也应延伸适用于针对迟延还款所约定的违约金。但是，除借款合同外的双方合同，作为对价的价款或者报酬给付之债，并非借款合同项下的还款义务，不应当以受法律保护利率的上限判断违约金是否过高的标准。人民法院或者仲裁机构应当根据公平原则和诚实信用原则，对上述因素予以综合权衡，避免简单地采用固定比例等“一刀切”的做法，防止机械司法可能造成的实质不公平。应当注意的是，当事人关于定金的约定，适用定金罚则后也可能会出现过分高于造成的损失的情形，此时可以参照适用本条规定，人民法院或者仲裁机构可以根据当事人的请求予以适当减少。

金钱债务违约中，以民间借贷利率的保护上限衡量违约金是否过高的标准，对此，《全国法院民商事审判工作会议纪要》第50条明确规定："……除借款合同外的双务合同，作为对价的价款或者报酬给付之债，并非借款合同项下的还款义务，不能以受法律保护的民间借贷利率上限作为判断违约金是否过高的标准，而应当兼顾合同履行情况、当事人过错程度以及预期利益等因素综合确定。主张违约金过高的违约方应当对违约金是否过高承担举证责任。"

【关联指引】

《最高人民法院关于审理商品房买卖合同纠纷案件适用法律若干问题的解释》（2020年12月29日）

第十二条 当事人以约定的违约金过高为由请求减少的，应当以违约金超过造成的损失30%为标准适当减少；当事人以约定的违约金低于造成的损失为由请求增加的，应当以违约造成的损失确定违约金数额。

《全国法院民商事审判工作会议纪要》（2019年11月8日）

50.【违约金过高标准及举证责任】认定约定违约金是否过高，一般应当以《合同法》第113条规定的损失为基础进行判断，这里的损失包括合同履行后可以获得的利益。除借款合同外的双务合同，作为对价的价款或者报酬给付之债，并非借款合同项下的还款义务，不能以受法律保护的民间借贷利率上限作为判断违约金是否过高的标准，而应当兼顾合同履行情况、当事人过错程度以及预期利益等因素综合确定。主张违约金过高的违约方应当对违约金是否过高承担举证责任。

第六十六条　【违约金调整的释明与改判】

《最高人民法院关于适用〈中华人民共和国民法典〉合同编通则若干问题的解释》	《中华人民共和国民法典》
第六十六条　【违约金调整的释明与改判】当事人一方请求对方支付违约金，对方以合同不成立、无效、被撤销、确定不发生效力、不构成违约或者非违约方不存在损失等为由抗辩，未主张调整过高的违约金的，人民法院应当就若不支持该抗辩，当事人是否请求调整违约金进行释明。第一审人民法院认为抗辩成立且未予释明，第二审人民法院认为应当判决支付违约金的，可以直接释明，并根据当事人的请求，在当事人就是否应当调整违约金充分举证、质证、辩论后，依法判决适当减少违约金。 被告因客观原因在第一审程序中未到庭参加诉讼，但是在第二审程序中到庭参加诉讼并请求减少违约金的，第二审人民法院可以在当事人就是否应当调整违约金充分举证、质证、辩论后，依法判决适当减少违约金。	**第五百八十五条**　当事人可以约定一方违约时应当根据违约情况向对方支付一定数额的违约金，也可以约定因违约产生的损失赔偿额的计算方法。 约定的违约金低于造成的损失的，人民法院或者仲裁机构可以根据当事人的请求予以增加；约定的违约金过分高于造成的损失的，人民法院或者仲裁机构可以根据当事人的请求予以适当减少。 当事人就迟延履行约定违约金的，违约方支付违约金后，还应当履行债务。

【条文释义】

本条是关于违约金调整的释明与改判的规定。

释明权是指在民事诉讼中，当事人的主张或陈述不明确、不充分、不适当，或者提出的证据材料不充分而其却不知情的情形下，人民法院对当事人进行发问、提醒、启发，以引导当事人充分行使诉讼权利的行为。释明权的行使属于人民法院的一种诉讼引导行为，有利于实现实体与程序公正，也有利于提高诉讼效率。[①]

审判实践表明，对于守约方提起的违约之诉，违约方常以合同不成立、合同未生效、合同无效或者不构成违约等为由进行免责抗辩而未提出调整过高的违约金的请求。为了避免给违约方带来法官先入为主、判决前已经认定其构成违约之误解，以及避免不必要的调整过高违约金之上诉和申诉，以减轻当事人诉累和节约司法成本，人民法院应当就法院若不支持免责抗辩，当事人是否需要主张调整违约金进行释明，即人民法院应当行使释明权：假设被告存在违约行为，对违约金的数额有何异议。

关于调整违约金的释明权存在否定说和肯定说两种不同的观点。否定说认为，我国合同法上的违约金是一种具有补偿和惩罚双重性质的民事责任形式。确定违约金是否过高，是否应予酌减，当事人依法可以请求法院予以适当调整。由于违约金过高的调整请求权属于当事人的实体民事权利，因此当事人是否行使该请求权属于其处分自由，法官不应过多干预，此乃民法意思自治原则之根本要求，亦是民事诉讼处分原则的应有之义。肯定说则认为，虽然原则上人民法院未经当事人请求不得调整违约金的数额，但对明显过高的违约金之约定，人民法院应当向当事人进行释明。在当事人仅纠缠于是否构成违约而未主张调整过高的违约金数额之场合，为公平公正地处理纠纷，平衡当事人之间的利益关系，防止判决生效后当事人就违约金问题反复申诉，法院可根据案件的具体情况，就违约金是否过高进行释明：假设违约成立，是否认为违约金过高。

本条司法解释采用了肯定说。在违约金过高的调整问题上，仍然有必要适用法官释明权。具体而言：

1.法官行使释明权可以真正体现我国法律对于违约金“补偿性为主，惩罚性为辅”的立法价值取向，以司法审判方式体现违约金制度对市场公平交

---

① 参见人民法院出版社编：《司法解释理解与适用全集·民事诉讼卷》，人民法院出版社2019年版，第3221~3222页。

易的积极作用。

2. 因其具有一定的专业性，能够深入了解违约金调整制度并得以运用的当事人仅占少数。质言之，在目前司法实践中，当事人没有提出违约金调整申请的深层原因很多并非其认为违约金金额并无不妥，而是其根本就不知道违约金调整制度的存在和适用规则。

3. 就违约金过高的调整而言，人民法院应当充分尊重当事人的合同约定，一般不宜通过公权力干预私权领域。但在审判实务中，当事人无论是真实认为还是出于诉讼策略，往往并不围绕违约金数额是否过高问题，而是将诉讼焦点集中在是否违约方面，并以没有违约、合同未成立、合同未生效、合同无效等为抗辩理由而主张免责。其结果通常是，由于违约方并未提出调整违约金的申请，人民法院自然仅就违约方是否违约作出裁判。而违约方若再主张违约金过高而申请调整，则由于裁判已经作出，而只能另外单独提起调整违约金之诉，这样无疑会增加不必要的诉累和司法成本。因此，为了减少当事人上诉、申诉，缩短诉讼周期，减少当事人诉累，节约国家司法资源，提高司法审判效率，在当事人仅纠缠于是否构成违约而未对违约金高低进行主张权利时，人民法院应当行使释明权：如果被告存在违约行为，对违约金的数额有何异议。

4. 法官的释明并不代表法官是在依职权对违约金制度进行非法强行干预。法官释明只是协助当事人决定是否需要提出调整违约金的申请，而违约金调整审查活动的实际启动仍然仅以当事人主动申请为前提。

5. 在当事人提出没有违约或者合同无效等抗辩时，即使其未向法院主张调整过高的违约金，法院也应对此进行释明。因为在逻辑上，当事人主张其没有违约或者合同无效时，认为自己不应承担违约金，所以自然不会提出违约金过高的问题。而如果在庭审中提出违约金过高，则隐含的前提无疑是承认违约并应当承担违约责任。因此，这两个抗辩在逻辑上难以同时存在。而我国《合同法》对于违约金可作出调整之规定正是基于立法者在违约金问题上更多地倾向于需要国家干预，防止当事人获得过分的不当利益。在当事人提出未违约或者合同未成立、合同未生效甚至合同无效抗辩而未对违约金过高提出调整主张的场合，法院无法调整违约金无疑有悖于立法目的。因此，法官在此情形下行使释明权是有必要的。

此外,《最高人民法院关于当前形势下审理民商事合同纠纷案件若干问题的指导意见》第8条规定，为减轻当事人诉累，妥当解决违约金纠纷，违约方以合同不成立、合同未生效、合同无效或不构成违约进行免责抗辩而未提出违约金调整请求的，人民法院可以就当事人是否需要主张违约金过高的问题进行释明，即假设违约成立，是否认为违约金过高。对于已经向违约方进行释明但违约方坚持不提出调整违约金请求的，人民法院应当遵循合同法意思自治原则，一般不予主动调整。但是按照约定违约金标准判决将严重违反公序良俗原则、诚信原则和公平原则并导致利益严重失衡的，人民法院可以根据《民法典》第585条第2款的规定进行调整。《最高人民法院关于审理买卖合同纠纷案件适用法律问题的解释》第21条规定:“买卖合同当事人一方以对方违约为由主张支付违约金，对方以合同不成立、合同未生效、合同无效或者不构成违约等为由进行免责抗辩而未主张调整过高的违约金的，人民法院应当就法院若不支持免责抗辩，当事人是否需要主张调整违约金进行释明。一审法院认为免责抗辩成立且未予释明，二审法院认为应当判决支付违约金的，可以直接释明并改判。”本条司法解释明确了违约金无论是在买卖合同中还是在其他民商事案件中，法院对违约金降低有释明义务。违约方在一审法院释明后明确表示不要求调整违约金，后以违约金过高提起上诉的，二审法院一般不支持违约金降低。当事人在一审中认可违约金，二审要求降低违约金的，法院通常也不支持，除非一审存在欺诈胁迫等情况。当然，也可以单独提起违约金增减诉讼或者反诉。当事人在违约金请求权的给付之诉中主张增减违约金的，是隐藏的形成之诉。违约金增减的申请只有在它生成之后才可以提出，违约金生成之前不存在申请增减的可能性。

二审法院的改判存在三种情形：一是一审法院经审理认为抗辩不成立，但是未予释明并判决按照合同约定赔偿违约金。此种情况一审法院认为违约方存在违约行为且应赔偿违约金，但因违约方未主张调整违约金，而一审法院未尽到释明义务，故二审法院可以释明并根据当事人的请求，兼顾合同主体、交易类型、合同的履行情况、当事人的过错程度、履约背景等因素，遵循公平原则和诚信原则，对是否调整过高的违约金以及减少违约金的数额进行综合认定。二是一审法院认为违约方的抗辩成立，不应该赔偿违约金，此时一审法院一般不会对违约金调减进行释明。而二审法院认为违约方抗辩不成立，应赔偿违约金，可对违约方尽到释明义务，并就是否调整违约金进行充分举证、质证、辩论后，对违约金数额是否减少进行综合认定。三是被告在第一审程序中未到庭参加诉讼，但是在第二审程序中到庭参加诉讼并请求减少违约金的，此时应保障被告的合法权益，二审人民法院可就是否调整违约金进行充分举证、质证、辩论后，依法判决适当减少违约金数额。

【条文引申】

同一个违约行为既产生违约金，又产生法定损失赔偿的，违约金和法定损失赔偿之间的关系应当首先考虑当事人之间的约定。当事人明确约定违约金排除法定损失赔偿的，该约定有效，违约金规则依本条处理。当事人明确约定违约金不排除法定损失赔偿的，违约金是惩罚性违约金，在不存在其他无效事由时，此约定有效。当事人对违约金请求权与法定损失赔偿的关系没有约定的，两者的关系存在争议。本书认为，要从违约金功能中确定两者的关系。违约金的功能之一是简化债权人的证明责任，即债权人不需要证明有损失，只要证明债务人有违约行为。在没有特别约定时，债权人当然可以放弃举证利益，选择主张并证明法定损失赔偿。本条意义上的违约金是赔偿性违约金，旨在填补损失，故两者不能一般性地并存。问题是违约金低于实际损失时，债权人是否可以选择救济途径。违约金也被认为是损害赔偿额总额之预定，违约金约定过高时，法院或仲裁机构应当根据当事人的申请降低违约金。违约金低于实际损失的，当事人可以请求法院或者仲裁机构予以增加。故此，合同法的违约金责任强调的是损失填补。当违约金足以填补损失时，不允许债权人主张法定损失赔偿。约定违约金低于实际损失，其未被填补部分除了可以根据本条第2款第1半句得到足额填补，还应当允许通过法定损害赔偿责任填补。在此情况下，法定损害赔偿请求权与违约金增加请求之间是选择竞合关系。原因是第2款第1半句规定的违约金增加，债权人必须向法院或者仲裁机构提出申请，而法定损害赔偿则可以由债权人直接向债务人主张。因此，应当允许债权人自己选择救济途径。

【审判实务】

法院对违约金过高问题进行释明时，应当注意把握适用的原则、条件以及尺度。

一、释明权行使之原则

由于法官的释明属于第三方对合同双方当事人之间自行行使处分权的一种直接干预，因此法学理论普遍认为释明范围应当保证法官不至于取代当事人决定实体内容之形成，旨在实现双方当事人的实质平等。如果法官行使释明权过度，则势必会打破双方当事人之间的利益平衡，亦会对契约自由原则产生消极影响。故而，人民法院在行使本条规定的释明权时，特别要坚持以下原则：

1.坚持公开原则。人民法院向一方当事人释明时，必须告知另一方，坚决避免暗箱操作，否则会引起对方当事人的合理怀疑，不利于保护当事人的诉讼权利。

2.尊重当事人处分权原则。法官释明权的适用只是程序控制之需要，并非通过干预诉讼影响当事人的实体权利。在阐明有关事项后，只能由当事人在了解相关法律的基础上作出自己的判断和决定，当事人拥有充分的、完全的对自己的实体权利和诉讼权利的处分自由。

二、释明权行使之条件

在违约金过高的情形下，如果当事人明显是因为法律知识、诉讼技巧或表达能力等方面的欠缺或者模糊而无法明确提出调整违约金之申请，则符合法官行使释明权的基本条件，法官可以行使释明权。具体而言：

1. 违约方以合同不成立、合同未生效、合同无效或者不构成违约等为由进行免责抗辩而未主张调整过高的违约金的，人民法院应当依据本条司法解释第1款之规定，行使释明权，予以询问说明。

2. 当事人虽未明确提出申请调整违约金，但其在抗辩中对违约金与实际损失的差异问题进行了较为“模糊”的表述。这种模糊表述不是直接提出对违约金的调整，而是常常向法院表述为即使存在违约，对方也没有相应损失或损失非常之小等。由于这种表达的内容仅涉及违约金与实际损失的差异关系，没有明确涉及请求法院基于此而进行违约金调整，因此这种表达介于是否明确提出了调整申请的模糊范畴之内，法院必须以释明方式进行诉讼指引。

3. 当事人是没有聘请律师、法律知识极度匮乏、经济风险承受能力极低的社会弱势群体。法官可以就违约金是否过高行使释明权，合理引导当事人正确适用违约金调整的法律规定提出明确的申请。

三、释明权行使的尺度

在民事诉讼实践中，究竟应当在何种程度上行使释明权才算妥当，被公认为一项难题。为了使违约金调整问题上的释明权行使既能真正担负起革除辩论主义原则和处分权原则之陋弊，又不悖于当事人主义诉讼模式之精神，我们应当平衡各项价值，合理界定释明权的范围。为此，审判实务中需要进一步探讨的问题是：法官应如何释明最为恰当，即释明权行使的尺度把握问题。假如法官释明方式过于粗糙、简单、直接，则常常产生两个方面的不利影响：一是释明错误而遭受尴尬境地；二是不顾忌对方当事人感受而引起对法官公正审判的合理质疑。因此，笔者认为，法官在就违约金过高的调整问题行使释明权时，应当把握以下尺度：

1. 法官释明时一般不要明确表达出本案中违约金已经过分高于损失这一看法，仅需稳妥地向当事人说明违约金调整制度存在及运用的相关规定即可。

2. 在双方当事人均在场的情况下行使释明权时，法官的言词表达应当避免直接简单。如法官当庭告知：“双方的违约金过高，被告是否申请裁减予以调整？”这种言词表达即属于典型的粗糙简单方式，如此告知后，在实践中基本上肯定是被告立即答复申请要求裁减。因为双方当事人都已经从法官的言词中清楚地揣摩出了法官对本案中违约金调整问题的基本裁判取向。审判实践中，这种告知直接有利于被告知方而有损于相对方，且此时尚未真正意义上启动违约金调整审查活动，审理后的最终裁判与此时的法官取向本身并非绝对一致，因此常常会出现前述的两种不利影响。

【关联指引】

《最高人民法院关于当前形势下审理民商事合同纠纷案件若干问题的指导意见》（2009年7月7日）

8.为减轻当事人诉累，妥当解决违约金纠纷，违约方以合同不成立、合同未生效、合同无效或者不构成违约进行免责抗辩而未提出违约金调整请求的，人民法院可以就当事人是否需要主张违约金过高问题进行释明。人民法院要正确确定举证责任，违约方对于违约金约定过高的主张承担举证责任，非违约方主张违约金约定合理的，亦应提供相应的证据。合同解除后，当事人主张违约金条款继续有效的，人民法院可以根据合同法第九十八条的规定进行处理。

《最高人民法院关于审理买卖合同纠纷案件适用法律问题的解释》（2020年12月29日）

第二十一条 买卖合同当事人一方以对方违约为由主张支付违约金，对方以合同不成立、合同未生效、合同无效或者不构成违约等为由进行免责抗辩而未主张调整过高的违约金的，人民法院应当就法院若不支持免责抗辩，当事人是否需要主张调整违约金进行释明。

一审法院认为免责抗辩成立且未予释明，二审法院认为应当判决支付违约金的，可以直接释明并改判。

第六十七条　【定金规则】

《最高人民法院关于适用〈中华人民共和国民法典〉合同编通则若干问题的解释》	《中华人民共和国民法典》
第六十七条　【定金规则】当事人交付留置金、担保金、保证金、订约金、押金或者订金等，但是没有约定定金性质，一方主张适用民法典第五百八十七条规定的定金罚则的，人民法院不予支持。当事人约定了定金性质，但是未约定定金类型或者约定不明，一方主张为违约定金的，人民法院应予支持。 当事人约定以交付定金作为订立合同的担保，一方拒绝订立合同或者在磋商订立合同时违背诚信原则导致未能订立合同，对方主张适用民法典第五百八十七条规定的定金罚则的，人民法院应予支持。 当事人约定以交付定金作为合同成立或者生效条件，应当交付定金的一方未交付定金，但是合同主要义务已经履行完毕并为对方所接受的，人民法院应当认定合同在对方接受履行时已经成立或者生效。 当事人约定定金性质为解约定金，交付定金的一方主张以丧失定金为代价解除合同的，或者收受定金的一方主张以双倍返还定金为代价解除合同的，人民法院应予支持。	**第五百八十六条**　当事人可以约定一方向对方给付定金作为债权的担保。定金合同自实际交付定金时成立。 定金的数额由当事人约定；但是，不得超过主合同标的额的百分之二十，超过部分不产生定金的效力。实际交付的定金数额多于或者少于约定数额的，视为变更约定的定金数额。

【条文释义】

本条司法解释系关于定金规则的规定。定金是当事人约定一方向对方给付定金作为债权的担保，合同履行与否与该定金的得失有关，使当事人产生心理压力，从而积极而适当地履行债务，以发挥其担保作用。定金作为债之担保而由债务人向债权人作出的给付，且主要适用于合同债务，属于金钱担保的范畴。合同当事人在订立合同时出于不同需要，往往会在约定定金条款时附加相应的条件或限制，其性质和效力不尽相同。学理上将定金分为立约定金、成约定金、解约定金、违约定金和证约定金。

本条司法解释第1款是在《最高人民法院关于适用〈中华人民共和国担保法〉若干问题的解释》第118条的基础上进行修改而来。[①]在司法实践中，当事人往往因为关于交付钱款是否具有定金属性以及属于何种类型的定金产生矛盾纠纷。我国现行法律体系中的定金概念系以违约定金为核心，以其他类型的定金为特例。若当事人对定金性质没有约定，则不应适用定金规则。若当事人已在合同中使用“定金”一词，但未约定定金类型或约定不明，一方主张为违约定金的，人民法院应予支持。即按照《民法典》第587条的规定进行处理。

本条司法解释第2款系在《最高人民法院关于适用〈中华人民共和国担保法〉若干问题的解释》第115条[②]的基础上进行修改而来，是对立约定金的规定。立约定金指为保证正式缔约而交付的定金。此类定金的效力在于交付定金的当事人若拒绝立约，则丧失定金；接受定金的当事人若拒绝立约，则应双倍返还定金。

本条司法解释第3款系在《最高人民法院关于适用〈中华人民共和国担保法〉若干问题的解释》第116条[③]的基础上进行修改而来，是对成约定金的

---

① 《最高人民法院关于适用〈中华人民共和国担保法〉若干问题的解释》第118条规定：当事人交付留置金、担保金、保证金、订约金、押金或者订金等，但没有约定定金性质的，当事人主张定金权利的，人民法院不予支持。

② 《最高人民法院关于适用〈中华人民共和国担保法〉若干问题的解释》第115条规定：当事人约定以交付定金作为订立主合同担保的，给付定金的一方拒绝订立主合同的，无权要求返还定金；收受定金的一方拒绝订立合同的，应当双倍返还定金。

③ 《最高人民法院关于适用〈中华人民共和国担保法〉若干问题的解释》第116条规定：当事人约定以交付定金作为主合同成立或者生效要件的，给付定金的一方未支付定金，但主合同已经履行或者已经履行主要部分的，不影响主合同的成立或者生效。

规定。成约定金是以交付定金作为合同成立要件，自交付定金时起认定合同成立。定金虽未交付，但合同已经部分或者全部履行，合同效力瑕疵可以被修补。

本条司法解释第4款系在《最高人民法院关于适用〈中华人民共和国担保法〉若干问题的解释》第117条[①]的基础上进行修改而来，是对解约定金的规定。按照合同的约定，在定金交付后，交付定金的一方可以丧失定金为代价而解除合同，收受定金的一方可以双倍返还定金为代价而解除合同。

【条文引申】

一、定金合同属于金钱担保合同

定金是当事人约定一方向对方给付定金作为债权的担保，合同履行与否与该定金的得失有关，使当事人产生心理压力，从而积极而适当地履行债务，以发挥其担保作用。定金担保，与人的保证和物的担保不同，属于金钱担保。定金合同属于金钱担保合同。

二、定金合同为实践合同

合同有诺成合同与实践合同或称要物合同之分。诺成合同经双方当事人意思表示一致即可成立，实践合同或称要物合同则除意思表示一致外，尚需有物之交付作为特别生效要件。《民法典》第586条第1款明确规定“定金合同自实际交付定金时成立”，与《担保法》第90条中关于“定金合同从实际交付定金之日起生效”的规定一脉相承，延续了定金合同为实践合同或要物合同的立法模式，只不过改“生效”要件为“成立”要件。也有观点认为，定金的实践性是一些司法困境产生的背后原因，大量法院判决从定金的实践

---

① 《最高人民法院关于适用〈中华人民共和国担保法〉若干问题的解释》第117条规定：定金交付后，交付定金的一方可以按照合同的约定以丧失定金为代价而解除主合同，收受定金的一方可以双倍返还定金为代价而解除主合同。

性推出不交、交或者迟延交付的行为不构成违约，使当事人规避定金交付义务的行为得到纵容，交易安全无法得到保障。

三、定金合同为从合同

定金合同的有效以主合同的有效成立为前提，定金合同是主合同的从合同。在主合同无效时，定金合同亦无效，除非担保合同另有约定。这里应是指违约定金的情形。对于成约定金而言，作为主合同成立或生效的要件、其存在并不具备依附于主合同的从属性。主合同一旦成立或生效，成约定金的功能即告实现，立刻发生抵作价款或收回的法律效果。因此，其在消灭上不具有从属性。对于立约定金，也难以认定具有从属性。例如，在张某诉刘某房屋买卖合同纠纷再审案中，争议的焦点问题是买房人交付款项的性质是违约定金，还是立约定金。法院认为，双方当事人是在意向书上约定的定金，定金条款形成的时间以及定金的交付时间均在房屋买卖主合同订立之前，因此，意向书上约定的定金只能担保房屋买卖合同的订立，而不是担保房屋买卖主合同义务的履行。

【审判实务】

一、“定金”超出主合同标的额20%的处理

根据本条第2款的规定，超过主合同标的额的20%，不属于定金的范畴。但对于超出部分如何处理未作规定。实务中，一般将超出部分作为已给付的合同价款。在某金银精炼公司与农业银行个人业务代销合同纠纷案中，争议的焦点问题是双方签订的行纪合同约定的定金超出合同总价款20%的处理问题。法院认为，当事人可以一方向对方给付定金作为债权的担保。债务人履行债务后，定金应抵作价款或者收回。给付定金的一方不履行约定的债务的，无权要求返还定金；收受定金的一方不履行约定的债务的，应当双倍返还定金。关于定金罚则的规定适用于不履行，也适用于不完全履行。行纪合同约

定的定金未超出合同总价款20%部分视为合法定金，适用定金罚则；超出合同总价款20%部分视为预付货款。

二、定金与押金的关系

定金和押金均属于金钱担保的范畴，都是当事人一方按约定给付相对人的金钱或其他代替物。但两者系不同的担保方式：第一，定金的交付，通常是在合同订立时或履行前，具有预先给付的特点；押金的交付，或与履行主合同同时，或与履行主合同相继进行，不是预付。第二，定金担保的对象是主合同的主给付；押金担保的对象往往是主合同中的从给付。第三，定金的数额低于主合同的标的额，且不得超过法定的比例；押金的数额往往高于或等于被担保的债权额。第四，定金具有在一方违约时丧失或双倍返还的效力；押金没有双倍返还的法律效果。

三、定金与保证金的关系

在建设工程、国有土地使用权出让、租赁、期货交易等合同或法律关系中，经常出现保证金的担保方式，其种类和性质复杂，对合同的担保作用具有不同的功能。学理认为，保证金合同属于非典型合同，或无名合同。《最高人民法院关于适用〈中华人民共和国担保法〉若干问题的解释》第118条规定，当事人交付留置金、担保金、订约金、押金或者订金等，但没有约定定金性质的，当事人主张定金权利的，人民法院不予支持。因此，根据《最高人民法院关于适用〈中华人民共和国担保法〉若干问题的解释》的规定，保证金等非典型担保方式不得类推适用定金罚则，除非当事人明确约定了定金罚则的适用效力。实务中，出现的保证金各种各样，对于被排除在定金范围之外的保证金，必须予以类型化，具体确定每种类型的保证金效力。

第六十八条 【定金罚则的法律适用】

《最高人民法院关于适用〈中华人民共和国民法典〉合同编通则若干问题的解释》	《中华人民共和国民法典》
第六十八条 【定金罚则的法律适用】 双方当事人均具有致使不能实现合同目的的违约行为，其中一方请求适用定金罚则的，人民法院不予支持。当事人一方仅有轻微违约，对方具有致使不能实现合同目的的违约行为，轻微违约方主张适用定金罚则，对方以轻微违约方也构成违约为由抗辩的，人民法院对该抗辩不予支持。 当事人一方已经部分履行合同，对方接受并主张按照未履行部分所占比例适用定金罚则的，人民法院应予支持。对方主张按照合同整体适用定金罚则的，人民法院不予支持，但是部分未履行致使不能实现合同目的的除外。 因不可抗力致使合同不能履行，非违约方主张适用定金罚则的，人民法院不予支持。	**第五百八十六条** 当事人可以约定一方向对方给付定金作为债权的担保。定金合同自实际交付定金时成立。 定金的数额由当事人约定；但是，不得超过主合同标的额的百分之二十，超过部分不产生定金的效力。实际交付的定金数额多于或者少于约定数额的，视为变更约定的定金数额。 **第五百八十七条** 债务人履行债务的，定金应当抵作价款或者收回。给付定金的一方不履行债务或者履行债务不符合约定，致使不能实现合同目的的，无权请求返还定金；收受定金的一方不履行债务或者履行债务不符合约定，致使不能实现合同目的的，应当双倍返还定金。

【条文释义】

本条是关于定金罚则法律适用的规定。定金罚则的目的是促使双方当事人都积极履行合同义务。《民法典》第587条规定了给付定金的一方不履行债务或者履行债务不符合约定，致使不能实现主要的、直接的合同目的才能适用定金罚则。即"无权请求返还定金"和"双倍返还定金"的前提是当事人根本违约导致合同目的不能实现。若一方当事人仅有轻微违约，并不足以导致合同目的不能实现，则轻微违约方有权主张适用定金罚则。

本条解释第2款规定了在一方当事人已经部分履行合同的情况下，按照比例原则适用定金罚则。这基本沿袭了《最高人民法院关于适用〈中华人民共和国担保法〉若干问题的解释》第120条第2款"当事人一方不完全履行合同的，应当按照未履行部分所占合同约定内容的比例，适用定金罚则"的规定。有观点认为，定金合同具有不可分性，将定金进行分割，将严重损害定金的担保功能。[①]也有观点认为，应当根据合同目的能否实现进行区分，当不完全履行部分对合同目的至关重要时，则不完全履行构成了部分根本违约，应当按比例适用定金罚则；当不完全履行未达到根本违约时，不能适用定金罚则。本条司法解释规定了若不存在部分未履行致使不能实现合同目的的情况，应按照未履行部分所占比例适用定金罚则，而不应按照合同整体适用定金罚则。若未履行致使不能实现合同目的，则应适用定金罚则。

此外，本条司法解释还规定了一方因不可抗力导致合同不能履行，则不应适用定金罚则。

【条文引申】

一、定金罚则是否对迟延履行适用

迟延履行是履行不符合约定的情况之一，迟延履行当然属于违约，然而，履行不符合约定只有满足合同目的不能实现时才可以适用定金罚则。债务人的迟延履行导致债权人主要的履行利益客观消灭的，合同目的不能实现。[②]迟延履行导致债权人失去主要履行利益的情况主要是定期交易，[③]在此种情况中，债权人的履行利益与给付的及时性密切关联，债务人不遵守给付时间，将导致债权人丧失履行利益或者失去等值利益，这样的交易被称为相对定期交易。履行时间对履行利益是否重要，可以由双方当事人在合同中约定，也可以由债权人在订立合同前或订立合同时告知债务人，或者由订立合同时的相关因

---

① 郭明瑞：《担保法》，法律出版社2014年版，第32页。

② 参见王洪亮：《债法总论》，北京大学出版社2016年版，第314~315页。

③ 参见韩世远：《合同法总论》（第三版），法律出版社2011年版，第519页。

素推定而知。双方当事人约定了具体的日期为给付日期，并不足以成立迟延履行使合同目的不能实现。要求按期履行对债权人具有相当的重要性，甚至于不及时履行导致债权人失去履行利益。履行利益丧失与标的物的价值无关，而是根据债权人的计划使用目的确定。债权人为了特定目的取得该给付，但是不按期给付导致债权人不能为了该目的或需求使用给付，如季节性产品的买受人在季节结束后不能找到下家，此时买受人失去履行利益。或者迟延履行导致给付和对待给付之间失去了等值性，此时债权人失去了等值利益，比如季节性产品过季后价格明显降低，债权人即使能将产品再卖给他人，也不可能取得期待的利润，这与他支付的对待给付不能形成等值性。

与相对定期交易区别的是绝对定期交易。在绝对定期交易中，逾期给付导致给付失去了履行适宜性。此种情况下，依合同的目的和已存在的双方利益情况，遵守给付时间对债权人非常重要，迟延给付完全不能达到债权人原来的目的，此时，给付就不再具有履行的性质，而是法律上的履行不能，比如某人为了赶火车或飞机而预订计程车，这时履行时间就非常重要，逾期履行对债务人毫无意义。综上所述，在相对定期交易和绝对定期交易中，迟延履行导致债权人无法实现合同目的的，适用定金罚则。

二、迟延履行经催告仍不履行，是否适用定金罚则

根据《民法典》第563条第1款第3项的规定，当事人一方迟延履行主要债务，经催告后在合理期间仍未履行的，债权人可以解除合同。根据《民法典》第566条第2款的规定，合同因违约解除的，解除权人可以请求违约方承担违约责任。故此，迟延履行导致合同被解除的，可以适用定金罚则。

【审判实务】

一、当事人能否同时主张定金罚则与合同继续履行

在出现违约的情形下，守约方同时主张定金罚则与合同继续履行，法院

能否一并支持？一种观点认为，除非合同有明确约定，否则在判决合同继续履行的同时适用定金罚则是不妥当的。[①]其理由是：定金罚则适用的前提是根本违约，不适用于合同主要目的未受影响的一般违约情形。另一种观点认为，《民法典》第577条规定："当事人一方不履行合同义务或者履行合同义务不符合约定的，应当承担继续履行、采取补救措施或者赔偿损失等违约责任。"这里的"等违约责任"即包括定金罚则。[②]《中华人民共和国民法典合同编理解与适用》中的观点认为，除非合同有明确约定，否则在判决合同继续履行的同时适用定金罚则是不妥当的。主要理由：根据《民法典》第587条之规定，定金罚则适用的前提是"一方不履行债务或者履行债务不符合约定，致使不能实现合同目的"，即以当事人根本违约为前提条件。在买卖合同中，如果一方当事人未按合同约定支付价款或者交付标的物、相对方主张继续履行，说明合同暂时处于迟延履行状态而合同目的仍然可能实现，尚未达到履行不能的程度。此时，守约方可就其所受损失要求违约方予以赔偿，但不宜适用定金罚则。如果当事人对继续履行和定金罚则同时提出主张，人民法院应告知其选择其一，并在当事人拒绝选择时根据案件具体情况作出判断。例如，如果仅仅交付了定金，合同并未开始实际履行，违约方拒绝履行合同的，可以适用定金罚则，解除合同；如果合同已经开始履行，标的物已经运输在途，则可以判决继续履行合同、排除定金条款的适用。需要注意的是，不适用定金罚则并不意味着违约方对其迟延履行的行为不再承担责任，其违约造成对方损失的，仍应予以赔偿。

二、举证责任

合同当事人主张定金罚则的，应当证明对方当事人没有履行合同，或者证明对方当事人履行不符合约定且引起合同目的不能实现。此外，还要证明定金合同有效，且违约行为受定金担保。交付定金方主张返还定金的，首先

---

① 叶金强：《担保法原理》，科学出版社2002年版，第26页。

② 王利明：《违约货任论》，中国政法大学出版社2000年版，第61页。

应当证明已交付定金以及定金额度，还要证明合同已经履行，且不存在导致合同目的不达的履行瑕疵；或者证明履行不能不可归责于双方当事人；抑或证明解除合同是基于双方协商一致或基于情势变更。由于双方违约也是阻碍定金罚则生成的事由，因此交付定金方证明双方都有违约行为时，也可以主张定金返还。

九、附则

第六十九条 【司法解释生效时间】

《最高人民法院关于适用〈中华人民共和国民法典〉合同编通则若干问题的解释》	《中华人民共和国民法典》
第六十九条 【司法解释生效时间】 本解释自2023年12月5日起施行。 民法典施行后的法律事实引起的民事案件，本解释施行后尚未终审的，适用本解释；本解释施行前已经终审，当事人申请再审或者按照审判监督程序决定再审的，不适用本解释。	

【条文释义】

本条是关于本司法解释何时生效的时间说明。自2023年12月5日起本解释正式施行，成为人民法院裁判审理的援引依据。同时，该条司法解释也对正在审理和已经审理完成需要提起再审的民事案件的司法适用规则做出了指引。

【条文引申】

司法解释是根据法律授权，由最高司法机关在司法工作中就如何具体应用法律问题所作的具有普遍法律效力的阐释和说明。司法解释生效时间，是指司法解释对其所调整的社会关系开始发生法律效力的时间。司法解释的生效时间能否被正确理解，关系到人民法院在审理案件过程中是否能够准确适用法律，继而影响判决结果和当事人权益[①]。

司法解释对其生效以前的事件和行为有无溯及力的问题，学界有不同观点。一种观点认为，司法解释是对现行立法的解释，自公布之日起，对于人民法院尚未审结的一审、二审案件均应当适用。这种对司法解释施行前人民法院已经受理、司法解释施行时尚未审结的案件加以适用司法解释的主张，实际上是赋予了司法解释一定的溯及力。另一种观点则认为，我国的司法解释在一定程度上起着填补立法空白，甚至创设新规则的作用。按照法律不溯及既往的原则，司法解释只能适用于公布施行后起诉至人民法院的案件。只要案件的一审程序受理于司法解释生效施行之前的，都不能适用该司法解释。

司法实务中，更加倾向于第一种观点，即承认了司法解释的溯及适用规则，即只要该案件处于一审、二审阶段，都可以适用该司法解释，至于引发此纠纷的法律事实发生在该司法解释之前还是之后，在所不问，这符合司法解释系解释相关法律的基本特点。[②]

【审判实务】

《民法典》出台后，关于《合同法》的司法解释与本解释如何进行适用，《民法典》第1260条规定，本法自2021年1月1日起施行。《婚姻法》《继承法》《民法通则》《收养法》《担保法》《合同法》《物权法》《侵权责任法》《民法总则》同时废止。

部门法废止的，其配套司法解释自然也废止。因此，《合同法》相关司法解释不能再作为人民法院援引的依据，本解释出台后，对于合同纠纷涉及的问题可以引用本解释以及《民法典》已经配套出台的其他司法解释。

---

① 参见最高人民法院民法典贯彻实施工作领导小组主编：《最高人民法院民法典婚姻家庭继承编理解与适用》，人民法院出版社2020年版，第419~422页。

② 参见杨万明主编、最高人民法院研究室编著：《最高人民法院审理使用人脸识别技术处理个人信息案件司法解释理解与适用》，人民法院出版社2021年版，第216~220页。

【关联指引】

《全国法院贯彻实施民法典工作会议纪要》(2021年3月15日)

13.正确适用《时间效力规定》，处理好新旧法律、司法解释的衔接适用问题。坚持“法不溯及既往”的基本原则，依法保护当事人的合理预期。民法典施行前的法律事实引起的民事纠纷案件，适用当时的法律、司法解释的规定，但《时间效力规定》另有规定的除外。

当时的法律、司法解释包括根据民法典第一千二百六十条规定废止的法律，根据《废止决定》废止的司法解释及相关规范性文件，《修改决定》所涉及的修改前的司法解释。

14.人民法院审理民事纠纷案件，根据《时间效力规定》应当适用民法典的，同时适用民法典相关司法解释，但是该司法解释另有规定的除外。

图书在版编目(CIP)数据

民法典合同编通则司法解释理解适用与关联指引 / 李俊晔等著. — 北京：中国法制出版社，2024. 1

ISBN 978-7-5216-3322-1

Ⅰ. ①民…　Ⅱ. ①李…　Ⅲ. ①合同法-法律解释-中国②合同法-法律适用-中国　Ⅳ. ①D923. 65

中国国家版本馆CIP数据核字（2023）第056495号

策划编辑/责任编辑：孙静（bnusunjing@163.com）　　封面设计：李宁

民法典合同编通则司法解释理解适用与关联指引

MINFADIAN HETONGBIAN TONGZE SIFA JIESHI LIJIE SHIYONG YU GUANLIAN ZHIYIN

著者 / 李俊晔等

经销 / 新华书店

印刷 / 三河市紫恒印装有限公司

开本 / 730毫米 × 1030毫米　16开　　印张 / 23. 5　字数 / 343千

版次 / 2024年1月第1版　　2024年1月第1次印刷

中国法制出版社出版

书号ISBN 978-7-5216-3322-1　　定价：89.00元

北京市西城区西便门西里甲16号西便门办公区

邮政编码：100053　　传真：010-63141600

网址：http://www.zgfzs.com　　**编辑部电话：010-63141787**

市场营销部电话：010-63141612　　**印务部电话：010-63141606**

（如有印装质量问题，请与本社印务部联系。）